Muslime und Christen in der Zivilgesellschaft

Henning Wrogemann

Muslime und Christen in der Zivilgesellschaft

Religiöse Geltungsansprüche und die Frage der Toleranz aus religions- und missionswissenschaftlicher Sicht

EVANGELISCHE VERLAGSANSTALT
Leipzig

Henning Wrogemann, Dr. theol., Jahrgang 1964, ist Inhaber des Lehrstuhls für Missions- und Religionswissenschaft und Ökumenik an der Kirchlichen Hochschule Wuppertal/Bethel und Leiter des Instituts für Interkulturelle Theologie und Interreligiöse Studien (www.iitis.de). Seine Arbeitsschwerpunkte sind Interkulturelle Hermeneutik, Mission und Dialog, Interreligiöse Beziehungen sowie Gegenwartsfragen im Islam.

Bibliographische Information der Deutschen Nationalbibliothek
Die Deutsche Nationalbibliothek verzeichnet diese Publikation in der Deutschen Nationalbibliographie; detaillierte bibliographische Daten sind im Internet über http://dnb.dnb.de abrufbar.

Das Buch wurde auf alterungsbeständigem Papier gedruckt.

Cover: Zacharias Bähring, Leipzig
Satz: Medien Profis GmbH, Leipzig
Druck und Binden: Hubert & Co., Göttingen

ISBN 978-3-374-04588-4
www.eva-leipzig.de

Vorwort

Das Thema Religionen und Zivilgesellschaft gewinnt seit Jahren an medialer Aufmerksamkeit. Dabei scheint die religiös begründete Unduldsamkeit verschiedener Bewegungen der These zu widersprechen, dass Religionen einen substanziellen Beitrag zum gesellschaftlichen Frieden zu leisten vermögen. Islamistischer Terror in vielen Ländern ist dabei gegenwärtig die auffälligste Erscheinung, wenn auch je nach örtlichen Kontexten sorgsam nach Ursachen, Trägergruppen und Zielsetzungen unterschieden werden sollte.

Gleichzeitig bedeutet jedoch die mediale Aufmerksamkeit insbesondere für brutale Formen von religiös begründeter Gewalt die Gefahr einer Wahrnehmungsverzerrung, da die Abermillionen von Anhängern dieser Religionsformation aus dem Blick zu geraten drohen, die friedlich und konstruktiv mit anderen koexistieren und kooperieren. Diese stellen jedoch die übergroße Mehrheit dar. Damit ist indes die Frage nach den Geltungsansprüchen, die von religiösen Akteuren erhoben werden, nicht erledigt. Um diese Geltungsansprüche soll es in diesem Buch gehen, und zwar speziell im Blick auf muslimische und christliche Positionierungen.

Unter *I. Muslimische Präsenzen und Perspektiven* wird zunächst (1.) der Frage nachgegangen, was unter Toleranz zu verstehen ist und welche neueren Beiträge es zu dieser Thematik aus muslimischer Perspektive gibt. Danach wird (2.) grundsätzlicher das Thema religiöser Veränderung unter dem christlichen Begriff der Reformation behandelt: Kann und darf dieser Begriff auf die islamische Religionsformation angewendet werden? In innermuslimischen Diskursen jedenfalls wird vermehrt eine Reformation gefordert. Abschließend wird (3.) der Blick auf muslimische Präsenzen in Europa geweitet. Skizzenhaft werden einige Charakteristika unter der Frage herausgestellt, welche Herausforderungen sich daraus nicht zuletzt für christliche Kirchen im Dialog mit muslimischen Akteuren ergeben.

Im Abschnitt *II. Zwischen Koexistenz, Konkurrenz und Kooperation* werden solche Themen behandelt, die in deutschsprachigen religionswissenschaftlichen Publikationen bisher wenig Beachtung gefunden haben. Dazu zählt zunächst (4.) die Frage, welche muslimischen Positionierungen zum Thema Aufruf zum Islam bzw. Ausbreitung des Islam zu unterscheiden sind. Der arabische Fachterminus *da*^{c}*wa* kann mit *Einladung* oder *Aufruf* zum Islam übersetzt werden. Welche Begründungen, Zielsetzungen und Methoden lassen sich erkennen und wie verhalten sich diese zu den Standards der Menschenrechtscharta der Vereinten Nationen von 1948, in denen einerseits solche Aktivitäten durch das Recht auf positive Religionsfreiheit geschützt werden, diese Aktivitäten sich jedoch andererseits daran messen lassen müssen, ob in ihnen das Recht auf negative Religionsfreiheit respektiert wird. Ebenso brisant ist (5.) das Thema Konversion, da Konversionen in der Öffentlichkeit vieler Gesellschaften als mögliche Veränderung gesellschaftlicher Kräfteverhältnisse gewertet und entsprechend misstrauisch beäugt werden. Doch auch die Möglichkeit zur Konversion in einem gesellschaftlichen Kontext ist Ausdruck der Religionsfreiheit im Sinne der UN-Charta der Menschenrechte von 1948. In etlichen Ländern sind in den letzten Jahrzehnten Anti-Konversionsgesetze erlassen worden oder es ist die Möglichkeit zur Konversion rechtlich nicht vorgesehen. Sicherlich stellen Konvertiten mitunter auch eine Herausforderung für ihr soziales und gesellschaftliches Umfeld dar, wenn etwa mit dem berühmten »Eifer eines Neubekehrten« bestimmte Handlungen vollzogen werden. Hier kann es jedoch (6.) nicht darum gehen, diese Freiheit einschränken zu wollen, sondern es geht um die Herausforderung, solche Prozesse interreligiös zu begleiten.

Unter *III. Zur Frage des Verstehens und der Dialogik* folgen drei Texte, in denen solche Dimensionen des Verstehens-Prozesses und des interreligiösen Dialogs zur Sprache kommen sollen, die im Mainstream von Dialogtheorien oft entweder gänzlich übersehen oder schlicht unterschätzt werden. So wird (7.) am Beispiel christlich-islamischer Interaktionen im heutigen Pakistan der Frage nach der Dialogik nachgegangen, sodann werden (7.) einige Fragen einer interreligiösen Verstehenslehre angerissen und schließlich (8.) Bemühungen um eine konstruktive Kultur des respektvollen interreligiösen Umgangs gewürdigt, wie diese sich in einem neuen Text finden, der von Akteuren protestantischer sowie römisch-katholischer Seite verantwortet wird.

Mit dem Abschnitt *IV. Christliches Zeugnis im Kontext pluraler Gesellschaften* wird der Blick auf christliche Positionierungen gelenkt. Zunächst wird (10.) nach den christlichen Grundlagen einer missionarischen Sendung gefragt. Basierend auf der christlichen Trinitätslehre wird eine Missionstheologie entwickelt, die die Balance zwischen einem grenzüberschreitenden Glaubenszeugnis einerseits und einer respektvollen Würdigung anderer Religionstradition andererseits zu halten vermag. Danach ist (11.) der neueste missionstheologische Text des Ökumenischen Rates, die ÖRK-Missionserklärung *Together Towards Life* (2013) kritisch zu würdigen, bevor (12.) in einer weiteren Zuspitzung eine missionstheologische Besinnung für den Dienst deutscher Kirchen in der hiesigen Gesellschaft gegeben wird. Abschließend wird (13.) nach einer christlichen Begründung für ein konstruktives Glaubenszeugnis gegenüber Muslimen gefragt.

Die Entstehungskontexte der in diesem Band versammelten Texte sind vielfältig und spiegeln mein Bemühen, sowohl im akademischen als auch im kirchlichen und im interreligiösen Bereich einerseits Brücken zu bauen, andererseits jedoch der Versuchung zu widerstehen, in theologisch vereinnahmender Weise solche Themen auszugrenzen, die derzeit in gesellschaftlichen wie kirchlichen Öffentlichkeiten als nicht *en vogue* erscheinen. Natürlich können in der Kürze von Vorträgen und Zeitschriften- wie Buchbeiträgen viele wichtige Fragen und Themen nur angerissen werden. Für eine ausführliche Behandlung von Fragen möchte ich daher auf mein dreibändiges *Lehrbuch Interkulturelle Theologie/Missionswissenschaft* verweisen, dessen erster Band *Interkulturelle Theologie und Hermeneutik* (Gütersloh, 2012) sich besonders auf Fragen der Verstehenslehre konzentriert, dessen zweiter Band *Missionstheologien der Gegenwart* (Gütersloh, 2013) die Fülle christlicher Sendungsverständnisse und deren gesellschaftliche Implikationen thematisiert und dessen dritter Band *Theologie Interreligiöser Beziehungen* (Gütersloh, 2015) den Fragen einer kultur- und religionswissenschaftlich grundierten *Theorie* Interreligiöser Beziehungen sowie einer biblisch und vor allem neutestamentlich fundierten *Theologie* interreligiöser Beziehungen gewidmet ist. Gemeinsam ist allen drei Bänden der Versuch, sowohl intellektualistische als auch reduktionistische Sichtweisen zu hinterfragen.

Mein Dank gilt an dieser Stelle meiner Hilfskraft, Herrn Daniel Scheuermann, für das Beschaffen von Literatur sowie meiner Assistentin, Frau Leonie Grimm, für die Mühen des Korrekturlesens.

Wuppertal, im Mai 2016
Henning Wrogemann

Inhalt

I. Muslimische Präsenzen und Perspektiven

Wie begründet sich Toleranz?

Perspektiven reformislamischer Entwürfe

Das Thema Toleranz ist in einer globalisierten Welt von grundlegender Bedeutung. Es gibt kaum eine Gesellschaft, die nicht ein mehr oder weniger hohes Maß ethnischer, kultureller oder religiöser Pluralität aufweist. Und selbst in noch relativ homogenen Gesellschaften sind weltanschaulich-religiöse oder kulturelle Alternativen über Medien wie Fernsehen oder Internet jederzeit zugänglich. Es gilt also überall, das Andere und Fremde zu ertragen, sei es im alltäglichen Umgang oder als Herausforderung durch die Medien. Wie aber ist der Begriff der Toleranz genau zu verstehen?[1] Welche verschiedenen Vorstellungen von Toleranz lassen sich aus den unterschiedlichen religiösen Traditionen herleiten?[2] Sind bestimmte Religionsformationen wie der Buddhismus oder die Hindu-Religionen von ihren Quellen her grundsätzlich toleranter als andere, wie etwa Christentum oder Islam?[3] Welche geschichtlichen Veränderungen hat es hier gegeben? Wie steht es heute in verschiedenen Gesellschaften weltweit mit der Praxis von Toleranz? Welchen Stellenwert haben religiöse Diskurse innerhalb der Gesellschaft? Lassen sich Erkenntnisse aus der einen Gesellschaft so verallgemeinern, dass sie auch für eine andere Gesellschaft Gültigkeit hätten?

---

1 R. Forst (2003), Toleranz im Konflikt. Geschichte, Gehalt und Gegenwart eines umstrittenen Begriffs, Frankfurt/M.; A. Wierlacher (Hg.) (1996), Kulturthema Toleranz. Zur Grundlegung einer interdisziplinären Toleranzforschung, München.

2 G. Mensching (1966), Toleranz und Wahrheit in der Religion, München/Hamburg; A. Feldtkeller (Hg.) (2001), Konstruktive Toleranz – Gelebter Pluralismus. Erfahrungen mit dem Zusammenleben von Religionen und Kulturen, Frankfurt/M.

3 Vgl. H. Wrogemann (2011), Von Religionskriegern und Friedensstiftern – Welche Religion ist am friedfertigsten?, in: ders., Das schöne Evangelium inmitten der Kulturen und Religionen. Streifzüge im Bereich der Missions- und Religionswissenschaft, Erlangen, 66–84. Zur Frage von Religion und Gewalt vgl. C. Abbt u. a. (Hg.) (2008), Im Zeichen der Religion. Gewalt und Friedfertigkeit in Christentum und Islam, Frankfurt/M. u. a.; M. Brocker u. a. (Hg.) (2008), Friedensstiftende Religionen?, Wiesbaden; A. Käuflein u. a. (Hg.) (2008), Religion und Gewalt, Würzburg; B. Oberndorfer u. a. (Hg.) (2008), Die Ambivalenz des Religiösen, Freiburg i.Br. u. a.; F. Schweitzer (Hg.) (2006), Religion, Politik und Gewalt, Gütersloh.

Im Folgenden soll es um die Frage der Toleranz in islamischen Traditionen gehen. Eine Vorbemerkung ist in diesem Zusammenhang jedoch unerlässlich: Es ist daran zu erinnern, dass verschiedene Religionsformationen zwar unterschiedliche weltanschauliche Zugänge zur Toleranzproblematik aufweisen.[4] Dies bedeutet jedoch nicht, dass den Religionen ein *Wesen* zugrunde liegen würde, welches diese zu einem toleranten oder intoleranten Handeln prädisponieren würde. Verschiedene Religionsformationen haben unterschiedliche geschichtliche Phasen erlebt, Phasen von Konfrontationen oder friedlicher Koexistenz.[5]

Dabei sind die infrastrukturellen Bedingungen stets im Blick zu behalten. So waren Religionsformationen immer dann in der Versuchung, repressiv zu wirken, wenn sie herrschaftlicher Macht besonders eng verbunden waren. Zeitlich überdauernde religiöse Strukturen kann man jedoch nicht nachweisen. So hat etwa der Buddhologe Christoph Kleine am Beispiel der *Deutschen Christen* einerseits und des japanischen Shinto andererseits gezeigt, dass beide, die strukturell kaum unterschiedlicher verfasst sein konnten, in sehr ähnlicher Weise durch totalitäre Regime nutzbar gemacht wurden.[6]

Solche Beobachtungen mahnen zur Vorsicht im Blick auf Pauschalurteile gerade zu solchen Themen von Ethik und Recht, die dazu dienen können, einen Vorzug der jeweils eigenen Religion gegenüber einer anderen zu behaupten. Hier ist etwa daran zu erinnern, dass die Idee der Menschenrechte in europäischen Kontexten zu einem nicht unerheblichen Teil gegen den Widerstand von Kirchen und Theologen durchgesetzt wurde.[7] So erfreulich

---

[4] Zu Toleranzkonzepten vgl.: P. Hacker (1957), Religiöse Toleranz und Intoleranz im Hinduismus, in: Saeculum (8), 167–179. – Zu christlichen Toleranzkonzepten: R. Forst (2003), Toleranz im Konflikt, o. a. – Zu protestantischen Begründungsmustern vgl. exemplarisch: G. Ebeling (1981), Die Toleranz Gottes und die Toleranz der Vernunft, in: ZThK (18), 442–464. – Zu islamischen Perspektiven: R. Schulze (1996), Toleranzkonzepte in islamischer Tradition, in: A. Wierlacher (Hg.), Kulturthema Toleranz, München, 495–513. Vgl. W. Kerber (Hg.) (1991), Wie tolerant ist der Islam?, München.

[5] Für das Verhältnis von Christentum und Islam vgl. beispielsweise: J. Gauss (1968), Toleranz und Intoleranz zwischen Christen und Muslimen in der Zeit vor den Kreuzzügen, in: Saeculum (19), 362–389. U. Müller (1996), Toleranz zwischen Christen und Muslimen im Mittelalter? Zur Archäologie der Beziehungen zwischen dem christlich-lateinischen Okzident und dem islamischen Orient, in: A. Wierlacher (Hg.), Kulturthema Toleranz, München, 307–354.

[6] Ch. Kleine (2002), Religion im Dienste einer ethnisch-nationalen Identitätskonstruktion: Erörtert am Beispiel der »Deutschen Christen« und des japanischen Shinto, in: Marburg Journal of Religion (7), 1–17.

[7] H.E. Tödt/W. Huber (1977), Menschenrechte. Perspektiven einer menschlichen Welt, München.

es ist, dass heute viele Christen und Christinnen in den Menschenrechten Grundwerte christlicher Traditionen wiederentdecken, so bedenklich wäre es, anderen Religionsformationen eine grundsätzliche Inkompatibilität mit den Menschenrechten zu unterstellen. Auch wäre es vermessen, auf andere Religionsformationen, »die eben noch nicht so weit sind wie wir« herunterzublicken, denn die Durchsetzung der Menschenrechtsidee hat in den europäischen Kontexten Jahrhunderte gedauert. Wenden wir uns nach diesen Vorbemerkungen nun der Toleranzthematik zunächst aus philosophischer Sicht zu.

Von der Schwierigkeit, den Begriff der Toleranz zu definieren

Für eine sinnvolle Verwendung des Begriffs der Toleranz müssen verschiedene Bedingungen erfüllt sein, denn sonst würde man andere Begriffe wie etwa Anerkennung oder Akzeptanz zu verwenden haben. Zunächst seien im lockeren Anschluss an den Philosophen *Rainer Forst* einige Bedingungen zur Verwendung des Toleranzbegriffs benannt.[8] So gilt erstens, dass Toleranz *aus freien Stücken* gewährt werden muss, denn sonst wäre es keine eigenverantwortliche menschliche Haltung, sondern schlicht äußerer Zwang. Zweitens muss gelten, dass das, was toleriert wird, wirklich *abgelehnt wird*, und zwar, weil man es entweder für falsch hält oder aber für schlecht erachtet. Die Komponente der Ablehnung ist notwendig, denn sonst würde man besser von Indifferenz sprechen. Umgekehrt gilt, dass das, was abgelehnt wird, zugleich ertragen oder erduldet wird. Dies entspricht dem wörtlichen Sinn des lateinischen Verbs *tolerare*, ertragen.

Warum aber sollte man überhaupt etwas ertragen? Die Antwort lautet, dass es gute Gründe gibt, etwas zu ertragen, um ein höheres Gut sicherzustellen. Ich kann zum Beispiel die öffentlich geäußerte Meinung eines Islamisten tolerieren, er wolle einige demokratische Institutionen verändern (etwa die Meinungs- und Pressefreiheit einschränken), weil sie dem Willen Allahs widersprechen. Ich lehne diese *Meinung* ab, toleriere aber die Tatsache, dass dieser Mensch die Meinung *äußert*, da ich das *rechtliche Gut der freien Meinungsäußerung* als höherwertig einschätze, als meine persönliche innere *Gestimmtheit*, solche aus meiner Sicht abzulehnenden Meinungen nicht öffentlich hören zu wollen. Ich bin tolerant, weil es mir nicht gleichgültig ist, was da gesagt wird. Ich ertrage Meinungsäußerungen, die meiner

8 Ich folge hier: R. Forst (2003), Toleranz im Konflikt, o. a., 30–41.

eigenen Meinung widersprechen und versuche nicht, sie mit Gewalt zu unterdrücken.

An dieser Stelle indes tritt ein Problem auf: Angenommen, jener Islamist will den Staat radikal nach seinem islamistischen Verständnis umbauen, ergreift jedoch derzeit keine bestimmten Maßnahmen – wie immer diese aussehen mögen. Nehmen wir an, er würde alle Muslime, die nicht seiner Meinung sind, ins Gefängnis werfen *wollen, tut es jedoch nicht*: Ist er dann ganz besonders tolerant, weil er sein Wollen nicht unmittelbar umsetzt? *Forst* spricht in diesem Zusammenhang vom *Paradox des toleranten Fundamentalisten*, denn je radikaler man denkt, es aber nicht umsetzt, so die These, desto »toleranter« ist man. Es ist leicht einzusehen, dass diese Sicht nicht weiterführt. Fazit: Toleranz kann nicht nur im *Nicht-Umsetzen* des intoleranten Handelns bestehen, sondern es muss bei Toleranz auch um eine respektvolle und wertschätzende *Haltung* gehen. Es muss also bei Toleranz darum gehen, *andere grundsätzlich wertschätzen zu wollen*, und diejenigen Dinge, die man ablehnt, möglichst vernünftig zu begründen. Dies ist das Dritte: Toleranz verlangt *nachvollziehbare Begründungen* für das, was man ablehnt und warum man es ablehnt, und dafür, warum man gleichzeitig dennoch etwas als gegeben akzeptiert.

Nun ist diese Toleranz indes begrenzt durch das, was man *mit Bestimmtheit* ablehnt und als Haltung, Gedanke oder Praxis zurückweist. Ich mag die Äußerungen des Islamisten tolerieren, wenn ich auch dagegen argumentieren werde, ich werde jedoch sein Ansinnen, Einfluss auf etwa den Unterricht junger Menschen zu bekommen, *zurückweisen* und rechtlich zu unterbinden suchen. Der Schutz des demokratischen Staates in seiner bundesdeutschen Verfasstheit ist die Begründung, Handlungen, die gegen die Grundprinzipien dieses Staates verstoßen, zu verbieten. Es gibt also auch die Komponente der Zurückweisung – nebst den rechtlich relevanten Handlungen des Staates.

Fassen wir zusammen: Sinnvolle Rede von Toleranz braucht die Komponenten erstens der *Freiheit*, zweitens der *Ablehnung* von etwas, drittens der gleichzeitigen *Akzeptanz* des Gegeben-seins von etwas, viertens die *rationale Begründung* der Ablehnung und fünftens die Komponente der *Zurückweisung*. Damit aber ist die simple Gegenüberstellung von Toleranz und Intoleranz überführt in die dreigliedrige Formel von erstens voller Anerkennung, zweitens dem Bereich der Toleranz und drittens dem Bereich der Zurückweisung. Wir werden auf diese Zusammenhänge zurückkommen.

Zunächst jedoch ist eine weitere Unterscheidung unerlässlich, in der es um die Frage geht, in welchem Sinne eigentlich Toleranz gewährt wird. Handelt es sich mit *Forst* zu sprechen um eine *Erlaubnis-Konzeption*? Dies würde bedeuten, dass Toleranz von einer Mehrheit gegenüber einer Minderheit *gewährt* wird, wobei es *kein Recht* auf Toleranz gibt, sondern nur eine Tolerierung, solange die Tolerierten die Oberhoheit der Mehrheit nicht hinterfragen. Historische Beispiele sind etwa das *Edikt von Nantes* (1598) von *Heinrich IV.* gegenüber den französischen Protestanten (es wurde im Jahre 1685 durch *Ludwig XIV.* widerrufen) oder das *Millet-System*[9] des *Osmanischen Reiches.*[10] Geht es also um Toleranz als »gnädige« Erlaubnis oder aber um Toleranz als *Rechtsanspruch*? Basiert Toleranz auf der *Anerkennung eines gleichen Rechts der Menschen als Rechtssubjekte*, wie dies etwa für das von *William Penn* 1682 für Pennsylvania (Nordamerika) durchgesetzte Toleranzrecht maßgeblich ist?[11] Das eine ist den (kontingenten) Umständen geschuldet, das andere einer Anerkennung des zu tolerierenden Anderen als Rechtssubjekt.

Wir nehmen diese Beobachtungen und Fragen mit und wenden uns im Folgenden zunächst koranischen Begründungsmustern von Toleranz zu. Danach werden gegenwärtige reformislamische Entwürfe nach den in ihnen gegebenen Toleranzbegründungen befragt. Schließlich sollen einige Beobachtungen zu einem aktuellen Thema in mehrheitlich muslimischen Gesellschaften angestellt werden. Es geht um das Thema Religionsfreiheit und hier speziell das Problem des Religionswechsels, welches im Falle von Muslimen als Abfall vom Islam (arab. *ridda*) bezeichnet wird.

---

[9] Von arab. *milla*, was später etwa im Sinn von Religionsgemeinschaft verstanden wurde.

[10] W. Kymlicka (1996), Two Models of Pluralism and Tolerance, in: D. Heyd (Hg.), Toleration, Princeton, 81–105. Vgl. B. Ye'or (2002), Der Niedergang des orientalischen Christentums unter dem Islam, Gräfelfing, 207–223.

[11] Forst (2003), Toleranz, 273–275. William Penn (1644–1718), ein Quäker, war in England für seinen Glauben inhaftiert worden, wo er den Text *The Great Case of Liberty of Conscience once more briefly debated and defended* schrieb. Wieder in Freiheit, wanderte er aus und gründete im Jahr 1681 in Nordamerika die Kolonie Pennsylvania. Hier hatten Christen aller Konfessionen gleiche Rechte, Nicht-Christen indessen nur beschränkte Rechte. (273) Penn bringt viele Argumente für die Religionsfreiheit, insistiert aber besonders darauf, dass Gott sowohl den Glauben als auch Gottesdienst und Dienst schaffe, weshalb der Mensch, wenn er in diesen Dingen zu zwingen suche, in Gottes Bereich eingreife. Im Jahr 1701 schlossen sich die Kolonisten aus verschiedenen Gründen gegen Penn zusammen und zwangen ihn, die Charter of Priviliges zu unterzeichnen, die als Verfassungsurkunde bis 1776 in Kraft blieb und weitergehende Freiheiten zuließ als in irgendeiner anderen Kolonie. J.E. Calvert (2003), Art. Penn, William, in: RGG, 4. Aufl., Bd. 6, Sp. 1086–1087.

Toleranz in koranischer Perspektive – einige Beobachtungen

Wie in anderen Religionsformationen auch, so kann man im Islam mit Blick auf die verschriftlichten Traditionen ganz unterschiedliche Begründungsmuster für ethisches und politisches Handeln heranziehen.[12] Wer heute von reformorientierter muslimischer Seite aus meint, mit der koranischen Botschaft seien zum ersten Mal in der Menschheitsgeschichte die Prinzipien der Menschenrechte eingefordert worden, der wird etwa auf Sure 2:256 verweisen, in der es heißt, in der Religion gebe es keinen Zwang. Er wird weiterhin darauf verweisen, dass das Prinzip der Beratung (arab. *šūrā*), dass sich also der Prophet Muhammad mit seinen Gefährten und seinen Frauen in wichtigen Fragen beraten habe, als Grundlage einer parlamentarischen Demokratie zu verstehen sei und vieles mehr. Islamisten können dem indes ganz einfach entgegen halten, dass die Prinzipien der Menschenrechte in der Diktion der Freiheitsrechte der UN-Menschenrechts-Charta von 1948 dem Prinzip der göttlichen Souveränität widersprechen, dass Muslime und Nichtmuslime ebenso wie Männer und Frauen der koranischen Botschaft zufolge unterschiedliche Rechte haben, oder aber, dass bestimmte Strafregelungen als ewiges und unveränderliches göttliches Gesetz zu verstehen seien.[13]

Mit einem Wort: Der Verweis auf bloße Quellenbelege führt nicht weiter, da sowohl die *Auswahl* der Stellen als auch deren *Interpretation* strittig ist. Auf diese Weise sind keine eindeutigen Ergebnisse zu erzielen. Worum es also geht, ist die Reflexion auf grundlegende hermeneutische Verfahrensweisen. Die Frage lautet: Wie ist die koranische Botschaft zeitgemäß zu verstehen und in welchem Verhältnis steht diese Botschaft zu anderen Traditionen, das heißt etwa Hadith-Traditionen, Traditionen von verschiedenen Rechtsschulen oder Traditionen des lokalen Gewohnheitsrechts? Innerhalb der ebenso globalen wie polymorphen islamischen Religionsformation wird, wie im Folgenden anzudeuten sein wird, um diese Fragen seit vielen Jahrzehnten intensiv gerungen.

Toleranzbegründungen als Frage von Hermeneutik und Bildung

Oft wird gefragt, wie sich mehrheitlich muslimische Gesellschaften ebenso wie muslimische Diaspora-Gemeinschaften in Fragen von Toleranz und

---

[12] Vgl. für den Koran: R. Paret (1970), Toleranz und Intoleranz im Islam, in: Saeculum (21), 344–365; A. Noth (1978), Möglichkeiten und Grenzen islamischer Toleranz, in: Saeculum (29), 190–204. A.Th. Khoury (1980), Toleranz im Islam, München/Mainz.

[13] Als Übersicht vgl.: A. Duncker (2006), Menschenrechte im Islam. Eine Analyse islamischer Erklärungen über die Menschenrechte, Berlin.

Menschenrechten weiterentwickeln werden. Einmal abgesehen davon, dass es weltweit in vielen mehrheitlich muslimischen Gesellschaften natürlich eine Vielzahl Menschenrechtsbewegungen und -gruppen gibt, Gruppen von Journalisten und Juristen, die ganz pragmatisch Menschenrechtsstandards im Sinne der UN-Charta von 1948 einfordern, ist im Blick auf religiöse Begründungsmuster eine Vielzahl von Mustern gegeben. Vereinfachend gesagt kann man fünf verschiedene Zugänge unterscheiden. Der *pragmatische Ansatz* wird insbesondere von Realpolitikern vertreten. Demnach ist die Islamizität von positiven Gesetzen dadurch begründet, dass sie dem Geist des islamischen Gesetzes entsprechen. Eine gesonderte Begründung wird nicht gesucht. Mitunter wird auf das Prinzip des Gemeinwohls (arab. *maṣlaḥa*) verwiesen. In diesem Bereich sind in verschiedenen Staaten Rechtsreformen zu beobachten, die ein Mehr an Toleranz begründen.

Diejenigen islamischen Gelehrten (arab. *ᶜulamā*), die einem *traditionalistischen Ansatz* zugerechnet werden können, verweisen demgegenüber auf die Quellen des Koran und der Hadith-Literatur sowie auf die Traditionen der jeweils eigenen Rechtsschule[14], wobei in den letzten Jahrzehnten vielerorts ein Trend zugenommen hat, sich eklektisch aus verschiedenen Traditionen Referenzen auszuwählen (so etwa bei *Yūsuf al-Qaraḍāwī*). Damit aber werden grundlegende Muster des klassischen Rechts weitergeführt, etwa die grundlegende Unterscheidung von Muslimen und Nichtmuslimen, was im Blick auf das Thema Toleranz aus dieser Richtung auch in Zukunft keine grundlegenden Fortschritte in Richtung auf Gleichbehandlung aller Staatsbürger erwarten lässt.

Der *modernistische Ansatz* bezieht sich demgegenüber primär auf den Koran und (nicht immer) die Hadithliteratur unter Umgehung der Rechtsschulen. Oft wird die Zeit des Propheten und seiner Gefährten als Modell eines zukünftigen Islam in Anspruch genommen. Verschiedene Richtungen eines *islamistischen Ansatzes* greifen ebenso auf den Koran zurück, wobei unter Islam dabei je nach Ausrichtung entweder ein in politischer Diktion umfassendes Lebenssystem (inklusive der Regelung für den Bereich der Öffentlichkeit und des Staates[15]) oder aber in kultureller Diktion ein *way of life*[16]

---

[14] Hanafitisch, malikitisch, schafiitisch oder hanbalitisch.

[15] Radikale Islamisten dieser Richtung sind etwa Sayyid Quṭb und Abu-l Ala Maududi. Vgl. S. Damir-Geilsdorf (2003), Herrschaft und Gesellschaft. Der islamistische Wegbereiter Sayyid Qutb und seine Rezeption, Würzburg.

[16] Vgl. J. Gerlach (2006), Zwischen Pop und Dschihad. Muslimische Jugendliche in Deutschland, Berlin.

verstanden wird. Hermeneutisch wird hier oft eine unmittelbare Applikation insbesondere des koranischen Textes vorgenommen. Dies kann im Blick auf die Toleranzthematik zu sehr unterschiedlichen Ergebnissen führen, je nachdem, auf welche Korantexte man sich bezieht. Es handelt sich um einen eklektischen Zugang.

Halten wir fest: Was die Quellen betrifft, belassen es Pragmatiker beim Verweis auf eine allgemeine Islamizität, Quellen werden nicht genannt; ganz anders die Traditionalisten, die Koran, Hadith-Literatur und die Masse der bis heute fortgeschriebenen Rechtstraditionen als unabdingbaren Referenzrahmen ansehen; Modernisten reduzieren die autoritativen Quellen demgegenüber meist auf den Koran allein; Islamisten folgen den Modernisten in dieser Reduktion, nehmen oft auch Anleihen bei der Hadith-Literatur, sehen in diesen Quellen jedoch nicht, wie die Modernisten, eine Kraft gesellschaftlich-evolutiver Fortentwicklung, sondern umgekehrt das zeitübergreifende Vorbild einer guten und gerechten Gesellschaft, wie sie in der Zeit Muhammads und der ersten Muslime vorgelegen habe.

Vertreter und Vertreterinnen eines *reformorientierten Ansatzes* schließlich suchen demgegenüber die koranische Botschaft als auch die Hadith-Traditionen *historisch* zu verorten. Es wird von einem überzeitlichen *Gehalt* ausgegangen, der jedoch jeweils nur *im Rückbezug* auf die ursprünglichen Kontexte und *mittels* eines Interpretationsaktes (nicht, wie bei vielen Islamisten, als direkte Applikation) erhoben werden könne. So wird die Auslegung insbesondere des Korans zu einer Kritik an denjenigen Traditionen, die als nicht mehr zeitgemäß und damit auch den *Intentionen* der koranischen Botschaft als nicht entsprechend gedeutet werden.

Jede dieser Richtungen ist je nach Nation und gesellschaftlichen Rahmenbedingungen anders vertreten, etwa in Ägypten oder Tunesien, Pakistan oder Malaysia, Saudi-Arabien oder Indonesien. Dabei sind die Einflüsse moderner muslimischer Organisationen wie der *Muslimbruderschaft*[17] oder *Muhammadiyya* zu beachten, die Einflüsse großer Sufi-Bewegungen als transnationalen Global Players wie etwa *Tablīghī Ǧamāᶜat*[18], von revival-Bewegungen wie

[17] C.R. Wickham (2002), The Muslim Brotherhood and the Mubarak Regime, 1995–2001, in: dies., Mobilizing Islam. Religion, Aktivism and Political Change in Egypt, New York/Chichester, 214–226.

[18] Th. Gugler (2010), The New Religiosity of Tablighi Jama'at and Da'wat-e Islami and the Transformation of Islam in Europe, in: Anthropos (105), 121–136. Vgl. ders. (2010a), Public Religiosity, Parrots of Paradise and the Symbols of the Super-Muslim, in: M. Hasan (Hg.), Islam in a Globalized World: Negotiating Faultlines, Gurgaon: ImprintOne, 99–122.

Daw^cat-e Islami[19] die Einflüsse von Bildungseinrichtungen wie etwa der *Al-Azhar Universität* in Ägypten oder *Deoband* in Indien, die Einflüsse staatlicher Curricula an Universitäten und Schulen[20] oder von transnationalen Bildungsbewegungen wie der türkischen *Gülen-Bewegung*[21]. Von Bedeutung sind nationale, kontinentale und internationale Fatwa-Councils, aber genauso auch die großen TV-Sender[22] oder Internetforen[23]. Im Geflecht dieser Akteure wird sich erweisen, welche Begründungsmuster von Toleranz eine massenhafte Verbreitung finden werden.

Entscheidend wird die Frage sein, welchen Richtungen es gelingen wird, ihre Islaminterpretation in den großen Ausbildungsinstitutionen der Gesellschaft so zu implementieren, dass eine religiöse Begründung für Toleranz im Sinne *gleicher Rechte* für alle Bürger und im Sinne einer wertschätzenden *Haltung* gegenüber weltanschaulich-religiös andersdenkenden Menschen dauerhaft rezipiert und damit verbreitet wird. Es bleibt zu hoffen, dass reformorientierte Kräfte dabei in zunehmendem Maße gesellschaftlich Gehör finden werden.

---

19 Th. Gugler (2011), Mission Medina: Da^cwat-e Islami und Tabligi Gama^cat, Würzburg; ders. (2010b), Moderne Standardisierung und traditionelle Frömmigkeit: Die pakistanische Missionsbewegung Da^cwat-e Islami, in. D. Reetz (Hg.), Islam in Europa, Münster, 53–78; D. Reetz (2007), Islamische Missionsbewegungen in Europa, in: R. Heidrich-Blaha (Hg.), Islam in Europa, Wien; 117–136.

20 R. Hefner (2007), Schooling Islam. The Culture and Politics of Modern Muslim Education, Princeton.

21 B. Agai (2004), Porträt Fethullah Gülen: Ein moderner türkisch-islamischer Reformdenker?, unter: http://de.qantara.de/wcsite.php?wc_c=3257, abgerufen am 01.10.11. Gülen, geboren 1938, lebt heute in den USA, sein Bildungsnetzwerk hat Ableger in europäischen Ländern wie natürlich der Türkei, Bosnien-Herzegovina, Dänemark, Deutschland, Großbritannien, den Niederlanden, Frankreich, aber auch zum Beispiel in den USA und in asiatischen Ländern wie China, Südkorea, Thailand oder den Philippinen, auch in Afrika, dort in Tanzania sowie in Tschetschenien. Das Netzwerk hat Schulen, Verlage, Fernsehprogramme und vieles mehr. Es geht um Bildung im säkularen Sektor, nicht um theologische Ausbildung. So soll in diesen Medien das tägliche Leben islamkonform gestaltet werden. Gülen hat dabei ein traditionales Islamverständnis, kein reformorientiertes. Die Gülen-Bewegung wird einerseits wegen ihres nicht explizit religiösen Bildungsengagements von vielen Beobachtern wertgeschätzt. Doch steht eine kritisch-konstruktive und bejahende Auseinandersetzung mit demokratischen Konzepten offensichtlich noch aus. F. Eissler (2010), Islamisierung profaner Arbeit als Dienst an der Menschheit. Zum Bildungsideal Fetullah Gülens, in: R. Hempelmann (Hg.), Religionsdifferenzen, Berlin, 175–194, bes. 193.

22 Um nur ein Beispiel zu geben: *Da^cwat-e Islami* unterhält seit 2008 einen TV-Sender, den Madani-Kanal, der in über 100 Ländern ausstrahlt. Siehe www.madanichannel.tv.

23 F. Harms (2007), Cyberda^cwa. Islamische Mission im Internet. Voraussetzungen, Analyse und Vergleich von da^cwa-Sites im World Wide Web, Aachen.

Toleranz in gegenwärtigen islamischen Positionierungen

Nachdem in praktisch allen Ländern der Erde institutionelle Formen demokratischer Meinungsbildung eingeführt worden sind (wie umfangreich oder rudimentär auch immer)[24], stellt sich die Frage, wie innerhalb eines nationalstaatlichen und also territorialstaatlichen Settings mit religiös-kultureller und ethnischer Pluralität umzugehen ist.[25] Innerhalb der muslimischen Welt gibt es seit Jahrzehnten umfangreiche Debatten zu Fragen islamischer Werte und Normen einerseits und deren Vereinbarkeit mit den Menschenrechtsstandards im Sinne der Menschenrechtscharta der Vereinten Nationen von 1948 andererseits. Fragen von demokratischer Willensbildung, von gesetzlicher Gleichbehandlung aller Bürger, Fragen nach der Rolle der Zivilgesellschaft und dem Stellenwert religiöser Werte und Pflichten stehen im Mittelpunkt der Debatten. In den letzten Jahrzehnten haben sich immer mehr Denker und Denkerinnen zu Wort gemeldet, die man als reformorientiert bezeichnen kann.

International bekannte Reformdenker sind etwa der aus dem indo-pakistanischen Bereich stammende und später in den USA lehrende *Fazlur Rahman*[26] (1919–1988), dessen Werk für viele reformorientierte Muslime in Asien wegweisend wurde. Sein Ansatz wurde besonders in Ländern wie Malaysia und Indonesien, hier etwa durch *Nurcholish Madjid*[27] (gest. 2005) aufgegriffen.[28] Zu nennen sind der für seine Thesen später hingerichtete *Muhammad Taha* (1909–1985) und sein Schüler *Abdullahi an-Naim*[29] (geb. 1946), beide

---

24 Vgl. R. Schulze (2002), Geschichte der Islamischen Welt im 20. Jahrhundert, München.

25 Zur Einführung vgl. etwa: K. Amirpur u. a. (Hg.) (2006), Islam am Wendepunkt. Liberale und konservative Reformer einer Weltreligion, Freiburg u. a.; M. Lüders (Hg.) (1992), Der Islam im Aufbruch?, München u. a.; J. Cooper u. a. (Hg.) (1998), Islam and Modernity: Muslim Intellectuals Respond, London; L.J. Diamond u. a. (Hg.) (2003), Islam and Democracy in the Middle East, Johns Hopkins University Press; E. Heller u. a. (Hg.) (1998), Islam – Demokratie – Menschenrechte, München; C. Kurzman (1998), Liberal Islam. A Sourcebook, New York u. a.

26 F. Rahman (1982), Islam and Modernity, Chicago/London.

27 Vgl. N. Madjid (1996), In Search of Islamic Roots for Modern Pluralism: The Indonesian Experience, in: M. Woodward (Hg.), Toward a New Paradigm. Recent Developments in Indonesian Islamic Thought, Arizona: Arizona State University, 89–116.

28 Vgl. F. Husein (2005), Muslim-Christian Relations in Indonesia. The Exclusivist and Inclusivist Muslims' Perspectives, Bandung, 237ff.

29 A.A. an-Naim (1996), Toward an Islamic Reformation, Syracuse University Press.

aus dem Sudan. Für den Iran wäre unter anderem auf *Abdolkarim Sorusch*[30] (geb. 1945) zu verweisen, für Ägypten auf *Nasr Hamid Abu Zaid* (1943–2010), für Algerien auf *Mohammed Arkoun*[31] (1928–2010), für Marokko auf die Soziologin *Fatima Mernissi*[32] (geb.1940), für die Türkei auf Denker wie *Ömer Özoy*[33] (geb. 1963) oder für Südafrika auf *Farid Esack* (geb. 1957)[34].

Unterscheiden sich schon die Ansätze der genannten Reformdenker im Einzelnen erheblich voneinander, so verkompliziert sich das Bild dadurch, dass aus eher klassischer Gelehrsamkeit herkommende Denker wie der aus Ägypten stammende *Yūsuf al-Qaraḍāwī*[35] (geb. 1926) in ihrem Werk und ihren Konsequenzen nur schwer einzuordnen sind. Während manche Beobachter *al-Qaraḍāwī* als Fundamentalisten und geistigen Brandstifter ansehen, erkennen andere in ihm einen wenn auch moderaten, so dennoch ernst zu nehmenden Reformer.[36] Daneben gibt es viele Strömungen islamischen Denkens, die unterschiedliche »Mischungsverhältnisse« von Traditionalismus einerseits und Modernismus andererseits erkennen lassen, je nach Land, Region und Richtung verschieden. Die folgenden Ausführungen haben daher nur einen begrenzten Fokus.

---

30 K. Amirpur (2003), Die Entpolitisierung des Islam: Abdolkarim Soruschs Denken und Wirkung in der Islamischen Republik Iran, Würzburg. Vgl. A. Soroush (2000), Reason, Freedom and Democracy in Islam, Oxford.

31 Vgl. U. Günther (2004), Mohammed Arkoun. Ein moderner Kritiker der islamischen Vernunft, Würzburg. Vgl. auch: M. Arkoun (1992), »Westliche« Vernunft kontra »islamische« Vernunft? Versuch einer kritischen Annäherung, in: M. Lüders (Hg.), Der Islam im Aufbruch?, o. a., 261–274; ders. (1998), Religion und Demokratie: das Beispiel Islam, in: E. Heller u. a. (Hg.), Islam, o. a., 138–153.

32 F. Mernissi (1998), Der politische Harem, Freiburg/Basel/Wien.

33 F. Körner (Hg.) (2006), Alter Text – neuer Kontext. Koranhermeneutik in der Türkei heute, Freiburg i.Br.

34 F. Esack (1996), Qur'an, Liberation and Pluralism: An Islamic Perspective on Interreligious Solidarity Against Oppression, Oxford u. a.; ders. (1999), On Being A Muslim. Finding a Religious Path in the World Today, Oxford u. a.

35 Y. al-Qaradawi (2003), The Lawful and the Prohibited in Islam, London (Erstausgabe 1960); ders. (2002), The Status of Women in Islam; www.witness-pioneer.org/vil/Bolls/Q_WI/default.htm; ders. (2002), The Sunnah: A Source of Civilization; www.witness-pioneer.org/vil/ Bolls/ Q_SSC/default.htm.

36 Zum Ansatz von al-Qaradawi vgl. W. Wenzel-Teuber (2005), Islamische Ethik und moderne Gesellschaft im Islamismus von Yusuf al-Qaradawi, Hamburg. Siehe auch: B. Gräf (2006), Yusuf al-Qaradawi: Das Erlaubte und das Verbotene im Islam, in: Amirpur/Ammann (Hg.), Islam am Wendepunkt, 109–117.

Wie wird also in der Islamischen Welt gegenwärtig über Toleranz gedacht?[37] Bleiben wir zunächst bei der Position von *Yūsuf al-Qaraḍāwī* [38], so zeigt sich, dass hier mit dem Begriff der *Erleichterung* (arab. *tasahīl*) gearbeitet wird.[39] *Al-Qaraḍāwī* meint, dies sei für die Annäherung an den Islam und das Werben für den Islam notwendig. Die Andersartigkeit von Christen und Juden als Minderheiten wird dabei indes quasi eingeklammert. Sie sind zu tolerieren, was aber noch nicht viel über deren Rechte aussagt.

Andere Wege versuchen Reformdenker wie der aus Indonesien stammende *Nurcholish Madjid* zu gehen.[40] Man fragt hier nicht danach, welche Rechte religiösen Minderheiten (arab. *dhimmī*) nach traditioneller Rechtsmeinung zustehen. Vielmehr wird ganz grundsätzlich über das göttliche Recht, die Scharia, im Verhältnis zu menschlichen Rechtssetzungen, dem *fiqh*, nachgedacht.[41] Nach islamischem Verständnis ist die Scharia dem Menschen weder in ihrer Gesamtheit noch auch in ihrer Tiefe zugänglich.[42] Deshalb braucht es das menschliche Bemühen, den Sinn der Scharia zu verstehen. Dies wird als *fiqh* bezeichnet.[43] *Madjid* und andere meinen nun, der *fiqh* vergangener Jahrhunderte dürfe nicht einfach weitertradiert werden. Vielmehr sei nach den *ursprünglichen Absichten* (arab. *maqāṣid*) des Rechts zu fragen. Auf der Grundlage dieser allgemeinen Absichten müsse ein neuer und anderer, weil zeitgemäßer *fiqh* entwickelt werden. Zu den schwerwiegendsten Problemen gehöre die Beziehung zu Nicht-Muslimen, die aber nicht neu gedacht werden könne, wenn, wie dies heute geschieht, die meisten gegenwärtigen *Fiqh*-

---

[37] Als Übersicht: R. Schulze (1996), Toleranzkonzepte in islamischer Tradition, in: A. Wierlacher (Hg.), Kulturthema Toleranz, München, 495–513. Siehe auch: W. Kerber (Hg.) (1991), Wie tolerant ist der Islam?, München; A.Th. Khoury (1980), Toleranz im Islam, München/Mainz.

[38] Y. Al-Qaradawi (2002), Unser und Euer Gott ist einer. Fatwa vom 1. Mai 2002, www.qantara.de; siehe www.islamonline.net/fatwa/arabic/ FatwaDisplay.asp.

[39] Ähnliche Bezugnahmen finden sich bei dem Autor *Mahmoud Zakzouk*, dem ehemaligen ägyptischen Minister für Religiöse Angelegenheiten und das Stiftungswesen. M. Zakzouk (2000), Toleranz im Islam, in: ders., Einführung in den Islam, Kairo, 401–408.

[40] Zitiert nach O. Schumann (2004), Ein Islamisches Recht der interreligiösen Beziehungen?, in: A. Heuser/W. Weisse (Hg.), Neuere Religiöse Bewegungen in Internationaler Perspektive. Festschrift für Erhard Kamphausen, Aachen, 57–74, hier: 61, Anm. 5.

[41] Zur Einführung: R. Lohlker (2012), Islamisches Recht, Wien, 14ff.

[42] Vgl. Th. Bauer (2011), Die Kultur der Ambiguität. Eine andere Geschichte des Islams, Berlin.

[43] *Fiqh* geht über bloße Rechtssätze weit hinaus. Lohlker definiert *fiqh* als »ein höchst komplexes Gewebe, ein Rhizom von Bedeutungen und Handlungen, das lange Jahrhunderte erfolgreich Verhältnisse islamisch geprägter Gesellschaften geregelt und seinen letzten Bezugspunkt in der Scharia hat«. Lohlker (2012), Islamisches Recht, 16.

Lehrbücher nur den klassischen *Fiqh* wiederholen, und zwar in der Meinung, dieser habe einen Grad an unübertrefflicher Reife erreicht.

Nurcholish beklagt im Blick darauf: »Es scheint, als sei die universale Dimension des *Fiqh* und seine Geschmeidigkeit in einer Schublade versenkt oder wohin auch immer verschwunden. Der Fiqh hat, explizit oder implizit, zum Hass und Misstrauen gegenüber anderen Religionen beigetragen.«[44] Autoren im Umkreis von *Madjid* fragen, weshalb der klassische *Fiqh* solche Klassifizierungen wie *götzendienerisch* (arab. *mušriq*), *abtrünnig* (arab. *murtadd*) oder *ungläubig* (arab. *kāfir*) eingeführt habe. Der klassische *Fiqh* dürfe nicht, wie vielerorts noch immer, als quasi sakrosankt gelesen werden. Man dürfe nicht einfach eine bestimmte Phase der islamischen Geschichte (plus ihre literarischen Produkte) als die vortrefflichste erklären und dabei stehenbleiben.[45] Etliche Salafisten etwa meinen in der Zeit der *rechtschaffenen Altvorderen* (arab. *as-salaf aṣ-ṣāliḥ*) die vortrefflichste aller menschlichen Epochen gefunden zu haben, die es wiederherzustellen gelte. Dem widersprechen Reformer wie *Nurcholish Madjid* vehement. Es bedarf eines neuen *fiqh* und einer neuen Methodik. Wie aber ist eine solche zu begründen? Wenden wir uns im Folgenden einigen Beispielen zu und beginnen mit dem syrischen Reformdenker *Muḥammad Shahrūr*.

Religiöse Toleranz und Theorie der Grenzen – Muhammad Shahrūr

Nach *Shahrūr* (geb. 1938) steht die Letztgültigkeit des Koran als Grundaxiom nicht zur Disposition.[46] Die koranische Botschaft enthält demnach die ultimative Wahrheit. Wie aber ist eine Begründung von Toleranz auf dieser Grundlage möglich? *Shahrūr* unterscheidet zwischen dem *Text des Koran*, der fixiert sei, und der *Relevanz der koranischen Botschaft*, die universal sei. Die *Unnachahmlichkeit des Korans* (arab. *iʿǧāz*[47]) bestehe darin, so der Autor in seiner ganz eigenen Lesart, dass der Koran zu jedem Menschen und zu jeder Zeit spreche. Dies legt nahe, dass eine weitestgehend kontextlose Lektüre möglich ist. (Deshalb auch kann man den Ansatz von *Shahrūr* hermeneutisch gesehen auch als islamistisch bezeichnen.) Innerhalb des Koran gebe es zwei

---

44 M. Nurcholish, zit. nach: O. Schumann (2004), Ein Islamisches Recht, 63.

45 Schumann (2004), Ein islamisches Recht, 64f.

46 Zum Folgenden: Th. Amberg (2009), Auf dem Weg zu neuen Prinzipien islamischer Ethik. Muhammad Shahrour und die Suche nach religiöser Erneuerung in Syrien, Würzburg. Vgl. auch: L. Mudhoon (2006), Muhammad Schahruur, in: Amirpur u. a. (Hg.), Islam am Wendepunkt, 136–145.

47 Zu diesem Konzept vgl. A. Neuwirth (2010), Der Koran als Text der Spätantike. Ein europäischer Zugang, Berlin, 732ff.

Arten von Inhalten, nämlich erstens die *prophetische Verkündigung*, die die Gesetze der Natur und die Gesetze des Seins allgemein behandele und zweitens die *Botschaft der Gesandten*, die die Bereiche des Sollens umfasse. Während erstere von dem einen und einzigen Gott und seiner Schöpfung handele, umfasse die letztere die Bereiche dessen, was nach göttlichem Willen zu beachten und zu tun sei. Was aber ist zu beachten und zu tun? Hier werden fünf Bereiche unterschieden. Da sind erstens die allein für Muhammad selbst gegebenen Regelungen, zweitens der Bereich *religiöser Observanzen* (wie Gebet, Fasten usw.), drittens *allgemeine ethische Prinzipien*, wie sie etwa christlich in den 10 Geboten und islamisch in Sure 6:151–152 gegeben seien, viertens das Gebot, *das Erlaubte zu gebieten und das Verbotene zu verbieten* (arab. *al-amr bi-l-maᶜrūf wa-n-nahy ᶜan al-munkar*, vgl. Sure 3:104.110) sowie fünftens besondere *Strafregelungen*, die islamisch als *ḥudūd*-Strafen bekannt sind. Wie aber versteht *Shahrūr* diese Werte und Regeln als Grundlage demokratischer Prozeduren?

Beginnen wir zunächst mit den religiösen Observanzen. Können die rituellen Handlungen anderer Religionstraditionen islamisch wertgeschätzt werden? Der Autor verweist hier auf Sure 5:49, wo es heißt: »*Für jeden von Euch machten wir ein Gesetz und einen Weg*«.[48] Daraus schließt der Autor, dass jede Form von Religionspraxis legitim sei, denn der verbindlich zu vollziehende Inhalt religiöser Praxis sei vom Koran her wenig mehr als der Glaube an den einen Gott sowie Werte wie Frömmigkeit und Dankbarkeit. Mit einem Wort: Solange religiöse Praxis in welcher Religionstradition auch immer Gottesglauben, Frömmigkeit und praktisches Handeln befördere, sei diese als legitim anzusehen. Dies ist, so kann man festhalten, eine im Vergleich zu anderen muslimischen Stimmen sehr weitgehende Wertschätzung nicht-islamischer Traditionen.

Das Gebot, *das Erlaubte zu gebieten und das Verbotene zu verbieten* (Sure 3:104) interpretiert *Shahrūr* überraschenderweise als das *Prinzip oppositioneller Arbeit*, denn der Aufruf zum Gebotenen müsse auch *als Kritik* an Misswirtschaft und Machtmissbrauch von Regierenden verstanden werden. Während islamistische Aktivisten dieses Gebot verwenden, um sehr verschiedene und sehr selektive Praktiken einzufordern, etwa das separate Sitzen von Männern und Frauen in öffentlichen Verkehrsmitteln, wird dieses Prinzip von *Shahrūr* demokratietheoretisch in Anspruch genommen. Das *Erlaubte zu gebieten* bedeutet dann kritische Mitarbeit im demokratischen Prozess.

---

[48] Vgl. 2:213; 2:148: «Es hat jeder eine Richtung, nach der er sich wendet. Wetteifert daher um das Gute.« (Übers. Bobzin)

Die *Strafregelungen* schließlich versteht *Shahrūr* als *äußerste* von Gott gesetzte *Grenzen*, die keinesfalls überschritten werden dürften. Todesstrafe oder Verstümmelungen markieren demnach die absoluten Außengrenzen, die jedoch einen Innenbereich menschlicher Selbstverantwortung umreißen, innerhalb dessen Menschen aufgefordert sind, nach *eigenständigem Vernunftgebrauch* Recht zu setzen. Solange diese Grenzen nicht überschritten werden, kommen die Strafen auch nicht zur Anwendung. So gesehen ist dieser Innenbereich der Bereich von demokratischer Meinungsbildung, von Entscheidungen und Gesetzgebungsprozessen.

Der Islam wird von *Shahrūr* demnach im Blick auf seine *allgemeinen Prinzipien* verstanden und des Weiteren als *natürliche Religion* (arab. *dīn al-fiṭra*) gedeutet. Diese natürliche Religion liege recht verstanden *allen Religionstraditionen zugrunde*. Sie hebt mit *Nūḥ* (Noah) an und beinhaltet den Glauben an Gott und das Gericht. Es ist quasi eine natürliche Disposition von Menschen, wie deutlich oder undeutlich auch immer sie von ihnen wahrgenommen wird. Damit werden andere Religionsformationen grundsätzlich als anerkennenswert gedeutet, was jedoch nicht heißt, dass es nicht zu einer spezifischen *Unterscheidung* kommen müsse. Hier ist zwischen Islam (arab. *islām*) und Glaube (arab. *īmān*) zu differenzieren. *Islām* als Menschheitsreligion ist allen Menschen eigen, während *īmān* sich in spezifischen rituellen Mustern und ethischen Handlungen (also Religionstraditionen) äußert. Alle Religionen sind eigentlich und in ihrem Grunde Islam, ihr Glaube (arab. *īmān*) ist jedoch sehr unterschiedlich. Wichtig ist Islam als rechtes Handeln und Frömmigkeit, gleich in welcher religiösen Gestalt.

Halten wir fest: Muhammad *Shahrūr* entwickelt eine islamische Religionstheologie, die einerseits den Islam als Menschheitsreligion dem religiösen Wesen des Menschen unterlegt, andererseits jedoch deren konkrete rituelle Ausdrucksformen und ethische Maximen akzeptiert, *solange diese wenigstens mit Grundlinien einer islamischen Ethik vereinbar sind*. Die rituellen Gestaltungen anderer Religionen können stehengelassen werden. Dies ist angesichts mancher polemischer Schriften und übergriffiger Handlungen anderer muslimischer Akteure ein großer Fortschritt. Weiter gilt, dass im Raum der durch das göttliche Recht gesetzten Grenzen das eigenverantwortliche Handeln von Menschen zählt, was die Legitimität dessen begründet, was aus westlicher Sicht als positives Recht zu bezeichnen wäre. Die grundlegende Zweiteilung der koranischen Botschaft weist diesen Raum aus: Seins-Gesetze können wahrgenommen werden, ethische Maximen sollen befolgt werden. Die Konsequenz ist, dass es *hier* (auch) *interreligiös zu prüfen gilt, was das Erlaubte und was das Verbotene ist.*

Dass ein solcher oder ähnlicher Zugang jedoch nicht davor schützt, das Profil der eigenen Religionstradition so in Anschlag zu bringen, dass weitreichende Revisionen beim religiös Anderen gefordert werden, zeigt sich am Beispiel von *Ismāᶜīl al-Fārūqī* (1921–1986), der trotz intensiver Dialogerfahrungen darauf beharrt, Christen sollten sowohl die Lehre von der Erbsünde, als auch die Lehre von der Rechtfertigung allein aus Glauben sowie überhaupt die klassisch christliche Versöhnungs- und Erlösungslehre aufgeben. Das Argumentieren mit dem Islam als Ur-Religion wird hier faktisch zu einem Mittel der Apologetik.[49]

Religiöse Toleranz nach Farid Esack und Abdullahi an-Naim

Der Ansatz von *Shahrūr* zeigt, dass es durchaus Religionstheologien gibt, die zwar auf den *eigenen* Prämissen als religionstheologischen Letztbegründungen basieren, die dennoch ein hohes Maß an Offenheit für Praktiken und Anschauungen anderer Religionstraditionen aufweisen und damit zu Begründungsmustern von Toleranz werden. Dies sei an zwei weiteren Ansätzen verdeutlicht. So geht *Farid Esack* als sunnitischer Muslim südafrikanischer Herkunft davon aus, dass die koranische Botschaft nur als Befreiungsbotschaft richtig zu verstehen ist. Es gebe durchgehende Themen und Werte, die den Auslegungshorizont des gesamten Korans ausmachen, so der Glaube an den einen Gott (arab. *tauḥīd*), die Bedeutung von Frömmigkeit (arab. *taqwā*) und der Einsatz für die Sache Gottes (arab. *ğihād*) und die Gerechtigkeit (arab. *qisṭ; ᶜadl*). Die grundlegende Auslegungsperspektive sei das Wohl der Menschen und besonders der Unterdrückten dieser Erde.

Hier wird demnach eine *durchgehende Thematik* der koranischen Botschaft zum *hermeneutischen Schlüssel* für Einzelaussagen. Einzelaussagen sind im Blick auf Einheit Gottes, Frömmigkeit und Einsatz für die Sache Gottes zu verstehen. Nach *Esack* ist es darüber hinaus von Bedeutung, dass die koranische Botschaft *auf einzelne Menschen* Bezug nehme, nicht jedoch primär an statischen Gruppenzugehörigkeiten orientiert sei. Das aber bedeutet ein *Unterscheiden* je nach Person vorzunehmen, nicht aber nach formeller Religionszugehörigkeit. Der Begriff der Ungläubigen (arab. *kuffār*) meine

[49] I. al-Faruqi (1998), Islam and Other Faiths, ed. by A. Siddiqi, Leicester, ders. (1998a), Islam, and Christianity: Diatribe or Dialogue, in: ders., Islam and Other Faiths, 241–280; ders. (1998b), Rights of Non-Muslims Under Islam: Social and Cultural Aspects, in: ders., Islam and Other Faiths, 281–302. Zum Ansatz *al-Faruqi's*: H. Wrogemann (2006), Daᶜwa und geistesgeschichtliche Apologetik – Ismail al-Faruqi, in: ders., Missionarischer Islam und gesellschaftlicher Dialog, Frankfurt/M., 196–228.

daher recht verstanden nicht eine feste Gruppe von Menschen, sondern bezeichne ursprünglich die *Undankbarkeit* von Menschen gegenüber Gott. Damit kommt dieser Begriff nach *Esack* quer zu allen Wir-Gruppen im Sinne verfasster Religionsformationen zu stehen.

Einen wiederum anderen Weg beschreitet der aus dem Sudan stammende und gegenwärtig in den USA wirkende Gelehrte *Abdullahi an-Naim*, der deutlich zwischen den mekkanischen und den medinensischen Suren unterscheidet.[50] Die frühen Suren aus Mekka beinhalten seiner Ansicht nach den *universalen Gehalt des Islam* im Sinne des Glaubens an einen Gott und im Sinne des Tuns des Gerechten. Es gehe hier um *Entscheidungsfreiheit* und um Werte. In den späteren Suren von Medina dagegen trete das Universale gegenüber dem Partikularen zurück, die Freiheit werde durch Restriktionen behindert, gegenüber den universalen Werten dominieren hier ganz konkrete Regelungen. Die Suren von Medina seien indes in ihrem Kontext zu verstehen: Da die Regelungen von Medina in einer für die Muslime schwierigen Lage quasi nur als *Notverordnung* zu verstehen seien, haben sie sich in heutigen Gesellschaften erledigt. Maßgeblich sei daher die ursprüngliche Botschaft von Mekka, die universal, freiheitlich und wertorientiert ist. Dies sei der Kern des Islam.

Man kann demnach deutlich erkennen, dass alle drei Reformdenker eine Wertschätzung anderer Religionstraditionen und damit eine Begründung von Toleranz dadurch gewinnen, dass die als letztgültig angesehene koranische Botschaft quasi die *Grundlage des Vergleiches* darstellt. Da diese Botschaft jedoch aus generellen, ja oft geradezu abstrakten Aussagen besteht, ist *das unterscheidende Aufspüren von Kompatibilitäten* mit anderen Lehren und Praktiken ebenso möglich wie nötig. *Shahrūr* geht dabei von *zwei Arten der Botschaft* aus, *Esack* dagegen von *grundlegenden Dimensionen der Botschaft*, *an-Naim* wiederum von *zwei Phasen der Botschaft*. Bei *Shahrūr* geht es um Sein und Sollen, bei *Esack* um die Prinzipien von Einheit, Gerechtigkeit und Engagement, für *an-Naim* um das Universale, Freiheitliche und Wertorientierte.

Toleranzdiskurse konkret – das Thema Abfall vom Islam (ridda)

Worauf reagieren diese Reformdenker? Nehmen wir das Beispiel der Religionsfreiheit im Sinne der *Allgemeinen Erklärung der Menschenrechte* der Vereinten Nationen von 1948. Dort heißt es in Artikel 18: »Jeder hat das Recht

---

[50] A.A. an-Naim (1996), Toward an Islamic Reformation, Syracuse University Press.

auf Gedanken-, Gewissens- und Religionsfreiheit; dieses Recht enthält die Freiheit, die Religion oder den Glauben zu wechseln, und die Freiheit, die Religion oder den Glauben allein oder in Gemeinschaft mit anderen sowie öffentlich oder privat durch Lehre, Ausübung, Gottesdienst und Erfüllung religiöser Vorschriften zu bekennen.«[51] Das Recht des freien Religionswechsels wird indes vom klassischen Schariatsrecht bestritten.[52] Der Abfall vom Islam (arab. *ridda*[53]) ist nach der gängigen Rechtsmeinung der großen Rechtsschulen mit der Todesstrafe zu ahnden.[54] In einem Hadith wird der Prophet Muhammad mit den Worten zitiert: »Wer seine Religion wechselt, den tötet.«[55] Welche Praxis also findet sich in mehrheitlich muslimischen Gesellschaften der Gegenwart?[56]

In diesem Zusammenhang kann nicht ansatzweise auf die Einzelheiten des Themas eingegangen werden.[57] Hinzuweisen ist jedoch darauf, dass sich erstens in der koranischen Botschaft keine eindeutige Rechtfertigung für die Praxis der Tötung von Apostaten finden lässt. Zweitens wird in Rechtswerken im Zusammenhang von Apostasie oft auf weitere Konzepte wie Unglaube (arab. *kufr*), Blasphemie (arab. *sabb Allah*), Heuchelei (arab. *nifāq*) oder Häresie (arab. *zandaqa*) Bezug genommen, sodass die Grenzen fließend werden.[58] Drittens sind solche Rechtsauffassungen heute bei muslimischen Gelehrten weltweit noch sehr verbreitet. So urteilt *Abdullah Saeed*: »Die große Mehrheit muslimischer Gelehrten, die heute über dieses Thema schreiben, folgen der vormodernen Position zu Apostasie [...]. Sie bauen in allen Details auf den *ijtihad* der vormodernen Juristen zum Thema Apostasie, als ob die-

---

51 Abgedruckt in: *Concilium* (26) 1990, Heft 2, 95–97.

52 Zum Schariatsrecht: M. Rohe (2009), Das Islamische Recht, München.

53 R. Peters/J.J. De Vries (1976/77), Apostasy in Islam, in: Die Welt des Islams (17), 1–25.

54 Oft wird auf einen Hadith verwiesen, demzufolge Muhammad im Blick auf Muslime gesagt haben soll: »Wer seine Religion wechselt, den tötet« (arab. *man baddala dīnahu fa-'qtulūhu*). Reformorientierte Muslime, die sich jedoch weiterhin auf Hadith-Traditionen beziehen, weisen darauf hin, dies sei ein schwacher Hadith, da er nur von einer Person bezeugt sei.

55 Sahīh Al-Buḫārī, Nr. 3017. Gemeint sind *Muḥammad ibn Ismāʿīl al-Buḫārī* (810–870 n.Chr.). Sein Werk wird häufig als *Ṣaḥīḥ Al-Buḫārī* bezeichnet. Das Wort *ṣaḥīḥ* bedeutet *einwandfrei*, was sich auf die Güte der überlieferten Hadithe bezieht.

56 K. Knüppel (2010), Religionsfreiheit und Apostasie in islamisch geprägten Staaten, Frankfurt/M., G. Krämer (2011), Demokratie im Islam. Der Kampf für Toleranz und Freiheit in der arabischen Welt, München.

57 Vgl. die grundlegende Studie: A. Saeed/H. Saeed (2012), Freedom of Religion, Apostasy and Islam, Farnham (UK), Burlington (VT).

58 A. Saeed/H. Saeed (2012), Freedom of Religion, 35–50.

ser *ijtihad* unveränderlich wäre«.[59] Der Terminus *iǧtihād* meint die Rechtsfindung mit Bezug auf die Quellen, die durch selbständiges Denken erfolgt.[60] In etlichen Ländern gibt es in der Gegenwart leidenschaftliche Debatten um die Ausrichtung des Gemeinwesens, der individuellen Freiheit, der Zivilgesellschaft und der Menschenrechte, in denen das Thema Apostasie immer wieder eine große Rolle spielt.[61] Oft hat schon die Wortwahl entscheidenden Einfluss darauf, wie weitläufig sich eine Meinung überhaupt Gehör zu schaffen vermag.[62]

Diese Mehrheitsmeinung innerhalb der *Ulama* verschiedener Länder bedeutet ein Problem, denn selbst wenn die Verfassungen etlicher mehrheitlich muslimischer Länder nicht die Todesstrafe für Apostasie vorsehen, unterstützen solche Rechtsmeinungen sowohl das Gewohnheitsrecht als auch den *common sense*, sodass viele Tötungsdelikte (Lynchjustiz) nicht geahndet werden. Grob untergliedert kann man zur Apostasiefrage drei Lager unterscheiden. Erstens sind die konservativen Rechtsgelehrten verschiedenster Richtungen zu nennen, die die älteren Regelungen weitertradieren oder allenfalls marginal modifizieren. Eine zweite Richtung stellen modernistische Denker wie etwa *Rašīd Riḍā* dar. Auch diese Richtung kommt zu keinen wirklich neuen Positionen. Drittens gibt es reformislamische Neomodernisten, die die Bestrafung von Apostasie ablehnen und für volle Religionsfreiheit eintreten.

So erfreulich es ist, dass sich immer mehr Reformdenker zu Wort melden, sollte der westliche Beobachter indes den Einfluss anderer Gelehrter in mehrheitlich muslimischen Ländern nicht unterschätzen. So kann etwa *Yūsuf al-Qaraḍāwī* als *Global Mufti* bezeichnet werden.[63] Dieser hat eigene Sendungen im Fernsehen von Qatar, seine Internetpräsenz und Medienverbreitung ermöglicht die Weitergabe seiner Sicht unter Millionen von Menschen.[64] Transnational übt er Einfluss über das 1997 begründete *European Council for Fatwa*

---

[59] Vgl. A. Saeed (2012), Apostasy and Position of Muslim thinkers in the Modern Period, in: Saeed/Saeed, Freedom of Religion, o. a., 88–98, 88.

[60] Bei dieser Thematik handelt es sich um eine sehr differenzierte Materie. Vgl. B. Krawietz (2002), Hierarchie der Rechtsquellen im tradierten sunnitischen Islam, Berlin, 59–62; 353ff.; Lohlker (2012), Islamisches Recht, 184ff.

[61] A. Hasemann (2002), Zur Apostasiediskussion im modernen Ägypten, in: Die Welt des Islams (42), 72–121.

[62] F. van der Velden (2007), »Dialog« und »Toleranz« als apologetische Begriffe bei ägyptischen islamischen Theologen seit den 90er Jahren, in: Cibedo (1/2007), 4–12.

[63] Vgl. B. Gräf (Hg.) (2009), The Global Mufti. The Phenomenon of Yusuf al-Qaradawi, London.

[64] E. Galal (2009), Yūsuf al-Qaraḍāwī and the New Islamic TV, in: B. Gräf (Hg.), The Global Mufti, o. a., 149–180.

and Research oder die 2004 etablierte *International Union of Muslim Scholars* aus.[65] *Qaraḍāwī* perpetuiert etwa im Blick auf die Apostasiefrage die Positionen des klassischen Schariatsrechts.[66] Problematisch ist auch, dass populäre Gelehrte wie *al-Qaradawi* oder der im Jahre 1999 verstorbene Großmufti von Saudi-Arabien, *ᶜAbdul-ᶜAzīz Ibn Bāz*, per Internet Medien bereitstellen, die als Mittel zur Ausgrenzung von Menschen verwendet werden können. So finden sich Listen, in denen diejenigen Menschengruppen aufgelistet sind, die nach Meinung eines Gelehrten als Häretiker oder Apostaten zu gelten haben.[67] Solche Medien können leicht zur Rechtfertigung von Diskriminierung, Gewalt oder Lynchjustiz verwendet werden. Welche Brisanz Apostasie- und Blasphemieanklagen haben, kann am Beispiel Pakistans anschaulich illustriert werden.[68] Durch schwammige Formulierungen von Rechtstexten wird hier eine ubiquitäre Bedrohungssituation geschaffen, unter der die gesamte Bevölkerung, die muslimische Mehrheit ebenso wie die religiös-kulturellen Minoritäten, leidet.

Doch auch das Weitertradieren von Texten wie etwa der Hadith-Sammlungen ist nicht unproblematisch. So kann man in einem normalen Moscheeladen in Deutschland das Buch *Auszüge aus dem Ṣaḥīḥ Al-Buḫāryy* erwerben, in dem auf mehr als 900 Seiten in Deutsch und Arabisch eine Auswahl von Hadithen zusammengestellt ist, die im Original des *al-Buḫārī* insgesamt 7563 Hadithe umfassen.[69] Ganz selbstverständlich finden sich in dieser Auswahl auch die Hadithe Nr. 3017, 6878 und 7157, die die Tötung von Apostaten ausdrücklich rechtfertigen.[70] Man mag sich fragen, ob im Kontext eines demo-

---

65 A. Caeiro/M. al-Saify (2009), Qaraḍāwī in Europe, Europe in Qaraḍāwī?, in: B. Gräf (Hg.), The Global Mufti, o. a., 109–148.

66 G. Krämer (2006), Drawing Boundaries: Yusuf al-Qaradawi on Apostasy, in: dies.; S. Schmidtke (Hg.), Religious Authorities in Muslim Societies, Leiden.

67 ʻAbdul-ʼAzīz Ibn Bāz, Ten Things Which Nullify One's Islam, www.islaam.net/main/display.php?id=69&category=105, abgerufen am 25.06.2014.

68 Vgl. H. Wrogemann (2013), Dialogue impossible? – Beobachtungen zu Formen christlich-islamischer Interaktion im heutigen Pakistan, in: Zeitschrift für Missions- und Religionswissenschaft (97), 215–224.

69 Vgl. Sahīh Al-Bukhāri, Arabic-English, translated by Dr. Muhammad Mushin Khan, Vol. 1–9, Riyadh.

70 M. Ibn Aḥmad Ibn Rassoul (1989), Auszüge aus dem Ṣaḥīḥ Al-Buḫāryy aus dem Arabischen übertragen und kommentiert von Abū-r-Riḍā' Muḥammad Ibn Aḥmad Ibn Rassoul, Köln: -3017- ... ʻIkrima berichtete, dass ʻAlyy, Allāhs Wohlgefallen auf ihm, einige Leute verbrannte. Als Ibn ʻAbbās davon erfuhr, sagte er: »An seiner Stelle hätte ich sie nicht verbrannt; denn der Prophet, Allāhs Segen und Friede auf ihm, sagte: ›Vollzieht keine Strafe, mit der Allāh selbst bestraft.‹ Und ich hätte sie hingerichtet, wie der Prophet,

kratischen Rechtsstaates dies eine schlichte Weitergabe von Traditionen bedeutet oder nicht vielmehr als Akt gefährlicher Indoktrination zu bezeichnen ist, denn immerhin ist nach gängigem muslimischem Verständnis die Sammlung von *al-Buḫārī* eine Autorität. Man hätte die entsprechenden Hadithe im Sinne eines freiheitlichen Denkens schlicht beiseitelassen können, denn das Übermitteln und Fortschreiben von Traditionen bedeutet immer auch einen selektiven Umgang mit dem Material. Bedeutet die Textauswahl dann aber nicht, dass man diese Hadithe nach wie vor für aktuell hält?

Religiöse Toleranzbegründungen und Menschenrechte – Beispiel Indonesien

Die Beobachtungen mögen gezeigt haben, wie wichtig es ist, Zugänge zur Toleranzthematik jeweils auf Grundlage der eigenen religiös-weltanschaulichen Tradition zu gewinnen. Die Idee der Menschenrechte im Sinne individueller und unveräußerlicher Freiheitsrechte basiert auf dem Gleichheitsgrundsatz. Dieser aber muss auch von verschiedenen religiösen Traditionen her bejaht werden, wenn er bei der Masse der Glaubenden Akzeptanz gewinnen soll. Rechte müssen von der Zivilgesellschaft mitgetragen werden, damit sie auch zu einer gesellschaftlichen Realität werden können. Wie schwierig das ist, zeigt etwa das Beispiel Indonesiens, der Nation, die nicht nur numerisch die größte muslimische Bevölkerung weltweit aufweist, sondern staatsrechtlich gesehen auch viele Freiheiten einräumt, die in anderen mehrheitlich muslimischen Ländern so kaum denkbar wären.[71]

Allāhs Segen und Friede auf ihm, sagte: ›Wer seine Religion ändert, den sollt ihr töten!‹.« (ebd. 333) – 6878 – ... ʿAbdullāh berichtete, dass der Gesandte Allāhs, Allāhs Segen und Friede auf ihm, sagte: »Das Blut eines Muslims, der bezeugt hat, dass kein Gott da ist außer Gott (=*lā ilāha illa-llāh*) darf nicht vergossen werden, außer in einem der drei Fälle: Im Fall der Wiedervergeltung von Mord, im Fall von Unzucht durch einen Verheirateten, und wenn derjenige von seinem Glauben abfällt und seine Bindung zur Gemeinschaft (der Muslime) löst.« (ebd. 699) – 7157 – ... Abū Mūsa berichtete: »Ein Mann trat zum Islam über, und danach trat er zum Judentum über. Da kam Muʿāḏ Ibn Ǧabal – während sich dieser bei mir aufhielt – und sagte: ›Was ist mit diesem?‹ Ich sagte: ›Er trat zum Islam über, und danach trat er zum Judentum über.‹ Muʿāḏ sagte: ›Ich werde mich nicht hinsetzen, bis ich ihn umgebracht habe; dies ist das Rechtsurteil des Gesandten Allāhs, Allāhs Segen und Friede auf ihm‹.« (ebd. 734)

[71] Der Inselstaat Indonesien erstreckt sich über ca. 13.500 Inseln, umfasst eine Bevölkerung von ca. 200 Millionen Einwohnern verteilt auf etwa 360 Ethnien. Die religiöse Zugehörigkeit betreffend gibt es ca. 85 % Muslime, 10 % Christen, 1,8 % Hindus und 1 % Buddhisten, der Anteil der stammesreligiösen Traditionen ist schwer zu quantifizieren. In verschiedenen Gebieten kam es und kommt es immer wieder zu heftigen Auseinan-

Bei Indonesien handelt es sich weder um einen islamischen noch auch um einen säkularen Staat, sondern um einen *religiösen Staat*: Der Staat gewährt unparteiisch Freiraum für das religiöse Leben, ohne jedoch eine verfasste Religion zu privilegieren.[72] Der Staat gibt sich selbst damit weder eine a-religiöse noch eine religiöse Grundlage im engeren Sinne, er benennt auch keine verfasste Religion als Staatsreligion. In der Präambel der Verfassung von 1945 wird vielmehr als übergreifendes Prinzip die *Pancasila* verankert, das heißt es wird die fundamentale Bedeutung von fünf Prinzipien festgeschrieben. Es handelt sich dabei um (1) *die All-Eine Göttlichkeit*, (2) *gerechte und zivilisierte Humanität*, (3) die *Einheit Indonesiens*, (4) *Volksherrschaft, die durch Weisheit und Klugheit in Beratung und [parlamentarischer] Vertretung geleitet wird* sowie (5) *Soziale Gerechtigkeit für das ganze indonesische Volk*.[73] Laizität im Sinne der Trennung von Religion und Staat wird in Indonesien religiös begründet.[74]

Doch auch hier werden Fragen von Religionsfreiheit sehr kontrovers diskutiert. So gibt es auch Bewegungen, die sich ausdrücklich gegen die Freiheit des Religionswechsels positionieren, wie etwa die *Anti-Apostasie-Allianz-Bewegung* auf Java.[75] Im Jahr 2008 hat der *Rat der Religionsgelehrten Indonesiens* (*Majelis Ulema Indonesia*) mehrere Fatwas herausgegeben, die sich gegen religiösen Pluralismus und etliche konkrete interreligiöse Muster (etwa interreligiöse Heiraten) wenden. Liberale Kräfte, insbesondere Intellektuelle wie *Buddhy Munawar Rahman* und andere werden dadurch unter Druck gesetzt,

---

dersetzungen, bei denen ethnische, politische, soziale und religiöse Motive oft schwer auseinander zu halten sind.

72 O. Schumann (2005), Der Islam in ausgewählten Staaten: Südostasien, in: W. Ende/U. Steinbach (Hg.), Der Islam in der Gegenwart, München, 372–383, 372. Vgl. D. Becker (1996), Die Kirchen und der Pancasila-Staat. Indonesische Christen zwischen Konsens und Konflikt, Neuendettelsau.

73 O. Schumann (2005), Der Islam, 377. Zur symbolischen Manifestation indonesischer Zivilreligion gehören als Wappentier der Garuda Pancasila, welcher in seinen Fängen das Staatsmotto »Verschieden – aber eins« trägt und die fünf Symbole der Pancasila (Stern = Prinzip des All-einen Göttlichen; Kette = Internationalismus; Banyan-Baum = Nationalismus; Banteng-Büffel = Demokratie; Baumwolle/Reis = Soziale Wohlfahrt) auf dem Brustwappen führt. Rituell wird am 17. August, dem Nationalfeiertag, die Zeremonie des Flaggenhissens vorgenommen, wobei die Nationalhymne gesungen wird. Vgl. dazu M. Schindehütte (2006), Zivilreligion als Verantwortung der Gesellschaft, Hamburg, 12, 128.

74 In der Türkei wird der Laizismus demgegenüber säkular begründet.

75 Auf Bahasa Indonesia: *Aliansi Gerakan Anti Pemurtadan*. F. Magnis-Suseno (2010), Pluralism under Debate: Indonesian Perspectives, in: S. Schröter (Hg.), Christianity in Indonesia. Perspectives of power, Münster, 347–359, hier: 347f.

da auch die religionstheologische Option der Wertschätzung anderer Religionen durch Fatwas ausdrücklich verurteilt wird. Andere große Organisationen wie die etwa 25 Millionen Mitglieder zählende *Nahdlatul Ulama*[76] oder die auf etwa 30 Millionen Mitglieder geschätzte *Muhammadiyya*[77] sind im Blick auf deren Toleranzpotentiale schwer einzuschätzen. Nach *Burhani* orientiert sich etwa die *Muhammadiyya* im Blick auf Fragen von religiöser Pluralität offiziell besonders an zwei Versen, nämlich erstens *Ihr habt eure Religion und ich habe meine* (Sure 109:6, arab. *lakum dīnukum wa-liya dīni*) und zweitens *Eifert miteinander in guten Taten um die Wette* (Sure 5:48, arab. *fa-istabiqū al-khayrāt*; vgl. S. 2:148). Letzteres werde in der *Muhammadiyya* besonders auf innermuslimische Zusammenhänge angewendet, ersteres dagegen besonders auf interreligiöse Zusammenhänge. Es lasse sich in der *Muhammadiyya* theologisch eine Rivalität zu anderen Religionen ausmachen, im Blick auf soziologische Sachverhalte dagegen eine des Wetteiferns.[78]

Seit der nach 1998 einsetzenden *Era Reformasi* hat sich die Attitüde der Organisation gegenüber Nicht-Muslimen deutlich gewandelt, was erstens an zwei wichtigen Publikationen, bzw. der Reaktion von Mitgliedern auf die Publikationen, abzulesen ist. Auch ist auf eine Reihe interreligiöser Initiativen zu verweisen. Im Jahr 2000 hat der 44. Kongress der Muhammadiyya den *Rat für Recht* (*Majlis Tarjih*), der für Fatwas zuständig war, in *Rat für Recht und Reform des Islamischen Denkens* (*Majlis Tarjih dan Pengembangan Pemikiran Islam*, MTPPI) umbenannt. Unter dem Vorsitz von *Amin Abdullah* in den Jahren 1995 bis 2000 wurde im Jahre 2000 ein Buch herausgegeben, dessen Titel *Tafsir tematik al-Qur'an tentang hubungan sosial antarumat beragama* lautete. Es war keine Sammlung von Fatwas, sondern ein Buch, das Fragehorizonte eröffnen sollte. Damals war *Ahmad Syafiᶜi Maᶜarif* Präsident der Muhammadiyya, der in der Einleitung betonte, religiöse Unterschiede könnten auch als Potential für interreligiöse Kooperation betrachtet werden.[79]

Das Buch behandelt in vier Kapiteln erstens *Prinzipien interreligiöser Beziehungen*, die mit Sure 5:48 begründet werden, sodann zweitens das *Aufrechterhalten solcher Beziehungen* mit Bezug auf das Prinzip *wilāya*, was so viel wie Freundschaft bedeutet, drittens das Thema Leute des Buches (*ahl*

---

76 G. Fealy (2007), The Political Contingency of Reform-mindedness in Indonesia's Nahdlatul Ulama: Interest Politics and the Khittah, in: A. Reid/M. Gilsenan (Hg.), Islamic Legitimacy in a Plural Asia, London/New York, 154–166.

77 A. N. Burhani (2011), Lakum dinukum wa-liya dini: The Muhammadiyah's stance towards interfaith relations, in: Islam and Christian-Muslim Relations (22), 329–342.

78 Burhani (2011), Lakum dinukum wa-liya dini, 330.

79 Burhani (2011), Lakum dinukum wa-liya dini, 330–331.

al-kitāb, gemeint sind vor allem Juden und Christen), sowie viertens das Thema *interreligiöse Ehe*. Alle Themen sind hoch brisant, besonders in der *Muhammadiyya* als einer *daᶜwa*-Organisation. Im Buch wird religiöse Pluralität durch Gott gesetzt verstanden, damit Menschen im Guten wetteifern. Das Buch empfiehlt statt Konversion das Wetteifern, statt Rivalität den Wettbewerb. Mit Bezug auf *Ismail al-Faruqi* und *Ataullah Siddiqui* wird Wahrheit auch in anderen Traditionen gesehen und der Zugang zum Himmel von guten Taten abhängig gesehen (*ᶜamal ṣāliḥ*).

Im zweiten Kapitel gibt es Anweisungen zum Aufrechterhalten guter Beziehungen, etwa Grüßen zu antworten, andere Glaubensweisen nicht zu verletzten und in Konversationen höflich zu sein. Das Grüßen wird mit etlichen Ausführungen bedacht, so mit Verweis auf Sure 4:86; 6:108 und 29:46. Man solle Grüße von Nichtmuslimen immer beantworten und diese auch aus eigener Initiative grüßen. Angesichts etlicher Hadithe, in denen das Grüßen von Nichtmuslimen verboten wird, eine Tendenz, der noch in einer *fatwa*-Sammlung der *Muhammadiyya* aus dem Jahre 1992 gefolgt wurde, ist die Neuausrichtung von großer Bedeutung. Auch auf die *Symbolik des Grüßens* wird eingegangen. Grüßen sei nicht nur ein äußerer Akt, sondern offenbare das Herz. Die *verkürzte Grußformel* »und über Dich« (arab. *wa-ᶜalaykum*) sei Ausdruck es Misstrauens gegenüber Nichtmuslimen, denen man oft auch negative Intentionen beim Grüßen unterstellte. Diese unterstellten negativen Intentionen gebe man mit dieser Kurzformel einfach zurück. Man solle demgegenüber die *volle Formel* verwenden, die ausdrücklich dem Gegenüber *den Frieden* zuspreche: »Und Friede sei (auch) über Dir« (arab. *wa-ᶜalaykum as-salām*).

Man mag aus westlicher Sicht die Frage stellen, warum Ausführungen zur Thematik des Grüßens von so großem Belang sein sollen. Dies wird unmittelbar einsichtig vor dem Hintergrund globaler islamistischer Diskurse, in denen die Frage der Freundschaft bzw. der Feindschaft ganz anders akzentuiert wird. Hier wird etwa mit Verweis auf Sure 5:51 auf das Konzept von *al-walā' wa-l-barā'* verwiesen, was man mit *Loyalität* (gegenüber Muslimen) *und Lossagung* (von Nicht-Muslimen) übersetzen kann. Grundlegend ist die These, dass den Islam zu leben zu Konflikten mit Ungläubigen (arab. *kuffār*) und Beigesellern (arab. *mušrikūn*) führen *muss*, weshalb man sich von ihnen fernzuhalten habe. Verbreitung fand dieses Konzept besonders durch die *wahhabitische Lesart* des Islam.[80] Ausweis der Islamizität wird damit die Un-

[80] J. Wagemakers (2012), The Enduring Legacy of the Second Saudi State: Quietist and Radical Contestations of al-Wala' wa-l-Bara', in: International Journal of Middle East Studies (44:1), 93–110.

duldsamkeit gegenüber religiös-weltanschaulich anderen, sowohl *außerhalb* des Islams als auch *innerhalb* des Islams, denn bekanntlich wurden Muslime, die Sufi-Traditionen, Grabeskult oder anderen volksreligiöse Bräuchen anhingen, als Ungläubige erklärt (arab. *takfīr*) und entsprechend bekämpft. Von Islamisten wurde dieses Konzept seit den 1980er Jahren popularisiert, etwa durch *Abū Muḥammad al-Maqdisī* in seinem 1984 erschienenen und bis heute einflussreichen Buch *Millat Ibrāhīm* (Die Religion Abrahams), das im Internet weltweit auf etlichen Homepages und in vielen Übersetzungen kostenlos zu beziehen ist.[81] Einflüsse solcher militanten Ansätze sind in verschiedensten Ländern mit unterschiedlicher Intensität nachweisbar, so auch in Indonesien. Doch auch moderatere Gelehrte wie der ehemalige Großmufti Saudi-Arabiens *ᶜAbd al-ᶜAziz b. Bāz* (gest. 1999) haben sich zu dieser Frage geäußert und halten etwa fest, dass Muslime niemals Nicht-Muslime zuerst grüßen sollen, ihnen nicht die Hand reichen sollen, dass es verboten ist, Feste anderer Religionen zu besuchen und auch, etwa Christen oder Juden zu ihren Festtagen zu beglückwünschen. Man soll sich Nichtmuslimen nicht in Kleidung und Gewohnheiten anpassen, soll nach Möglichkeit nicht mit ihnen essen, soll keine Dialoge führen.[82] Damit wird seitens islamistischer oder aber islamisch-konservativer Akteure religiöse Intoleranz sowohl im rechtlichen Bereich als auch im sozialen Bereich nicht nur begründet, sondern geradezu gefordert.

Gerade gegen solche Deutungen allgemein der islamischen Tradition und im Besonderen der koranischen Botschaft sind verschiedenste Ansätze reformislamischer Provenienz gerichtet. Große Organisationen wie etwa in Indonesien die *Muhammadiyya* oder *Nadhlatul Ulama* sind gewichtige zivilgesellschaftliche Akteure. Verlautbarungen von Führungspersönlichkeiten ebenso wie Publikationen können bedeutende Auswirkungen haben. Es sollte deutlich geworden sein, dass dabei *religiöse Begründungen* von Toleranz hier und anderswo auch zukünftig eine erhebliche Rolle spielen werden. Für mehrheitlich muslimische Gesellschaften ist es eine zentrale Frage, auf welcher Grundlage genau solche Toleranzbegründungen gesucht werden. Es geht nach Ansicht etwa von Esack oder an-Naim um allgemeine islamische Prinzipien, die in Einklang mit den Menschenrechtsstandards der UN-Charta von 1948 stehen, und weiterhin geht es um ein wertschätzendes Zusammenleben, welches durch das gemeinsame Streben nach Gerechtigkeit für alle

---

[81] J. Wagemakers (2009), A Purist Jihadi-Salafi: The Ideology of Abu Muhammad al-Maqdisi, in: British Journal of Middle Eastern Studies (36:2), 281–297.

[82] J. Wagemakers (2012), The Enduring Legacy, 98.

Mitglieder einer Gesellschaft geprägt ist. National wie international gibt es zu diesen Themen einen sehr streitbaren Dialog. Die Frage der Hermeneutik jedenfalls ist dabei, wie gezeigt wurde, von maßgeblicher und bleibender Bedeutung.

Eine islamische »Reformation«?

Religion, Zivilgesellschaft und Schrifthermeneutik

Das Vergleichen verschiedener Religionsformationen stellt vor allerlei Herausforderungen. So werden nur allzu oft mit den Begriffen, die als Basis des Vergleichs herangezogen werden, weitreichende Vorstellungsmuster unterlegt. Solche Begriffe sind niemals »unschuldig«, sondern es werden durch sie immer auch bestimmte Assoziationen vom Feld einer Religionsformation auf das Feld einer anderen übertragen. Westliche Beobachter verwenden für Entwicklungen innerhalb der islamischen Welt mitunter den Begriff der Reformation, was unbewusst die Hoffnung transportiert, dass der Islam den gleichen Weg nehmen werde, wie das protestantische Christentum europäischer Provenienz. Umgekehrt verwendeten schon die frühen muslimischen Reformer wie *Muḥammad ᶜAbduh* (1849–1905) oder *Muḥammad Iqbāl* (1877–1949) den Begriff der Reformation, um deutlich zu machen, dass Islam und Moderne vereinbar seien.[83] Der Anspruch auf eine islamische Modernekompatibilität erforderte dabei innerhalb eines ganz spezifischen Diskurses die Bezugnahme auf das vermeintliche historische Pendant, während aus der eigenen Tradition durchaus Begriffe zur Verfügung standen wie etwa *iṣlāḥ* (Reform) oder *taǧdīd* (Erneuerung).

Darüber hinaus ist der metaphorische Charakter selbst abstrakter Begriffe zu bedenken. Man nehme etwa den Begriff der Aufklärung, der die Assoziation von Licht erweckt, das ins Dunkel gebracht wird. Dies setzt einen Zustand oder eine Epoche der Dunkelheit voraus, der gegenüber durch die Aufklärung das Licht der Vernunft in die Welt gebracht wird. Dass damit die Vergangenheit tendenziell abgewertet wird, liegt auf der Hand. In der europäischen Geistes- und Kulturgeschichte spielte die Aufklärung in ihren vielen Strömungen, die zuweilen durchaus gegenläufige Tendenzen erkennen

---

83 Ch. Kurzman; M. Browers (2004), Comparing Reformations, in: dies. (Hg.), An Islamic Reformation?, Oxford, 1–16.

ließen, eine grundlegende Rolle.[84] Kann und darf man indes für den Bereich einer anderen Religions- und Kulturformation von so etwas wie Aufklärung sprechen, etwa der islamischen?[85] Und wenn ja, was wäre damit genau gemeint?

Ein ähnliches Problem ergibt sich mit dem Begriff der Reformation, der nahelegt, dass etwas im Blick auf seine Form neu arrangiert wird, ohne dabei seine Identität einzubüßen. Die Schwierigkeit besteht jedoch darin, dass das, was später Reformation genannt wurde, innerhalb ganz bestimmter historischer Kontexte entstand und durch spezifische Strukturen der christlichen Religionsformation im Europa des 15. und 16. Jahrhunderts geprägt war.[86]

Macht es also Sinn und ist es erlaubt, den Begriff der Reformation auf die islamische Religionsformation anzuwenden? Manche Forscher meinen, dies sei schwierig, denn immerhin unterscheiden sich Religionsformationen doch ganz erheblich voneinander. Andere dagegen weisen darauf hin, dass die Behauptung einer grundsätzlichen Andersartigkeit auf ein *Othering* hinauslaufe, das heißt auf das bewusste oder unbewusste Stilisieren der anderen Religionsformation als einer fremden.[87] Das Vergleichen bedeutet demnach einerseits die Gefahr, eigene Vorstellungen auf eine andere Religionsformation zu übertragen, andererseits jedoch die Gefahr, die andere Religionsformation als grundsätzlich anders strukturiert zu behaupten, was leicht zu Stilisierungen und Stereotypisierungen führen kann. Es geht demnach um ganz grundsätzliche methodologische Fragen. Wie kann man sich dem Thema Reformation annähern?

---

[84] Vgl. H. Möller (1986), Vernunft und Kritik. Deutsche Aufklärung im 17. und 18. Jahrhundert, Frankfurt/M.

[85] Vgl. R. Schulze (1996), Was ist islamische Aufklärung?, in: Die Welt des Islams (36), 276–325; ders. (1997), Gibt es eine islamische Moderne?, in: K. Hafez (Hg.), Der Islam und der Westen. Anstiftung zum Dialog, Frankfurt/M., 31–43; ders. (1997a), Orient und Okzident. Anmerkungen zur orientalisch-okzidentalen Inszenierung, in: Eckhart von Viettinghoff/Hans May (Hg.), Begegnung mit dem Islam, Hannover, 63–85.

[86] Th. Kaufmann (2009), Geschichte der Reformation, Frankfurt/M.

[87] Für den Islam etwa stellt Tilman Nagel dessen Andersartigkeit stark heraus. Vgl. jüngst: T. Nagel (2014), Angst vor Allah? Auseinandersetzungen mit dem Islam, Berlin. Seine Kritik trifft daher die Islamdarstellungen anderer Forscher wie in diesem Falle das Werk von Thomas Bauer. Vgl. Th. Bauer (2011), Die Kultur der Ambiguität. Eine andere Geschichte des Islams, Berlin.

Einleitung

Gut in Erinnerung ist mir das Gespräch mit einem jungen muslimischen Studierenden an der *International Islamic University of Malaysia* in Kuala Lumpur. »Auch wir brauchen einen Martin Luther!«, so erklärte er mir mit leuchtenden Augen und fügte hinzu: »Wir sind gerade dabei, eine Gesamtausgabe des Werkes von *Fazlur Rahman* ins Malayische abzuschließen, das ist ein Anfang.« Der Name des aus Pakistan stammenden Gelehrten und Reformdenkers Fazlur Rahman hat hier bei Studierenden offensichtlich einen guten Klang, Studierende, die ihren eigenen Aussagen nach Islam und Demokratie zusammendenken wollen. Ein anderer Reformdenker, der aus dem Sudan stammende *Abdullahi an-Naim*, nannte eines seiner auf Englisch erschienenen Bücher schlicht *Toward an Islamic Reformation.*[88] Die Forderung nach einer islamischen Reformation findet sich bei muslimischen Autoren und Autorinnen häufiger. Grundsätzlich geht es dabei ganz offensichtlich um die Kritik an bestimmten Traditionsbeständen und hergebrachten Auffassungen sowie um die Neuinterpretation der eigenen Tradition. Für ein solches Unterfangen ist es jedoch unabdingbar, dass die Kritik religiöser Tradition selbst aus eben diesem Traditionszusammenhang heraus begründet wird. Das eingeforderte Neue muss also eine starke religiöse Autorität besitzen, um das Gegenwärtige wirksam kritisieren zu können. In diesem Punkt weisen Reformdenker christlicher wie islamischer Provenienz einige Gemeinsamkeiten auf. Dies sei zunächst an einigen Prinzipien der Schrifthermeneutik Martin Luthers vor Augen geführt.

Zu Profil und Konsequenzen von Luthers Schrifthermeneutik

Der Augustinermönch und Doktor der Theologie, Martin Luther, verstand sich Zeit Lebens als Ausleger der Heiligen Schrift. Seine Kritik an christlich-kirchlicher Praxis seiner Zeit begründet er immer wieder damit, dass diese nicht mit dem Zeugnis der biblischen Schriften übereinstimme. Seine Kritik an der Kirche ist dabei aber, dies ist im heutigen Kontext wichtig betont zu werden, Ausdruck seiner Liebe und Verbundenheit zur Kirche, nicht jedoch Ausdruck einer Distanziertheit. Luthers Kritik wird begründet und authorisiert durch seine Schriftauslegung. Was für den heutigen Beobachter indes als eher harmlose Verstehenslehre erscheinen mag, barg zu Luthers Zeit eine gewaltige Sprengkraft. Gehen wir einige der Prinzipien kurz durch.

---

[88] A. A. an-Naim (1996), Toward an Islamic Reformation, Syracuse University Press.

(1) Das Prinzip des reinen Ursprungs. Luther wagte die gegenwärtige Gestalt der heiligen Kirche nur im Namen einer Autorität zu kritisieren, die *älter* war als kirchliche Gebräuche. Dieses Kriterium konnte nur die Bibel selbst erfüllen, die von Luther quasi als Grundstein aller späteren Entwicklungen verstanden wurde. In der Bibel fand Luther mit der älteren Tradition auch die reinere und angemessenere Praxis christlichen Lebens. Was an gegenwärtiger Praxis nicht mit dem Zeugnis der Bibel übereinstimmte, konnte nach Luther guten Gewissens kritisiert werden.

(2) Das Prinzip der Selbstauslegung. Wenn auch Luther nach eigenem Verständnis mit der Bibel ein Dokument der göttlichen Offenbarung für seine Kritik in Anspruch nehmen konnte, so wurde ihm jedoch seine Auslegung derselben durch wichtige Autoritäten seiner Zeit streitig gemacht. Das Lehramt der Kirche, vertreten durch Konzilien und das Papstamt, wurde als unfehlbar behauptet. Luther konterte diesen Anspruch mit der Behauptung, dass auch Konzilien und Päpste irren können. Dem kirchlich-institutionellen Anspruch auf ein Auslegungsmonopol setzte der Augustinermönch theologisch das Wesen der Heiligen Schrift als einer inspirierten Offenbarungsurkunde entgegen. Die zentrale These lautet, dass die Heilige Schrift sich selbst auslegt. Zum Verstehen der Schrift bedarf es daher nicht des Lehramtes der Kirche, sondern einer schriftinternen Hermeneutik. Dieses Prinzip leitet sogleich zu einem weiteren über.

(3) Das Prinzip ›Jeder Christ ist Ausleger‹. Wenn sich die Heilige Schrift selbst auslegt, dann folgt daraus auch, dass jeder Christenmensch, der die Bibel aufmerksam liest und den Heiligen Geist um Verstehen anruft, die Inhalte der biblischen Schriften *selbständig* verstehen kann. Jede/r Christusgläubige ist Ausleger/in der Schrift, da sich das göttliche Wort gleichermaßen an alle Menschen richtet, jenseits jeder menschlichen Hierarchisierung. Aus diesem Prinzip folgt später auch das Prinzip des Priestertums aller Gläubigen.

(4) Das Prinzip der Mitte der Schrift. Luthers Schrifthermeneutik hat eine philologische Seite, da Luther einschärft, jedes biblische Buch sei zunächst in seinem Zusammenhang zu verstehen. Gleichzeitig aber war Luther auch davon überzeugt, dass die Heilige Schrift einem inneren Duktus folgt, so dass nicht alle Texte gleichermaßen bedeutsam sind. Als einigendes Prinzip stellte Luther heraus, es gehe in der Bibel Alten und Neuen Testaments um *›Das, was Christum treibet‹*. Von dieser inhaltlichen Mitte her seien auch solche Stellen zu verstehen, die in ihrer Bedeutung schwer verständlich sind. Ein weiteres Prinzip lautet, dass in einem sol-

chen Falle die »dunklen« (also unverständlichen) Stellen von den »hellen« (verständlichen) Stellen her auszulegen seien.

(5) Die medialen Konsequenzen. Durch diese hermeneutischen Grundsätze bedingt waren auch *mediale Umsetzungen* der durch Luther angestoßenen Reformation. So war es nur konsequent, dass Luther die Bibel ins Deutsche übersetzte, um sie, entsprechend den beschriebenen Prinzipien, jedem Christen und jeder Christin möglichst direkt (durch Lesen und Vorlesen durch die einen für die anderen) zugänglich zu machen. Die Reformation setzte einen Schub der Erstellung und Verbreitung neuer Literaturen in Gang, etwa Flugblätter, Predigten und Traktate. Das Schulwesen wurde sehr bald zu einem Markenzeichen des Protestantismus, Gottesdienste wurden nicht mehr in Latein, sondern auf Deutsch (und in verschiedenen Gebieten in den jeweiligen lokalen Sprachen) abgehalten.

(6) Die mentalen Konsequenzen. Es lässt sich leicht erkennen, dass die hermeneutischen Prinzipien Luthers weitreichende auch soziale Konsequenzen nach sich zogen. Die Institution der Kirche als eine Heils- und Lehranstalt wird tendenziell geschwächt, die Bindung des Glaubenden an die Heilige Schrift und die Eigenständigkeit des Verstehens führen zu einer beträchtlichen Individualisierung. So stellt Friedrich Wilhelm Graf zu Recht heraus: »Am Anfang aller modernen Individualisierungsschübe steht jene religiöse Subjektivitätskultur, die im reformatorischen Protest Martin Luthers begründet ist.«[89]

Das Thema Reform in muslimischen Traditionen

Es wurde bereits darauf hingewiesen, dass sich der Begriff der Reformation nicht einfach auf die muslimische Tradition übertragen lässt. Die strukturellen Unterschiede sind zu beachten. So gab und gibt es in der islamischen Religionsformation keine einheitliche religiöse Institution, die mit kirchlichen Strukturen vergleichbar wäre, auch gibt es keine zentrale religiöse Lehrautorität. Natürlich wurde auch in der islamischen Religionsformation immer wieder beklagt, dass die gegenwärtige religiöse Praxis nicht mehr der ursprünglichen Praxis entspreche, es wurden immer wieder auch *Erneuerer* erwartet, manchmal verbunden mit zeitlichen Spekulationen, denen zufolge alle 100 Jahre ein Erneuerer auftreten werde, oder es wurden nachträgliche Personen als Erneuerer gedeutet.[90]

---

[89] F. W. Graf (2007), Der Protestantismus, in: H. Joas/K. Wiegandt (Hg.), Säkularisierung und die Weltreligionen, Frankfurt/M., 78–124, 99.

[90] Arab. *muǧaddid*. Es gibt die Ansicht, dass zu Ende eines jeden muslimischen Jahr-

Es hat also unter Muslimen immer wieder auch den Eindruck gegeben, in einem Zeitalter des Verfalls zu leben. Die Hoffnung war, dass ein Erneuerer auftreten werde, um Abirrungen zu korrigieren und Missstände zu beheben. Diese allgemeine Vorstellung ist jedoch so unspezifisch, dass der aus der christlich-abendländischen Tradition stammende Begriff der Reformation diese nicht abbildet, sondern weitere Vorstellungen evoziert. Beim Thema Reformation geht es christlich gesehen um die gängige Assoziation, dass die Einheit der abendländischen Kirche zerbricht, es geht mit der Thematik der Gegenreformation um Auslegungskämpfe christlicher Identität, die über lange Zeit auch mit militärischen Mitteln ausgetragen wurden, wobei historisch natürlich die vielen lokalen Spezifika in Gestalt von Machtinteressen, ökonomischen Zuständen usw. zu beachten sind.

Wenn im Folgenden also nach der Hermeneutik islamischer Reformdenker gefragt wird, sind lediglich *funktionale Äquivalente* im Blick. Mögen auch historische Einbettungen sehr unterschiedlich sein, so mag es doch als wahrscheinlich gelten, dass bestimmte Prinzipien und Medien zu ähnlichen Konsequenzen führen können. In den europäischen Kontexten führte die Reformation langfristig zu einer »religiösen Subjektivitätskultur« (Graf), die durchaus emanzipatorisches Potential enthielt. Sind ähnliche Tendenzen in islamischen Reformansätzen zu erkennen?

Zur Hermeneutik islamischer Reformdenker

Seit einigen Jahrzehnten hat die Zahl islamischer Reformdenker deutlich zugenommen.[91] Insbesondere seit den frühen 1990er Jahren wurden in vielen mehrheitlich muslimischen Gesellschaften intensiv Fragen von Demokratie und Zivilgesellschaft diskutiert. Zu den international bekannten Reformdenkern zählt etwa der bereits erwähnte, aus dem indo-pakistanischen Bereich stammende und später in den USA lehrende *Fazlur Rahman*[92] (1919–1988), dessen Werk für viele reformorientierte Muslime in Asien als wegweisend gilt. Sein Ansatz wurde besonders in Ländern wie Malaysia und Indonesien,

---

hunderts ein Erneuerer auftreten werde. Die Ansichten zu den Personen gehen weit auseinander. So nahm man etwa im 17 Jh. in Indien seitens des Naqshbendi-Ordens an, es sei *Ahmad as-Sirhindi* (gest. 1624) gewesen. Vgl. Ella Landau-Tasseron (1989), The ›Cyclical Reform‹. A Study of the mujaddid Tradition, in: Studia Islamica (70), 79–117.

[91] Zum Ganzen vgl. auch: H. Wrogemann (2014), Toleranzkonzepte im modernen Islam. Zu Begründungsmustern religiöser Toleranz in reformislamischen Entwürfen, in: ders.; A. Bieler (Hg.), Was heißt hier Toleranz? Interdisziplinäre Zugänge, Neukirchen-Vluyn, 197–219.

[92] F. Rahman (1982), Islam and Modernity, Chicago/London.

hier etwa durch *Nurcholish Madjid*[93] (gest. 2005), aufgegriffen.[94] Zu nennen sind der für seine Thesen später hingerichtete *Muhammad Taha* (1909–1985) und sein Schüler *Abdullahi an-Naim*[95] (geb. 1946), beide aus dem Sudan. Für den Iran wäre unter anderem auf *Abdolkarim Sorusch*[96] (geb. 1945) zu verweisen, für Ägypten auf *Nasr Hamid Abu Zaid* (1943–2010), für Algerien auf *Mohammed Arkoun*[97] (1928–2010), für Marokko auf die Soziologin *Fatima Mernissi*[98] (geb. 1940), für die Türkei auf Denker wie *Ömer Özoy*[99] (geb. 1963) oder für Südafrika auf *Farid Esack* (geb. 1957)[100].

Unterscheiden sich schon die Ansätze der genannten Reformdenker im Einzelnen erheblich voneinander, so verkompliziert sich das Bild weiterhin dadurch, dass aus eher klassischer Gelehrsamkeit herkommende Denker wie der aus Ägypten stammende *Yūsuf al-Qaraḍāwī* [101] (geb. 1926) in ihrem Werk nur schwer einzuordnen sind. Während manche Beobachter *al-Qaraḍāwī* als Fundamentalisten und geistigen Brandstifter ansehen, erkennen andere in ihm einen zwar konservativen, dennoch aber ernst zu nehmenden Reformer.[102] Daneben gibt es viele Strömungen islamischen Denkens, die

---

93 Vgl. N. Madjid (1996), In Search of Islamic Roots for Modern Pluralism: The Indonesian Experience, in: M. Woodward (Hg.), Toward a New Paradigm. Recent Developments in Indonesian Islamic Thought, Arizona: Arizona State University, 89–116.

94 Vgl. F. Husein (2005), Muslim-Christian Relations in Indonesia. The Exclusivist and Inclusivist Muslims' Perspectives, Bandung, 237ff.

95 A. A. an-Naim (1996), Toward an Islamic Reformation, Syracuse University Press.

96 K. Amirpur (2003), Die Entpolitisierung des Islam: Abdolkarim Soruschs Denken und Wirkung in der Islamischen Republik Iran, Würzburg. Vgl. A. Soroush (2000), Reason, Freedom and Democracy in Islam, Oxford.

97 Vgl. U. Günther (2004), Mohammed Arkoun. Ein moderner Kritiker der islamischen Vernunft, Würzburg. Vgl. auch: M. Arkoun (1992), »Westliche« Vernunft kontra »islamische« Vernunft? Versuch einer kritischen Annäherung, in: M. Lüders (Hg.), Der Islam im Aufbruch?, o. a., 261–274; ders. (1998), Religion und Demokratie: das Beispiel Islam, in: E. Heller u. a. (Hg.), Islam, o. a., 138–153.

98 F. Mernissi (1998), Der politische Harem, Freiburg/Basel/Wien.

99 F. Körner (Hg.) (2006), Alter Text – neuer Kontext. Koranhermeneutik in der Türkei heute, Freiburg i.Br.

100 F. Esack (1996), Qur'an, Liberation and Pluralism: An Islamic Perspective on Interreligious Solidarity Against Oppression, Oxford u. a.; ders. (1999), On Being A Muslim. Finding a Religious Path in the World Today, Oxford u. a.

101 Y. al-Qaradawi (2003), The Lawful and the Prohibited in Islam, London (Erstausgabe 1960); ders. (2002), The Status of Women in Islam; www.witness-pioneer.org/vil/Bolls/Q_WI/default.htm; ders. (2002), The Sunnah: A Source of Civilization; www.witness-pioneer.org/vil/ Bolls/ Q_SSC/default.htm.

102 Zum Ansatz von al-Qaradawi vgl. W. Wenzel-Teuber (2005), Islamische Ethik und moderne Gesellschaft im Islamismus von Yusuf al-Qaradawi, Hamburg. Siehe auch:

unterschiedliche »Mischungsverhältnisse« von Traditionalismus einerseits und Modernismus andererseits erkennen lassen, je nach Land, Region und Richtung verschieden. Greifen wir mit Muhammad Shahrur und Farid Esack zwei hermeneutische Ansätze heraus.

Islamistische Koranhermeneutik – Muḥammad Shahrūr

Der syrische Denker *Muḥammad Shahrūr* (geb. 1938) ist seinem Herkommen nach eigentlich Ingenieur. Indes hat er sich mehr und mehr zu Fragen islamischer Theologie geäußert. Seine Bücher wurden vielfach verkauft. Besonderes Aufsehen erregte sein im Jahre 1990 erschienenes Buch »Die Schrift und der Koran. Eine zeitgenössische Lesung« (*Al- kitāb wa-l-Qur' ān. Qirā'a muᶜāṣira*).[103] Die Resonanz auf dieses Werk war erstaunlich. Obwohl es in Saudi-Arabien und Qatar sofort verboten wurde, schaffte es binnen einiger Monate einen Verkauf von 30.000 Exemplaren. Im Libanon, in Syrien, Kuwait, Bahrein und Oman war es frei erhältlich, in Ägypten dagegen war es schwer zu bekommen. Das religiöse Establishment reagierte prompt auf die darin enthaltenen Vorschläge zu einer neuen Koranexegese. Der Damaszener Universitätslehrer und Theologie *Muhammad Said Buti* nannte *Shahrur* einen »Feind des Islam«. Andere, ebenso heftige Reaktionen bemühten die beliebten Verschwörungstheorien. Eine der Thesen lautete, die Israelis hätten das Buch verfasst, um den Islam zu schwächen. Inzwischen sind mehr als 13 Bücher als Erwiderungen auf das Werk verfasst worden, unzählige Artikel und Medienbeiträge widmeten sich dem Thema. Worin nun besteht die hier offensichtlich so gefürchtete neue Methodik?

Für Shahrur steht die Letztgültigkeit des Koran als Grundaxiom nicht zur Disposition.[104] Die koranische Botschaft enthält demnach die ultimative Wahrheit. Indes ist der Autor um eine zeitgemäße Interpretation bemüht. Diese wird möglich, indem er zwischen Text und Inhalt unterscheidet. Der *Text des Koran* sei fixiert, die *Relevanz der koranischen Botschaft* – der Inhalt also – sei jedoch universal, so Shahrur. Die *Unnachahmlichkeit des Korans* (arab.

B. Gräf (2006), Yusuf al-Qaradawi: Das Erlaubte und das Verbotene im Islam, in: Amirpur/Ammann (Hg.), Islam am Wendepunkt, 109–117.

[103] Es hat einen Umfang von 700 Seiten. Nach eigenen Angaben hat der Autor daran etwa zwanzig Jahre gearbeitet.

[104] Zum Folgenden: Th. Amberg (2009), Auf dem Weg zu neuen Prinzipien islamischer Ethik. Muhammad Shahrour und die Suche nach religiöser Erneuerung in Syrien, Würzburg. Vgl. auch: L. Mudhoon (2006), Muhammad Schahruur, in: Amirpur u. a. (Hg.), Islam am Wendepunkt, 136–145.

iʿǧāz[105]) bestehe darin, so der Autor in seiner ganz eigenen Lesart, dass der Koran gleichermaßen zu *jedem Menschen* und *zu jeder Zeit* spreche. Dies legt nahe, dass eine weitestgehend kontextlose Lektüre möglich ist. Nach Shahrur sind historische Kontexte unerheblich. Der Koran sei mittels der Konkordanz rein intertextuell auszulegen. Der Text enthalte alle notwendigen Informationen, in manchen Teilen sei er zeitlos gültig. Deshalb auch kann man den Ansatz von *Shahrūr* hermeneutisch gesehen als islamistisch bezeichnen.

Schon an dieser Stelle sind damit entscheidende Weichen gestellt. Die Konsequenzen dieses Ansatzes lauten nämlich, dass *erstens* der Inhalt des Korans jedwede Tradition nicht nur an Alter hinter sich lässt, sondern im Blick auf die Zukunft auch an Aktualität übersteigt. Weiter bedeutet dies *zweitens*, dass zum Verstehen des Korans dessen zeitgeschichtlicher Kontext als Auslegungshilfe entbehrlich ist. Damit werden ältere Exegesen als irrelevant ausgeschieden. *Drittens* kann jeder Mensch den Koran verstehen, was die Geltungsansprüche von Institutionen der Gelehrsamkeit wie etwa der berühmten Al-Azhar-Universität in Kairo unterminiert. Damit steht jeder normale Muslim gleichberechtigt neben den Gelehrten (arab. *ʿulamā*), letztere können keine besondere Autorität mehr geltend machen. Wenn dem aber so ist, so folgt daraus *viertens*, dass für *religiöse Identität* von Muslimen nur der Koran und seine Botschaft maßgeblich ist. Damit fallen vielfältige muslimische Traditionen weg, die vom Koran aus kritisiert werden können. *Fünftens* führt dies zur Konzentration auf wenige Kernbestandteile islamischer Identität und daraus folgend zu einem hohen Grad an Individualisierung, da ein umfangreiches religiöses Regelwerk (etwa der *hadith*-Traditionen) ausgeschieden wird.

Es ist leicht zu erkennen, wie weitreichend die Konsequenzen aus nur wenigen hermeneutischen Grundentscheidungen sind. Auch hier werden religiöse Geltungsbehauptungen der Gelehrten und ihrer Traditionen durch den Verweis auf die ältere und reinere religiöse Autorität des heiligen Textes gekontert.

Innerhalb des Koran nun gibt es nach Shahrur zwei Arten von Inhalten, nämlich erstens die *prophetische Verkündigung*, die die Gesetze der Natur und die Gesetze des Seins allgemein behandele und zweitens die *Botschaft der Gesandten*, die die Bereiche des Sollens umfasse. Während erstere von dem einen und einzigen Gott und seiner Schöpfung handele, umfasse die letztere die Bereiche dessen, was nach göttlichem Willen zu beachten und

---

105 Zu diesem Konzept vgl. A. Neuwirth (2010), Der Koran als Text der Spätantike. Ein europäischer Zugang, Berlin, 732ff.

zu tun sei. Was aber ist zu beachten und was ist zu tun? Hier werden fünf Themen unterschieden. Da sind erstens die allein für Muhammad selbst gegebenen Regelungen, zweitens der Bereich *religiöser Observanzen* (wie Gebet, Fasten usw.), drittens *allgemeine ethische Prinzipien*, wie sie etwa christlich in den 10 Geboten und islamisch in Sure 6:151–152 gegeben seien, viertens das Gebot, *das Erlaubte zu gebieten und das Verbotene zu verbieten* (arab. *al-amr bi-l-ma^{c}rūf wa-n-nahy ^{c}an al-munkar*, vgl. Sure 3:104.110) sowie fünftens besondere *Strafregelungen*, die islamisch als *ḥudūd*-Strafen bekannt sind.

Shahrur sieht diesen Kanon von Regelungen als demokratiekompatibel an, da nach seiner sogenannten *Theorie der Grenzen* etwa die darin enthaltenen Körperstrafen nur Maximalgrenzen beschreiben, innerhalb derer menschlich gesetztes positives Recht seinen gottgewollten Ort habe. Den weiteren Ausführungen des Autors ist an dieser Stelle nicht nachzugehen. Betrachten wir stattdessen lediglich das *Reformpotential* dieses Ansatzes: *Die Konzentration auf den Koran als ursprünglicher Quelle der Identität, die intertextuelle Hermeneutik, die Rückführung der islamischen Identität auf wenige Kernbestände, die damit gegebene Individualisierung: Dies alles ermöglicht eine weitreichende Emanzipation von älteren Traditionen und legitimiert auf diese Weise gesellschaftlichen Wandel.*

Befreiungstheologische Koranhermeneutik – Farid Esack

Ganz anders die Hermeneutik von Farid Esack, seines Zeichens sunnitischer Muslim südafrikanischer Herkunft, der heute in den USA lehrt. Esack geht davon aus, dass die koranische Botschaft nur als Befreiungsbotschaft richtig zu verstehen sei.[106] Die Frage nach den hermeneutischen Vorverständnissen veranlasst *Esack* dazu, jede Art sich als »neutral« gebender Hermeneutik unter den Verdacht zu stellen, die eigenen Kontexte und Interessen nicht hinlänglich in den Reflexionsprozess einzubeziehen. Eine angeblich neutrale Hermeneutik ist eine Illusion und verschleiert die eigenen Machtinteressen. Im Gegensatz zu den Geltungsansprüchen traditioneller Auslegung gilt es, diese Auslegungstraditionen unter direktem Rekurs auf den Koran zu umgehen. Andererseits kann dieser Rekurs sich nicht selbst verabsolutieren, denn auch er ist Teil eines geschichtlichen Kontextes und Auslegungsprozesses.[107]

---

[106] F. Esack (1996), Qur'an, Liberation and Pluralism: An Islamic Perspective on Interreligious Solidarity Against Oppression, Oxford u. a.; ders. (1999), On Being A Muslim. Finding a Religious Path in the World Today, Oxford u. a.

[107] »Reformist thinking argues that the crisis in the world of Islam and the inability of Muslims to make a meaningful contribution to contemporary issues is due to tradition.

Keine Schrift steht und keine Interpretation einer Schrift vollzieht sich in einem luftleeren Raum. Dem Argument, es gebe eine Interpretation, die exakt das Gemeinte treffe, muss daher widersprochen werden. Eine objektive und damit neutrale Hermeneutik ist aus der Perspektive einer Theologie der Befreiung nicht denkbar. »For those who eke out an existence on the margins of society, living under the yoke of oppression and struggling with the equally oppressed Other in the hope of liberation, a pluralism of splendid and joyous intellectual neutrality is not an option.«[108]

Auch Esack beruft sich ganz auf den Koran, auch er kritisiert islamische Traditionen, indes wählt er nicht, wie Shahrur, eine kontextlose, sondern eine ausgesprochen kontextuelle Hermeneutik. Sein Axiom ist indes, dass der Koran eine Befreiungsbotschaft enthalte. Seine historischen Rekonstruktionen sind von diesem hermeneutischen Vorverständnis geprägt. Hatte Shahrur zwei Arten von Texten im Koran unterschieden, so stellt Esack heraus, es gebe durchgehende Themen und Werte, die den Auslegungshorizont des gesamten Korans ausmachen. Dazu zählt er den Glauben an den einen Gott (arab. *tauḥīd*), die Bedeutung von Frömmigkeit (arab. *taqwā*), den Einsatz für die Sache Gottes (arab. *ǧihād*) und die Gerechtigkeit (arab. *qisṭ; ᶜadl*). Die grundlegende Auslegungsperspektive sei das Wohl der Menschen und besonders der Unterdrückten dieser Erde.

Hier wird demnach eine *durchgehende Thematik* der koranischen Botschaft zum *hermeneutischen Schlüssel* für Einzelaussagen. Einzelaussagen sind im Blick auf Einheit Gottes, Frömmigkeit; Gerechtigkeit und den Einsatz für die Sache Gottes zu verstehen. Dieses Prinzip erinnert funktional gesehen an Luthers Prinzip der inhaltlichen Mitte (»was Christum treibet«), von der her Einzelaussagen zu verstehen seien. Nach *Esack* ist es darüber hinaus von Bedeutung, dass die koranische Botschaft *auf einzelne Menschen* Bezug nehme, nicht jedoch primär an statischen Gruppenzugehörigkeiten orientiert sei. Das aber bedeutet ein *Unterscheiden* je nach Person, nicht aber nach formeller Religionszugehörigkeit. Der Begriff der Ungläubigen (arab. *kuffār*) meine

The answer for many of these Muslim reformist scholars is to bypass tradition and ›to go back to the Qur' an‹. This argument does not take into the account the fact that exegesis is not entirely independent from the text but actually belongs to its historical productivity. Exegesis is not just an interpretation but ›rather an extension of the symbol and must itself be interpreted‹«, so mit einem Zitat von Richard Martin. (Esack [1996], 77)

108 Esack (1996), 78: »On this basis, I argue for the freedom to rethink the meanings and use of scripture in a radically divided, economically exploitative and patriarchal society and to forge hermeneutical keys that will enable us to read the text in such a way as to advance the liberation of all people.«

daher recht verstanden nicht eine feste Gruppe von Menschen, sondern bezeichne ursprünglich die *Undankbarkeit* von Menschen (welcher Gruppenzugehörigkeit auch immer) gegenüber Gott. Damit kommt dieser Begriff nach *Esack* quer zu allen Wir-Gruppen im Sinne verfasster Religionsformationen zu stehen.

In dieser Weise begründet Esack vom Letztgültigkeitsanspruch des Korans aus eine Hermeneutik der Befreiung, die auf auch interreligiöse Anerkennung und Befreiung zielt. *Reformen sind hier quasi Teil des hermeneutischen Prozesses selbst*, denn Befreiungsprozesse sind stets auf ein Mehr an Gleichberechtigung, Befreiung und Teilhabe angelegt. Gleichzeitig stehen sie kritisch zu hergebrachten Traditionen, die nur soweit anerkannt werden könnten, als sie den befreiungstheologischen Inhalten nicht widersprechen. Man kann als Vergleichspunkt zu Luthers Schrifthermeneutik das Prinzip eines *Kanon im Kanon* herausstellen: Esack sieht in den genannten Prinzipien die durchgehenden Auslegungskriterien gegeben, von denen her Einzelaussagen zu verstehen sind. Der Text ist nicht flächig und gleichartig zu applizieren (das wäre das Prinzip *tota scriptura*), sondern es sind Unterscheidungen aufgrund der sich durchhaltenden Prinzipien vorzunehmen.

Halten wir fest: Die Reformansätze sowohl von Muhammad Shahrur als auch von Farid Esack weisen – trotz aller sonstigen Unterschiede – einige Analogien zur Schrifthermeneutik Luthers auf. Dazu zählte erstens die Berufung auf die schriftliche Ursprungstradition, zweitens die These, jeder Glaubende könne diese Ursprungstradition selbständig auslegen, drittens die damit ermöglichte Autorisierung von Kritik an religiösen Traditionsbeständen und gegenwärtigen Praktiken, viertens das Prinzip eines Kanon im Kanon und fünftens das Beharren darauf, nur Minimalbestimmungen als unabdingbar zum Profil der eigenen religiösen Identität gehörend zuzulassen. Damit wird einerseits ein hohes Maß an Individualisierung begründet sowie zweitens ein Freiraum für die Möglichkeiten gesellschaftlichen Wandels eröffnet.

Zur Reichweite reformislamischen Denkens

Man mag mit einigem Recht die Frage stellen, wie es um die Rezeption reformislamischer Ansätze in mehrheitlich muslimischen Gesellschaften bestellt ist. Mit Ausnahme der Türkei und Indonesiens wird man eine ernüchternde Bilanz ziehen müssen. Zu einer breitflächigen Implementierung solcher Ansätze an staatlichen Bildungseinrichtungen ist es meines Wissens bisher nicht gekommen. Eher scheinen in vielen Medien neotraditionale Interpretationen islamischer Praxis verbreitet zu sein, die mit Bezugnahme auf die Breite islamischer Traditionsbestände moderate Anpassungen an gesellschaftliche Trends versuchen. Hier werden sowohl die umfangreichen hadith-Traditionen weiter als Bezugsrahmen verwendet, ebenso die Instrumente der Rechtsfindung oder die Meinung verschiedener Rechtsschulen. Allerdings ist erstens eine eklektische Tendenz zu beobachten: Man wählt aus verschiedenen Schulrichtungen diejenigen Rechtsmeinungen aus, die für heutige Belange zu passen scheinen. Zweitens wird häufig von konkreten Normen abgesehen mit Verweis auf übergeordnete Prinzipien wie das des Gemeinwohls (arab. *maṣlaḥa*) oder der Rechtsabzweckung, also den »Absichten« der Scharia (arab. *maqāsid*).

Ein Gegensatz zwischen Tradition einerseits und Moderne andererseits kann daher für mehrheitlich muslimische Gesellschaften nicht einfach vorausgesetzt werden. Dazu gehört auch die Beobachtung, dass reformislamische Ansätze durchaus keine Massenbewegungen hervorgerufen haben. Die Geschichte der verschiedenen mehrheitlich muslimischen Gesellschaften für die Zeit des 19. und 20. Jahrhunderts mit einer Epoche des 16. Jahrhunderts vergleichen zu wollen, sagt daher mehr über denjenigen aus, der diesen Versuch unternimmt, als über die »Gegenstände«, um die es geht. Für die Frage eines beschleunigten gesellschaftlichen Wandelns lassen sich immerhin einige Parallelen benennen.

Reformen, Gesellschaft und Medien im 21. Jahrhundert – islamische Perspektiven

Mehrheitlich muslimische Gesellschaften in Nordafrika, dem Nahen Osten und anderswo haben seit dem späten 19. Jahrhundert eine Phase ökonomischen und sozialen Wandels durchgemacht. Seither wurde flächendeckend ein Schulwesen eingeführt, der Grad der Alphabetisierung nahm rasant zu, ebenso die Verstädterung in etlichen Gebieten, es entstanden neue urbane Eliten, durch neue Massenmedien wie Bücher, Zeitschriften, später Fernsehen und Internet wurde der Zugang auch zu religiösen Ressourcen massiv verbreitert. Damit waren die medialen Grundlagen geschaffen, um Laien in den Stand zu versetzen, die religiösen Quellen selbständig zu studieren, wodurch das bisherige Monopol der religiösen Gelehrtenschaft gebrochen wurde. Seither versuchen Gelehrte durch verschiedene Organisationen und Medien, eine gewisse Deutungshoheit zurückzugewinnen.

Die durch die Modernisierung induzierte Ausdifferenzierung der Gesellschaften förderte zugleich, wie in anderen Staaten auch, die Spezialisierung verschiedener Wissenschaften und allgemein die Entstehung von gesellschaftlichen Systemen, die einer je eigenen Logik folgen. So kommt es nicht von ungefähr, dass auch in der an traditionellen Mustern orientierten

Rechtsfindung das Moment der Egalisierung zugenommen hat, wenn etwa zu bestimmten Fragen nicht mehr einzelne Gelehrte, sondern Gruppen von Gelehrten als Autoritäten auftreten und immer wieder gefordert wird, für bestimmte, etwa medizinethische Fragen, Fachleute zu Rate zu ziehen, die selbst keine ausgebildeten Religionsgelehrten sind.

Es zeigt sich in alledem, dass Modernisierungsprozesse in mehrheitlich muslimischen Ländern einerseits im Anschluss an traditionale Wissenskulturen verlaufen, dass andererseits diese Prozesse weitgehend derselben Logik folgen, wie in anderen Staaten auch. Der These eines muslimischen Sonderweges in die Moderne oder Spätmoderne ist damit zu widersprechen.[109] Im Zuge einer zunehmenden Individualisierung wird islamische Identität mehr und mehr zu einer *selbst gewählten Form religiöser Praxis*, wobei hier natürlich die Unterschiede zwischen städtischen Kontexten und ländlichen Regionen nach wie vor eine bedeutende Rolle spielen.

Islamische Reformation, islamische Erneuerung oder Modernisierung?

Kommen wir damit auf die Frage zurück, ob es eine Islamische Reformation gibt oder ob es einer solchen bedarf. Man wird festhalten können, dass sich im Blick auf die Schrifthermeneutik durchaus funktionale Äquivalente finden lassen, die eine weitreichende Kritik an bestehenden religiösen Traditionen ermöglichen und ein erhebliches emanzipatorisches Potential aufweisen. Es sind demnach ohne Zweifel erhebliche Innovationspotentiale auch innerhalb der islamischen Religionsformation, von denen indes abzuwarten bleibt, in welchem Rahmen sie eine Institutionalisierung finden.

Indes muss, wenn der Begriff der Reformation verwendet wird, immer deutlich sein, dass der Begriff keinen historischen Vergleich ermöglichen kann, denn ein solcher ist aufgrund der Verschiedenheit sowohl der religiösen Konfigurationen (etwa das Spezifikum christlicher Institutionalisierungen wie Kirche und Lehramt) als auch der historischen Umstände (etwa Vergleich 16. Jh. und 19. Jh.) nicht möglich. Vielmehr geht es darum, zu fragen, welche Assoziationen diejenigen Akteure, die den Begriff heute verwenden, im Blick haben. Wenn etwa islamische Traditionen aus westlicher Sicht entweder als defizitär gesehen (»Dort hat es keine Reformation gegeben«) oder aber mit einer Forderung belegt werden (»Muslime brauchen eine Reformation!«) oder in islamischen Diskursen ähnliche Positionierungen zu finden sind, die entweder eine Reformation für sich reklamieren, eine solche fordern oder umgekehrt eine solche als unerlaubte Neuerung (arab. *bid^{c}a*) ablehnen.

---

[109] R. Schulze (2002), Geschichte der Islamischen Welt im 20. Jahrhundert, München.

Historische Begriffe wie Aufklärung, Reformation oder Protestantisierung transportieren demnach unterschiedliche Bedeutungsgehalte, je nach Diskurs und Positionierung.[110] So erscheint es geboten, diese Diskurse weiterhin zu beobachten und als Diskurse wahrzunehmen und ernst zu nehmen. Essentialisierungen wie etwa die These der Unvereinbarkeit von Islam und Demokratie sind als diskursive Positionierungen zu deuten und zu hinterfragen.[111] Für interreligiöse Beziehungen bedeutet dies auch, den Facettenreichtum solcher Interaktionen wahrzunehmen, etwa, dass es eine große Bandbreite verschiedener theologischer, politischer und sonstiger Optionen in jeder Religionsformation gibt, dass sich verschiedene kulturelle und religiöse Formationen nicht erst seit dem 19. Jahrhundert, seither aber mit größerer Intensität und fortwährend beeinflussen, und, dass in diesen Interaktionen verschiedenste Medialisierungen und Machtinteressen eine Rolle spielen.[112] Es bedarf einer solchen umfassenderen Perspektivierung, um nicht nur die verschiedenen Religionsformationen und deren Akteure und Kontexte besser wahrzunehmen, sondern auch einzusehen, dass selbst eine einfache Frage wie »Eine islamische ›Reformation‹?« niemals unschuldig ist.

---

110 R. Schulze (2010), Islam und Judentum im Angesicht der Protestantisierung der Religionen im 19. Jahrhundert, in: L. Gall/D. Willoweit (Hg.), Judaism, Christianity, and Islam in the Course of History: Exchange and Conflicts, München, 139–164.

111 Man vergleiche etwa die unterschiedlichen Ansätze von Tilman Nagel, dessen Argumentation einen stark essentialisierenden Zug aufweist, und Reinhard Schulze, der einem genealogischen Ansatz folgt. Vgl. T. Nagel (2014), Angst vor Allah? Auseinandersetzungen mit dem Islam, Berlin; R. Schulze (2015), Der Koran und die Genealogie des Islam, Basel.

112 Vgl. H. Wrogemann (2015). Theologie Interreligiöser Beziehungen. Lehrbuch Interkulturelle Theologie/Missionswissenschaft, Band 3, Gütersloh.

Angst, Alltag oder Attraktion?

Muslimische Präsenzen in Europa

In vielen Gesellschaften Europas sind muslimische Bevölkerungsgruppen ein relativ junges Phänomen.[113] Europaweit wird der Anteil von Muslimen von etwa 6 % in 2010 auf 8 % in 2030 gestiegen sein.[114] Solche Befunde schüren Ängste, die sich in Gestalt von Bewegungen wie PEGIDA in Deutschland oder rechtsnationalen Parteien in etlichen europäischen Ländern artikulieren. Man fürchtet Immigration, die Unterwanderung der Gesellschaft, die Einführung der Scharia, Kopftuchzwang und das Ende mancher Freiheiten.[115] Medienberichte zum so genannten *Islamischen Staat* in Irak und Syrien scheinen

---

[113] Als Übersicht sei aus der Fülle der Literatur lediglich verwiesen auf: J. Cesari (Hg.) (2015), The Oxford Handbook of European Islam, Oxford/New York; A. Cavuldak u. a. (Hg.) (2014), Demokratie und Islam, Wiesbaden; H. Weder; A. Lauber (Hg.) (2014), Bedrohte Werte? Europa und der Nahe Osten unter Globalisierungsdruck, Zürich; M. van Bruinessen; S. Allievi (Hg.) (2011), Producing Islamic Knowledge. Transmission and dissemination in Western Europe, London/New York; R. Heidrich-Blaha (Hg.) (2007), Islam in Europa, Wien; U. Altermatt u. a. (Hg.) (2006), Der Islam in Europa, Stuttgart; J. Malik (2004), Muslims in Europe: From the Margin to the Centre, Münster.
Zu statistischen Angaben für Deutschland: S. Haug u. a. (2009), Muslimisches Leben in Deutschland: Im Auftrag der Deutschen Islamkonferenz. Forschungsbericht 6. Nürnberg: Bundesamt für Migration und Flüchtlinge, www.bmi.bund.de/cae/servlet/contentblob/566008/publication File/ 31710/vollversion _stu-die_muslim_leben_deutschland_.pdf, Seite 195. Zuletzt abgerufen am 14.05.2015. Vgl. auch: D. Halm u. a. (2012), Islamisches Gemeindeleben in Deutschland. Forschungsbericht 13. Nürnberg: BfMF, www.bmi.bund.de/SharedDocs/Downloads/DE/Themen/ Politik_ Gesellschaft/ DIK / islamisches-gemeindeleben-in-deutschland-kurzdik. pdf? __blob=publica-tionFile, zuletzt abgerufen am 14.05.2015.

[114] Nach Schätzungen wird in Deutschland der Anteil der Einwohner muslimischen Glaubens von 5 % im Jahr 2010 auf 7 % im Jahr 2030 steigen, in Frankreich von 7,5 % auf 10 % und in Großbritannien von 4,6 % auf 8,2 %. www.citizentimes.eu / 2011 / 02/01 / muslimische-bevoelker-ungsentwicklung-1990–2030/, zuletzt abgerufen am 07.04.2015.

[115] Zu rechtspopulistischen Parteien mit anti-islamischer Ausrichtung vgl. M. Rohe (2015), Shariah in Europe, in: J. Cesari (Hg.), The Oxford Handbook of European Islam, o. a., 656–700, 662.

anzuzeigen, was im schlimmsten Falle geschehen könnte. Anschläge wie auf das Redaktionsteam von *Charlie Hebdo* zu Beginn des Jahres 2015 werden als Vorzeichen dieses Prozesses gedeutet. Gleichzeitig sind muslimische Präsenzen in vielen Gesellschaften zu einem Alltagsphänomen geworden, welches seitens der Mehrheitsbevölkerung nur noch wenig Aufmerksamkeit auf sich zieht. Des Weiteren sind manche Erscheinungsformen wiederum so attraktiv, dass Menschen europäischer Herkunft zum Islam konvertieren.[116]

Für europäische Gesellschaften stellt sich damit die Frage, wie mit solchen Phänomenen umzugehen ist: Stellen muslimische Präsenzen tatsächlich eine potentielle Gefährdung des Rechtsstaates dar? Wie viel Reformpotential ist in dieser Religion gegeben? Was genau verstehen verschiedene Richtungen von Muslimen unter islamischer Identität oder unter Scharia?[117] In welchem Sinne würden sie die bestehenden Verhältnisse ändern wollen – rechtlich, politisch, kulturell oder alltagsweltlich? Und wie sollen sich Staat, Gesellschaft und Zivilakteure – wie etwa die Kirchen – dazu verhalten? Zunächst einige Beobachtungen.

Islamische Präsenzen in Europa – eine Skizze

Für islamische Präsenzen in Europa kann es im Folgenden nur darum gehen, einige Akteure zu skizzieren, die *muslimische Identität* je auf ihre Weise deuten und dafür bei der Bevölkerung muslimischen Glaubens um Unterstützung werben. Wie wird die eigene Identität zwischen Herkunftskultur und europäischen Kontexten ausgehandelt? Hier sind transnationale Vernetzungen, veränderte Identitätsmuster in der Generationenfolge und global-mediale Einflüsse von besonderer Bedeutung. Im Folgenden werden zunächst vier Orientierungen unterschieden, nämlich die pragmatische, die traditionale, die reformorientierte und die islamistische. Danach wird nach den sich daraus ergebenden Herausforderungen für kirchliche Praxis zu fragen sein.

Pragmatische Orientierung

Unter einer pragmatischen Orientierung werden hier Verhalten und Einstellungen einer Mehrheit von Muslimen in Europa zusammengefasst: Wichtige

---

116 M. Wohlrab-Sahr, Konversion zum Islam in Deutschland und den USA – eine funktionale Perspektive, in: dies.; H. Knoblauch/V. Krech (Hg.), Religiöse Konversion, Konstanz, 125–146.

117 Vgl. M. Rohe (32011), Das islamische Recht: Geschichte und Gegenwart, München; ders. (2012), Der Islam im demokratischen Rechtsstaat, Erlanger Universitätsreden Nr. 80/2012, 3. Folge, Erlangen; ders. (2013), Scharia und deutsches Recht, in: Berliner Theologische Zeitschrift (30), 302–324.

Entscheidungen werden nicht religiös begründet, sondern ganz pragmatisch gesucht. Dazu nur wenige Zahlen: Für Großbritannien gilt, dass von den derzeit ca. 2 Millionen Muslimen insgesamt 97 % der Kinder und Jugendlichen staatliche Bildungseinrichtungen besuchen, ganz unabhängig von der Einstellung der Eltern. Pragmatisch wird Bildung als Weg in die Gesellschaft wahrgenommen. Religiöse Aspekte treten dabei deutlich zurück. Von den Primär- und Sekundarschulen in muslimischer Trägerschaft (die restlichen 3 %) und mit muslimischer Klientel entsprechen die meisten den nationalen Curricula, es wird lediglich versucht, eine islamisch geprägte Atmosphäre mit islamischem Ethos zu sichern.[118]

Sozialwissenschaftliche Untersuchungen zeigen, dass in etlichen Bereichen des Lebens sich muslimische von anderen Migrantenpopulationen kaum unterscheiden, nach einiger Zeit auch von der Mehrheitsgesellschaft nicht.[119] Dieser Trend gilt auch für das Thema Säkularisierung. So erklären in Frankreich zwar 78 % der Muslime, mit der Religion stark verbunden zu sein, aber nur 22 % geben an, mindestens einmal im Monat eine religiöse Veranstaltung zu besuchen. Die zweite Generation ist bereits überwiegend religionsfern, nur bei 10 % aller Muslime in Frankreich (4 Mio. insgesamt) kann von einer Re-Islamisierung gesprochen werden.[120] Was dies als Herausforderung für kirchliche Praxis bedeutet, wird später zu bedenken sein. Zunächst ist festzuhalten, dass diese Befunde im Blick auf die Wahrnehmung »muslimischer Identitäten« ernst zu nehmen sind. Pragmatisch orientierte Muslime deuten ihr Leben in Europa mehrheitlich als Normalzustand.

Traditionale Orientierung

Für eher traditionale Akteure spielt das transnationale Moment eine große Rolle. Die Beziehungen zu den Herkunftsländern sind vielfältig. Zu bedenken ist, dass in Großbritannien etwa 75 % der Muslime aus dem indo-pakistanischen Raum stammen, in Deutschland zu 80 % aus der Türkei, in Frankreich

---

[118] M. van Bruinessen (2011), Producing Islamic knowledge in Western Europe. Discipline, authority, and personal quest, in: M. van Bruinessen;/S. Allievi (Hg.), Producing Islamic Knowledge, o. a., 1–27, 3. Vgl. S. Luft (2014), Muslime in Deutschland und Frankreich – Anmerkungen zur Integrationsdebatte, in: A. Cavuldak/O. Hidalgo/P.W. Hidmann/H. Zaph (Hg.), Demokratie und Islam, Wiesbaden, 377–397. Vgl. S. Haug u. a. (2009), Muslimisches Leben in Deutschland, 195.

[119] M. Rohe (2012), Der Islam im demokratischen Rechtsstaat, Erlanger Universitätsreden Nr. 80/2012, 3. Folge, Erlangen, 24.

[120] S. Luft (2014), Muslime in Deutschland und Frankreich, 382.

mehrheitlich aus dem Maghreb.[121] In Großbritannien etwa spielen die großen Ausbildungszentren Asiens eine bedeutende Rolle, nämlich die Deobandi- und die Barelwi-Tradition.[122] Von den etwa 1350 Moscheen in Großbritannien stehen 86 % in der Tradition dieser beiden traditionalen Richtungen.[123] Es ist leicht einzusehen, dass derartige *transnationale Muster* zu Problemen in einer muslimischen Diaspora-Situation führen können, wenn insbesondere in Großbritannien aufgewachsene Muslime der zweiten und dritten Generation mit Personen konfrontiert oder durch diese beeinflusst werden, die – wie in diesem Fall Pakistan – aus einem Land mit völlig anderen politisch-gesellschaftlichen und religiös-kulturellen Mustern kommen, wie dies bei vielen aus Pakistan rekrutierten Imamen der Fall ist.

Allerdings gibt es auch *andere transnationale Einflüsse einer traditionalen Orientierung*, wie am Beispiel des *European Council for Fatwa and Research* zu zeigen sein wird. Unter *traditional* sei hier eine muslimische Identitätsbehauptung verstanden, für die familien- und erbrechtliche Belange eine große Rolle spielen sowie Fragen von Etikette, Benimm und Ritual. Diese Fragen werden an Gelehrte (arab. *ᶜulamā*) gestellt, die mittels von Rechtsgutachten (arab. *fatwā*) viele Inhalte muslimischer Traditionen anzuwenden und zu adaptieren trachten. Islamische Identität wird in der Geschichte der

---

121 In Deutschland sind weniger als 30 % der Muslime organisiert. A. Schönfeld (2014), Regulierung durch Wissensproduktion – Staatliche Versuche einer Institutionalisierung der Ausbildung von Imamen in Deutschland, in: A. Cavuldak u. a. (Hg.), Demokratie und Islam, Wiesbaden, 399–424, 401.

122 Zur Einführung vgl. D. Reetz (2012), Art. Deobandis, in: G. Bowering (Hg.), Princeton Encyclopedia of Islamic Political Thought, Princeton (NY), 131–132; ders. (2012), Art. Barelwis, in: G. Bowering (Hg.), Princeton Encyclopedia, u. a., 63–64.

123 Ph. Lewis (2014), Imams in Britain: Agents of De-Radicalisation?, in: F. Peter/R. Ortega (Hg.), Islamic Movements in Europe. Public Religion and Islamophobia in the Modern World, London/New York, 237–248, 237. Vgl. ders. (2012), From Identity Politics to Engagement: Making Sense of Muslim Communities in Britain, in: F. Ward; S. Coakley (Hg.), Fear and Friendship. Anglicans Engaging with Islam, London/New York, 39–56. Zu neueren Entwicklungen: D. Reetz (2009), Change and Stagnation in Islamic Education: The Dar al-cUlum of Deoband after the Split in 1982, in: F.A. Noor/Y. Sigand/M. v. Bruinessen (Hg.), The Madrasa in Asia. Political Activism and Transnational Linkages, New Delhi, 71–104; P. Mandaville (2007), Islamic Education in Britain: Approaches to Religious Knowledge in a Pluralistic Society, in: R. E. Hefner/M. Q. Zaman (Hg.), Schooling Islam. The Culture and Politics of Modern Muslim Education, Princeton/Oxford, 224–241; M. van Bruinessen (2011), Producing Islamic knowledge in Western Europe: discipline, authority, and personal quest, in: ders.; S. Allievi (Hg.), Producing Islamic Knowledge, o. a., 1–27.

Rechtsschulen verortet.[124] Das Label *traditional* schließt graduelle Reformen von Rechtssätzen oder Normen nicht aus, die Identitätsbestimmung bleibt jedoch in der Fluchtlinie der hergebrachten Quellen (Koran, Hadith-Literatur, Rechtswerke) und der Instrumente der Rechtsfindung wie etwa Analogie (arab. *qiyās*), das Gemeinwohl (arab. *maṣlaḥa*) oder das Räsonieren (arab. *iǧtihād*).

Ein gutes Beispiel ist der weltbekannte Rechtsgelehrte *Yusuf al-Qaradawi*, der, trotz seines hohen Alters, eine Art Popstar dieser Richtung ist.[125] Qaradawis Ansichten sind über den gesamten Globus verbreitet, etwa über seine wöchentliche Sendung *ash-Sharia wa al-Hayat* (Scharia und das Leben) auf dem TV-Sender Al-Dschazira.[126] In der Forschung gilt er den einen als konservativer Reformer, den andere als Neofundamentalist.[127] Seit Jahrzehnten sesshaft in Qatar, war *al-Qaradawi* in Europa Impulsgeber für den im Jahr 1997 gegründeten *European Council for Fatwa and Research*.[128]

In allen europäischen Ländern gibt es eine Anzahl von Muslimen, die sich mehr oder weniger intensiv an Fatwas dieser und anderer Art orientieren. Strukturell kann man sagen, dass Muslime in Europa erstens aus verschiedensten Gebieten und also Traditionen stammen (national, kulturell, ethnisch, religiös), was für Muslime in der Diaspora die Unterscheidung von *universalen islamischen Werten und Normen* einerseits und muslimisch *lokal-kulturellen Traditionen* andererseits geradezu erzwingt. Man sieht als Muslim einfach, dass andere Muslime vieles anders machen. Was also ist

---

[124] Wenn auch heute oft eklektisch aus allen vier klassischen Rechtsschulen Material ausgewählt wird, je nach dem, was am besten zu passen scheint.

[125] Vgl. B. Gräf; J. Skovgaard-Petersen (Hg.) (2009), The Global Mufti: The Phenomenon of Yusuf al-Qaradawi, London Siehe auch: W. Wenzel-Teuber (2005), Islamische Ethik und moderne Gesellschaft im Islamismus von Yusuf al-Qaradawi, Hamburg.

[126] Vgl. E. Galal (2009), Yusuf al-Qaradawi and the New Islamic TV, in: B. Gräf/J. Skovgaard-Petersen (Hg.), The Global Mufti, 149–180.

[127] Vgl. W. Wenzel-Teuber (2005), Islamische Ethik und moderne Gesellschaft im Islamismus von Yusuf al-Qaradawi, Hamburg. Siehe auch: B. Gräf (2006), Yusuf al-Qaradawi: Das Erlaubte und das Verbotene im Islam, in: Amirpur/Ammann (Hg.), Islam am Wendepunkt, 109–117.

[128] Vgl. A. Caeiro (2011), Transnational ulama, European fatwas, and Islamic authority: a case study of the European Council of Fatwa and Research, in: M. van Bruinessen/S. Allievi (Hg.), Producing Islamic Knowledge, 121–141. – Im Jahr 2004 wurde (ebenfalls in London) die International *Union of Muslim Scholars (*arab. *al-ittiḥād al-ʿālamī li-ʿulamā al-muslimīn)* ins Leben gerufen. Siehe A. Caeiro; M. al-Saify (2009), Qaradawi in Europe, Europe in Qaradawi?, in: B. Gräf/J. Skovgaard-Petersen (Hg.), The Global Mufti, 109–148, 117f.

kulturelle Tradition eines Herkunftslandes und was ist genuin (und universal) islamisch?

Die Funktion des *European Council for Fatwa and Research* kann man systematisierend so zusammenfassen: Durch diesen Rat wird erstens versucht, die Autorität der Gelehrten zu erneuern. Es geht für diese um die Wiedergewinnung von Deutungshoheit. Die Fatwas werden zweitens durch Internet (seit 2002 abrufbar, vgl. www.e-cfr.org) und andere Medien einem *Massenpublikum* angeboten. Da die Autorität des Rates an der Akzeptanz der Fatwas hängt, wird drittens meist ein *offener* und auf eigene Entscheidung des Fragenden zielender *Duktus* der Gutachten gewählt. Viertens werden in den Fatwas *traditionale schariatsrechtliche Gehalte permanent erinnert* und als autoritativ auch für in der Diaspora lebende Muslime behauptet. Fünftens zielen Fatwas oft auf *Kompromisslösungen*, die zeitlich begrenzt und durch andere Einschränkungen versehen sind. Diese bleiben damit sechstens *rechtlich ambivalent*, da mitunter bestimmte Menschenrechte durch die Fatwas bestritten werden.

Nehmen wir ein Beispiel: Traditionell darf eine Muslima nicht mit einem Nicht-Muslim verheiratet sein.[129] Muss sich also eine eben zum Islam konvertierte Engländerin nun von ihrem Ehemann (der vielleicht Christ oder Agnostiker ist) scheiden lassen? Die entsprechende ECFR-Fatwa aus dem Jahr 2001 antwortet, dass die vier Rechtsschulen dies in der Tat gebieten. Sie dürfe aber nach Meinung einiger Rechtsgelehrter verheiratet bleiben, und zwar zeitlich begrenzt und unter der Voraussetzung, dass erstens ihr neuer Glaube nicht gefährdet werde und zweitens die begründete Hoffnung bestehe, dass auch der Mann bald zum Islam konvertieren werde. Dies zeigt, dass Fatwas wie diese zwar *Anpassungsleistungen* an europäische Kontexte ermöglichen und auch Konflikte entschärfen können (die Ehe muss nicht geschieden werden), dass sie aber gegenüber der Anerkennung der Menschenrechte ambivalent bleiben, denn im Beispiel wird ja die volle Religionsfreiheit gerade *nicht* anerkannt.[130] Aufgrund der Notwendigkeit, ein Massenpublikum zu errei-

---

[129] Dieser Rechtssatz findet sich derzeit weiterhin selbst in ansonsten eher auf Gleichberechtigung der Geschlechter hin novelliertem Familienrecht wie etwa in Marokko nach der Reform des Jahres 2004. Vgl. L. Buskens (2010), Sharia and national law in Marocco, in: J.M. Otto (Hg.), Sharia Incorporated. A Comparative Overview of the Legal Systems of Twelve Muslim Countries in Past and Present, Leiden, 89–138, bes. 113ff., hier: 115. So auch – neben etlichen anderen Ländern – in Ägypten: M. Berger/N. Sonneveld (2010), Sharia and National Law in Egypt, in: J.M. Otto (Hg.), Sharia Incorporated, 51–88, hier: 76.

[130] Was nicht bedeutet, dass sich Akteure dieser Richtung nicht auf die Menschenrechte berufen, wenn dies der Durchsetzung ihrer Interessen dienlich ist.

chen, bleiben etliche Fatwas inhaltlich vage und überlassen nicht selten den fragenden Personen die Entscheidung.[131] Einerseits wird also traditionales Schariatsrecht erinnert, andererseits führen die Fatwas zu einer Tendenz der Individualisierung.

Während für pragmatische Muslime das Leben in Europa der Normalzustand ist, betrachten es viele eher traditional orientierte Muslime als Ausnahmezustand. Europäische Regierungen reagieren darauf, indem sie die Ausbildung der Imame an staatlichen Universitäten zu verorten suchen, um damit sicherzustellen, dass sich eine ebenso zeitgemäße wie kontextsensible und das bedeutet auch selbstkritische Lesart muslimischer Traditionen entwickeln kann.[132] Zudem werden Weiterbildungsprogramme für Imame und andere Leitungspersonen angeboten, um Wissen über die jeweiligen gesellschaftlichen, administrativen und staatlichen Strukturen und Vorgänge des Landes zu vermitteln.[133]

Reformislamische Orientierung

Seit den frühen 1990er Jahren kam es in vielen mehrheitlich muslimischen Gesellschaften zu intensiven Debatten um das Thema Zivilgesellschaft und Demokratie. Reformislamische Ansätze wurden jedoch auch schon früher entwickelt.[134] International bekannte Denker wie *Abdullahi an-Naim* (ursprünglich Sudan, jetzt USA), *Muhammad Shahrur*[135] (Syrien), *Abdolkarim Sorush* (Iran) oder *Nurcholish Madjid*[136] (Indonesien), *Amina Wadud* (USA) und viele andere optieren für eine Konzentration vor allem auf die koranische

---

131 »This appears as a paradox of publicity: seeking to enhance their claim to religious authority through public fatwas, the ulama end up marketing their work and contributing to the religious individualization of Muslims.« Caeiro (2011), Transnational ulama, 137.

132 Ch. Waldhoff (2013), Islamische Theologie an staatlichen Hochschulen, in: Berliner Theologische Zeitschrift (30), 325–348.

133 A. Schönfeld (2014), Regulierung durch Wissensproduktion – Staatliche Versuche einer Institutionalisierung der Ausbildung von Imamen in Deutschland, in: A. Cavuldak u. a. (Hg.), Demokratie und Islam, Wiesbaden, 399–424.

134 Zum Ganzen: H. Wrogemann (2014), Toleranzkonzepte im modernen Islam. Zu Begründungsmustern religiöser Toleranz in reformislamischen Entwürfen, in: ders.; A. Bieler (Hg.), Was heißt hier Toleranz? Interdisziplinäre Zugänge, Neukirchen-Vluyn, 197–219. (Lit.)

135 Th. Amberg (2009), Auf dem Weg zu neuen Prinzipien islamischer Ethik. Muhammad Shahrour und die Suche nach religiöser Erneuerung in Syrien, Würzburg.

136 G. Barton (1997), Indonesia's Nurcholish Madjid and Abdurrahman Wahid as intellectual Ulama: The meeting of Islamic traditionalism and modernism in neo-modernist thought, Islam and Christian-Muslim Relations (8.3), 323–350.

Botschaft, was nicht selten die Ablehnung sowohl der Hadith-Traditionen als auch der Rechtsschulen mit ihren Rechtsinstrumenten einschließt.[137] Hermeneutisch gesehen zielen diese Ansätze mehrheitlich auf ein geschichtliches und kontextuelles Verständnis der koranischen Botschaft, auf die Eigenverantwortlichkeit des muslimischen Subjekts und dessen Eigenständigkeit in der Urteilsbildung.

Im Unterschied zur traditionalen Richtung wird von reformislamischen Autoren die volle Vereinbarkeit von Menschenrechten im Sinne der Menschenrechtscharta der Vereinten Nationen von 1948 und islamischer Religion vertreten. Als die Identität verbürgend werden hier keine *Normen* eingeklagt, also ganz bestimmte Regeln oder Verhaltensweisen, sondern es wird auf islamische *Werte* abgehoben, etwa auf Gerechtigkeit, Frieden, Frömmigkeit und den Einsatz für die Sache Gottes. Auch diese Diskurse werden in transnationalen Netzwerken geführt. So in Großbritannien etwa durch die YUMMIES, die *Young Upwardly Mobile Muslims*, medial in Lifestyle-Magazinen wie *Emel*, in *Islam Human Rights Groups* oder Homepages von progressiven Muslimen, säkularen Muslimen oder sogar Ex-Muslimen.[138] Eine Massenbasis wie in Gestalt islamischer Organisationen aber fehlt. *Auch diese Richtung betrachtet das Leben in Europa als Normalzustand, indes nicht unthematisch, wie in der pragmatischen Orientierung, sondern reflektiert.* Es wird sich zeigen, in welchem Maße diese Ansätze Eingang in Curricula der islamtheologischen Ausbildung in verschiedenen Ländern finden werden.

Islamistische Orientierung

Da islamistische Orientierungen in verschiedenen Ausprägungen gegeben sind, sei hier erstens auf politische, zweitens auf militante und drittens auf kulturelle Lesarten verwiesen. Politisch: Transnationale Organisationen wie die Muslimbruderschaft oder die *Jamā*ᶜ*at-e Islāmī* zielen darauf, das gesamte gesellschaftlich-politische System islamisch zu bestimmen.[139] Scharia wird hier *in politischer Diktion* als umfassendes System verstanden, das das persönliche und das öffentliche Leben, die Rechtstraditionen und die administrativen und staatlichen Strukturen bestimmen soll. Die These lautet, dass allein

---

[137] Als allgemeinverständliche Einführung: K. Amirpur u. a. (Hg.) (2006), Islam am Wendepunkt. Liberale und konservative Reformer einer Weltreligion, Freiburg u. a.

[138] Ph. Lewis (2012), From Identity Politics to Engagement, 43, 52.

[139] Vgl. etwa: D. Reetz (2007), Islamische Missionsbewegungen in Europa, in: R. Heidrich-Blaha (Hg.), Islam in Europa, Wien, 117–136; H. Wrogemann (2007), Missionarischer Islam und gesellschaftlicher Dialog, 94–128, 141–151.

Gott der Souverän ist, nicht der Mensch.[140] Die Notwendigkeit, dennoch politische Institutionen unterhalten zu müssen, führt einerseits zu vagen Behauptungen und andererseits zu sehr eklektischen politischen Vorstellungen. Die Frage, wie Gottes Souveränität genau zu denken wäre, bleibt meist unbeantwortet. Indes werden *eklektisch bestimmte Normen* (etwa die Kleiderordnung oder das Verhältnis von Muslimen zu Nichtmuslimen betreffend) als Ausweis der Islamizität eingefordert. *Moderate politische Islamisten* versuchen ihr Ziel durch ein langfristiges politisches Engagement zu erreichen.

Demgegenüber sind *militante Islamisten* (heutzutage auch Salafisten genannt[141]) stärker auf Separation ausgerichtet und bezeichnen andere Lebensweisen (auch von bestimmten Muslimen) als Unglaube. Es handelt sich hier um eine überschaubare Gruppe. So sind in Deutschland laut Verfassungsschutz derzeit etwa 38.000 Personen verschiedenen islamistischen Organisationen zuzurechnen.[142] Zu salafistischen Netzwerken in Deutschland fallen in den Medien häufig die Namen von Predigern wie *Pierre Vogel, Hassan Dabbagh* oder *Ibrahim Abou Nagie*[143], letzterer Initiator der seit Jahr 2011 allseits bekannten *Lies-Kampagnen. Nagie* vertritt die Meinung, Demokratie stehe der Scharia entgegen und sei daher ein Götze. Man müsse innere Distanz zu den Ungläubigen wahren und ansonsten gutes Benehmen zeigen, um sie zum Islam aufrufen zu können.[144]

Extremistische Salafisten wie etwa im Umfeld des Netzwerkes *Millatu Ibrahim* (MI)[145] empfinden jedoch auch diese Position noch als zu kompromissbe-

---

[140] Ideologische Referenzen sind bis heute *Sayyid Outb* und *Abu'l a'la Maududi*. Vgl. S. Damir-Geilsdorf (2003), Herrschaft und Gesellschaft. Der islamistische Wegbereiter Sayyid Qutb und seine Rezeption, Würzburg.

[141] Vgl. R. Meijer (Hg.) (2009), Global Salafism. Islam's New Religious Movement, London.

[142] S. Luft (2014), Muslime in Deutschland und Frankreich, 380.

[143] N. Wiedl; C. Becker (2014), Populäre Prediger im deutschen Salafismus. Hassan Dabbagh, Pierre Vogel, Sven Lau und Ibrahim Abou Nagie, in: Th.G. Schneiders (Hg.), Salafismus in Deutschland, 187–216. Im Blick auf Nichtmuslime vertritt etwa *Hassan Dabbagh* die Ansicht, man solle sich von ihnen abgrenzen, was aber nicht eine generelle Lossagung (arab. *al-barā'*) bedeutet. Der Salafistenprediger Pierre Vogel fordert zudem, Muslime sollten nicht an nicht-muslimischen Festen teilnehmen. Hass gegenüber Götzen (arab. *tāghūt*) sei geboten. – Vogel gründete 2009 zusammen mit *Muhammad Çiftçi* das daᶜwa-Projekt *Einladung zum Paradies*. Vorträge Vogels finden sich unter anderem auf den Homepages saudisch finanzierter transnationaler daᶜwa-Organisation wie www.islamhouse.com.).

[144] Im Jahr 2005 hatte er bereits die *daᶜwa*-Organisation *Die wahre Religion gegründet*. Siehe www.diewahrereligion.de Vgl. N. Wiedl; C. Becker (2014), Populäre Prediger, 205f.

[145] Sie haben sich seit 2013 auf der Internetplattform *Tauhid Germany* reorganisiert. D. Baehr (2014) Dschihadistischer Salafismus in Deutschland, in: Th.G. Schneiders (Hg.), Salafismus, 231–250, hier: 240.

reit und folgen *Abu Muhammad al-Maqdisi*, einem der derzeit bekanntesten dschihadistischen Ideologen.[146] Manche meinen, dass Hass auf Ungläubige zur religiösen Praxis gehören müsse.[147] Der Übergang in die dschihadistische Szene ist fließend.[148] Insgesamt bleibt das Scharia-Verständnis solcher Akteure sehr vage, sowohl bestimmte Normen als auch Vorstellungen einer islamischen Gesellschaft betreffend. Dichotomische Muster zwischen Gut und Böse, wahrem Islam und dem Westen herrschen vor. *Politische Islamisten nehmen Europa als Ausnahmezustand wahr, viele militante Islamisten dagegen als Kampfsituation.*

Völlig anders als ein politischer oder militanter Islamismus ist ein *kultureller Islamismus*, verstanden als bewusste Entscheidung für einen islamischen Lebensstil, ausgerichtet. Als Ausweis islamischer Identität werden kulturelle Formen wie etwa die Kleidung betrachtet, das demokratisch-politische System gilt meist als islamkompatibel. Dies ist bedeutsam für die etwa 1,8 Millionen Muslime unter 25 Jahren, die in Deutschland leben.[149] Hier ereignen sich kulturelle Transformationsprozesse, die in der Forschung unter Begriffe wie Hybridisierung, Transkulturalität oder *Mehrfachzugehörigkeit* gefasst werden. Je nach Situation positionieren sie sich anders, etwa als Türke in Deutschland, als Kölner gegenüber Borussia Dortmund oder als Deutscher gegenüber anatolischen Verwandten. Je nach Situation werden unterschiedliche Aspekte der eigenen Identität hervorgehoben.[150] Gesellschaftsorientierte Vereinigungen wie die islamische *Lichtjugend* oder *Lifemakers*

---

146 J. Wagemakers (2009), A Purist Jihadi-Salafi: The Ideology of Abu Muhammad al-Maqdisi, in: British Journal of Middle Eastern Studies (36:2), 281–297; ders. (2012), The Enduring Legacy of the Second Saudi State: Quietist and Radical Contestations of al-Wala' wa-l-Bara', in: International Journal of Middle East Studies (44:1), 93–110.

147 So in Anlehnung etwa an den in Bahrain lebenden Gelehrten Abū Sufyān al-Sulamī. N. Wiedl; C. Becker (2014), Populäre Prediger, 204.

148 Vgl. D. Baehr (2014), Dschihadistischer Salafismus in Deutschland, 237.

149 Diese werden in verschiedenen Typologien zu erfassen gesucht, wobei meist zwischen erstens *wenig religiös*, *zweitens traditionell-religiös*, drittens *nationalistisch* und viertens *aktivistisch-islamisch* unterschieden wird. Vgl. F. Şen (2007), Islam in Deutschland. Religion und Religiosität junger Muslime aus türkischen Zuwandererfamilien, in: H.-J. von Wensierski u. a. (Hg.), Junge Muslime in Deutschland, Opladen/Farmington Hills, 17–32; C. Lübcke (2007), Jugendkulturen junger Muslime in Deutschland, in: dies.; von Wensierski (Hg.), Junge Muslime in Deutschland, 285–318. Vgl. auch: S. Haug u. a. (2009), Muslimisches Leben in Deutschland, o. a.; Ch. Hunner-Kreisel u. a. (Hg.) (2010), Kindheit und Jugend in muslimischen Lebenswelten, Wiesbaden.

150 Vgl. C. Lübcke (2007), Jugendkulturen junger Muslime in Deutschland, o. a., bes. 292ff.

sind im Internet über Foren präsent und unabhängig von Strukturen etwa der Moscheeverbände.[151]

Viele Jugendliche leben ihren eigenen Stil in Formen, die sich nicht wesentlich vom Mainstream unterscheiden. Dabei werden in Modefragen als Identitätsmarker Labels verwendet wie etwa *Styleislam*, man verwendet Sticker, islamische Malbücher für Kinder, Mousepads und anderes. Oft genügen solche Identitätsmarker, um sich aus der Breite allgemein akzeptierter Jugendstile doch etwas abzuheben. Internetgemeinden wie *myumma.de* kommen zu facebook hinzu. *Religiöse Identität wird also in kulturellen Formen ästhetisiert, was gleichzeitig bedeutet, dass viele Thematiken, etwa die politische Orientierung oder das Verständnis des demokratischen Rechtsstaates weitgehend unproblematisch sind.* Das Leben in Europa wird auch hier als Normalzustand betrachtet. – Die Vielfalt der Orientierungen wirft die Frage auf, was eigentliche muslimische Identität in Europa ausmacht.

Was kann als ›muslimische Identität‹ gelten?

Sozialwissenschaftlich gesehen stellen *pragmatisch orientierte Muslime* in Europa die Mehrheit dar. Welche Aspekte islamischer Lehre, Praxis oder Symbolik aber sind für sie maßgeblich? Vielleicht nur das Bewusstsein, ein »Muslim« zu sein, obwohl man niemals in die Moschee geht? Zwischen säkular und hochreligiös gibt es hier alle nur denkbaren Abstufungen. Wie steht es umgekehrt mit dem Islam, wie ihn Islamwissenschaftler anhand *schriftlicher Quellen* analytisch portraitieren? Oft wird hier ein kohärentes System herausgearbeitet, eine Sicht, der auch traditionale Muslime zustimmen würden. Wo aber, wenn überhaupt, wird dieses System heute reproduziert – etwa in Lehreinrichtungen, in Familien, in Koranschulen, staatlichen Schulen, TV, Internet oder wo auch immer? Und was genau wird hier an Material ausgewählt und welche Normen, Werte oder Vorstellungen werden für wichtig erachtet? Sind Islamisten als Minderheit paradigmatisch oder nicht? Was ist schließlich über *Reformdenker* zu denken, die etliche Inhalte neu interpretieren? Wie ist ihr ausdrückliches Nein zu riesigen Traditionsbeständen zu werten?

Jenseits von Essentialismus und Diskurs

Fragen wie diese werden oft über das Gegensatzpaar *Essentialismus versus Diskurs* thematisiert: Gibt es eine Essenz, ein *Wesen* des Islam, das konstant bleibt und sich immer wieder reproduziert? Bei dieser Sicht besteht

---

151 J. Gerlach (2006), Zwischen Pop und Dschihad. Muslimische Jugendliche in Deutschland, Berlin.

die Gefahr, das Nicht-Passende abzuspalten. Unterstellt man etwa *dem* Islam ein friedliches Wesen, dann gehört das Wirken islamistischer Terrorgruppen weltweit nicht zum Islam. Hält man *den* Islam umgekehrt für demokratiefeindlich, dann sind islamische Reformdenker eben keine »richtigen« Muslime. Und wenn man Islam *nur* als Diskurs versteht? Hält man Islam nur für einen Diskurs, so kann man sehr wohl erklären, dass sich hier vieles ändert an Verhältnissen, an Wahrnehmungsmustern, Praktiken und Einstellungen. Umgekehrt fällt es schwer zu erklären, warum sich viele Phänomene, etwa die Weigerung, volle Religionsfreiheit zu gewähren, so breitflächig in mehrheitlich muslimischen Gesellschaften finden.[152]

Halten wir fest: Zum einen gilt, dass es viele transnational agierende Bewegungen und Organisationen gibt, die eine weitreichende Islamisierung propagieren, neben der Muslimbruderschaft etwa *Jamāᶜat-e Islāmī, Hizb-ut Taḥrīr* und manche andere. Zum anderen aber gilt auch, dass es Abermillionen Muslime gibt, die verschiedenste ältere Traditionen ablehnen und für islamische Identität lediglich auf den Gottesglauben und ein islamisches Ethos verweisen. Muslime, die modern sind und modern sein wollen und auf Demokratie und Gleichberechtigung aller Menschen setzen. *Im Blick auf muslimische Präsenzen in Europa scheint mir daher eine mittlere Position zwischen Essentialismus und Diskurstheorie den größten Erklärungswert zu besitzen*:

(1.) Muslimische Populationen verändern sich, viele Menschen muslimischen Glaubens sehen keine Spannungen zu europäischen Rechtstraditionen und nur wenige Spannungen zu Alltagswelten, in denen sie leben. (2.) Indes *bleibt* für diese Menschen *vieles unthematisch*, da islamische Praxis für sie oft keinen besonders hohen Stellenwert hat. (3.) Gleichzeitig bemühen sich etliche Akteure, entweder eine neue Lesart der Tradition zu gewinnen (Reformislam) oder umgekehrt traditionale Rechtssätze und Normen zu erinnern und sukzessive auch in Europa zu implementieren (traditionale Akteure). (4.) Die Frage ist dann, welchen Ansätzen sich Menschen muslimischen Glaubens zukünftig verpflichtet sehen werden. *Für zivilgesellschaftliche Akteure, darunter auch die Kirchen, wird es jedenfalls darauf ankommen, die Komplexität der hier in Rede stehenden Fragen wahrzunehmen.*

---

[152] Hier spielen natürlich eine Reihe von Faktoren eine Rolle, darunter indes auch bestimmte Mentalitäten, die wiederum durch religiöse Traditionen deutlich beeinflusst werden. Vgl. M. Rohe (2007), Islam und demokratischer Rechtsstaat – ein Gegensatz?, in: Politische Studien, Heft 413, 58. Jahrgang, 52–68, bes. 53f. und 58f.

Mediale Diskurse – Stereotypisierungen aufdecken

Verschiedene zivilgesellschaftliche Akteure sind dazu aufgefordert, medialen Verzerrungen entgegenzuwirken, wie sie in öffentlichen Diskursen immer wieder vorkommen. Dazu gehört erstens, dass nur allzu oft *Phänomene islamisiert werden*, die an sich sozial zu erklären sind. So stellt *Stefan Luft* heraus, dass in Frankreich Debatten oft durch das »Islam-Prisma« wahrgenommen werden, dass man also Muslimen gegenüber der Mehrheitsgesellschaft abweichende Einstellungen und Verhaltensweisen unterstellt, was allerdings empirisch nicht zu belegen sei. Bei den Unruhen in den Pariser Vorstädten (frz. *Banlieues*) des Jahres 2005 etwa habe Religion, auch nach Erkenntnissen des französischen Geheimdienstes, keine Rolle gespielt.[153] Nach Luft fehlt es in öffentlichen Debatten zum Thema Integration »an Verständnis für grundlegende Mechanismen und Abläufe von Integrationsprozessen«.[154] Daneben stellt sich m. E. auch die Frage, ob nicht bestimmte Straftaten islamisiert werden.[155]

Eine andere Tendenz besteht darin, den *Islam zu essentialisieren*.[156] Es wird dieser Religion ein unveränderliches Wesen unterstellt, etwa ein Familienethos, das in jedem Falle zu vielen Kindern führe. Dies schürt die Angst vor der langsamen Majorisierung durch muslimische Bevölkerungsgruppen. Diese Sicht hält jedoch empirischen Befunden nicht stand, wie *Youssef Courbage* aus demographischer Perspektive gezeigt hat. Gegenwärtig liegt die Kinderzahl pro Frau im Iran bei 1,8, im Libanon bei 1,6, in der Türkei bei 2,1,

---

153 S. Luft (2014), Muslime in Deutschland und Frankreich, 390. In Frankreich werde der Islam tendenziell als Integrationshemmnis gesehen, in Deutschland mittlerweile mehr und mehr als »Integrationsagentur« (391).

154 S. Luft (2014), Muslime, 393.

155 So zu Recht M. Rohe (2012), Der Islam im demokratischen Rechtsstaat, 28. Rohe zum Thema »Paralleljustiz«: »Die bislang bekannt gewordenen Fälle von ›Paralleljustiz‹ scheinen sich großenteils in bestimmten orientalischen Großfamilienclans einiger Großstädte wie Berlin, Bremen, Essen oder auch Hildesheim abzuspielen, welche ihre eigenen kulturellen Vorstellungen von Streitschlichtung teils mit brutaler Gewalt durchsetzen. Derartige Phänomene sind keineswegs auf bestimmte muslimische Milieus beschränkt, sondern finden sich auch unter Roma, christlichen Albanern und anderen Gruppen, von den tatsächlich am meisten bedrohlichen Formen der Selbstjustiz unter Hells Angels oder Bandidos sowie machtvollen ost- und südosteuropäischen Organisationen organisierter Kriminalität abgesehen.« (29)

156 Zu Recht weist *Tilman Nagel* darauf hin, dass der Essentialismus-Vorwurf dazu führen kann, ein unrealistisches Bild islamischer Praxis zu zeichnen. Seine eigene Sicht nimmt meines Erachtens jedoch sozial- und kulturwissenschaftliche Analysen kaum zur Kenntnis. Vgl. T. Nagel (2014), Angst vor Allah? Auseinandersetzungen mit dem Islam, Berlin, bes. 19–54.

in Marokko bei 2,19 und in Tunesien bei 2,05 Kindern – Tendenz fallend.[157] Zum Vergleich: Deutschland 1,6, Schweden 2,0. Mit hoher Alphabetisierungsrate und hohem Bildungsgrad von Frauen nehmen Selbstbestimmung und Individualisierung zu und die Anzahl der Geburten ab.[158] Dies ist ein Trend, der sich in vielen Gesellschaften beobachten lässt.

Innerhalb kirchlicher Praxis wäre also erstens für Nüchternheit zu werben und zweitens die Rezeption sozial- und kulturwissenschaftlicher Forschungsergebnisse zu forcieren. *Die Curricula von Aus- und Fortbildungsprogrammen sind über rein religionskundliche Inhalte hinaus um sozial- und kulturwissenschaftliche Erkenntnisse zu erweitern.* Sowohl einseitige religiöse als auch essentialistische Deutungsmuster sind nicht nur unangemessen, sondern auch gefährlich, weil sie Ängste schüren und Stimmungen anheizen. Dem ist entschieden entgegenzuwirken. Kommen wir damit zu spezifischen Herausforderungen kirchlicher Praxis.

Herausforderungen kirchlicher Praxis

Für die Praxis verschiedener Kirchen in Deutschland und Europa wird es meines Erachtens darauf ankommen, von generellen Verhältnisbestimmungen zwischen »dem« Christentum und »dem« Islam abzusehen. Vielmehr wird kirchliche Praxis unterschiedliche Bezugnahmen weiter kultivieren müssen, diese jedoch reflektierter als zuvor als *Mehrfachbezugnahmen* zu verstehen haben.[159] So führt auch die mitunter beschworene Forderung, die »anderen« anzuerkennen, nicht weiter, da gefragt werden muss, was genau unter Anerkennung zu verstehen ist. Im Folgenden unterscheide ich im Anschluss an *Axel Honneth* und *Thomas Bedorf* fünf verschiedene Formen von Anerkennung, nämlich Anerkennung im Sinne des Rechts, der Liebe, der Solidarität, der Gabe und der alltagsweltlichen Bejahung.[160]

---

[157] Y. Courbage (2014), Die Arabischen Gesellschaften im Sog der Modernisierung – aus der Sicht eines Demographen, in: H. Weder/A. Lauber (Hg.), Bedrohte Werte? Europa und der Nahe Osten unter Globalisierungsdruck, Zürich, 187–200.

[158] Y. Courbage (2014), Die Arabischen Gesellschaften im Sog der Modernisierung, 189–194.

[159] Ich habe mit Hinweisen zu einer *Theorie Interreligiöser Beziehungen* zu zeigen versucht, welche vielfältigen Faktoren für solche Beziehungen eine Rolle spielen. In einer davon zu unterscheidenden *Theologie Interreligiöser Beziehungen* geht es darüber hinaus um die Erkenntnis, dass Beziehungsmuster immer und zugleich aus mehrfachen Bezugnahmen bestehen, die verschiedene Muster der Anerkennung oder Zurückweisung beinhalten. Vgl. H. Wrogemann (2015), Theologie Interreligiöser Beziehungen. Religionstheologische Denkwege, kulturwissenschaftliche Anfragen und ein methodischer Neuansatz. Lehrbuch Interkulturelle Theologie/Missionswissenschaft, Band 3, Gütersloh, 211ff., 295ff.

[160] H. Wrogemann (2015), Theologie Interreligiöser Beziehungen, 253ff. (Lit.)

Anerkennung als Recht und öffentlicher Raum – gleiche Rechte einfordern

Es hat lange gedauert, bis christliche Kirchen die Idee der Menschenrechte auf theologischer Grundlage voll zu akzeptieren bereit waren.[161] Kirchen sind als große zivilgesellschaftliche Akteure aufgerufen, gleiche Rechte für alle Menschen einzuklagen, umgekehrt aber auch religiös oder weltanschaulich begründete Versuche der Einschränkung von Menschenrechten zurückzuweisen. Einerseits geht es darum, dass Menschen muslimischen Glaubens Rechte nicht vorenthalten werden. Andererseits geht es innerhalb verschiedener kulturell-religiöser Gruppen jedoch auch darum, die Individuen *innerhalb* dieser Gruppen gegen die Behauptung sogenannter »kultureller Rechte«, »religiöser Pflichten« oder »authentischer Lebensformen« zu schützen, die von manchen Akteuren als verbindlich proklamiert werden.

Gerade der öffentliche Raum ist ein sensibles Feld: Wie steht es mit dem Mittagsgebet eines muslimischen Schülers, stört dies womöglich den Schulfrieden? Was bedeutet Religionsfreiheit hier, was bedeutet staatliche Neutralität im Sinne »respektvoller Nicht-Identifikation« mit Religionen und Weltanschauungen?[162] Kann ein muslimischer Arbeitnehmer in einem Getränkemarkt davon befreit werden, Paletten mit alkoholischen Getränken stapeln zu müssen?[163] Wird durch solche Ausnahmen das deutsche Recht ausgehöhlt oder geht es hier lediglich um »ausgewogene Abwägungsmechanismen«? Wie steht es mit dispositivem Recht, also etwa privatem Vertragsrecht? Wie mit islamischen Aktienfonds, zusammengefasst derzeit etwa im *Dow Jones Islamic Market Index*?[164]

Viele solcher Debatten werden mit großer Härte in medialen Diskursen wie Fernsehen oder Internet geführt. Christliche Kirchen und Gemeinden sind aufgerufen, sich zu diesen Themen kundig zu machen und einem Alar-

---

161 H. E. Tödt; W. Huber (1977), Menschenrechte. Perspektiven einer menschlichen Welt, München.

162 T. Schieder; R. Schieder (2013), Schülergebete in öffentlichen Schulen. Grundrecht oder Verletzung des Neutralitätsgebots des Staates?, in: Berliner Theologische Zeitschrift (30), 218–234.

163 M. Rohe (2012), Der Islam im demokratischen Rechtsstaat, 17.

164 M. Rohe (2012), Der Islam im demokratischen Rechtsstaat, 18. – Weiter kann man fragen: Was symbolisieren Moscheebauten? Sind sie Ausdruck eines religiösen Dominanzanspruchs? So die Befürchtung mancher Islamkritiker. Sind sie Ausdruck einer unzulässigen Anpassung an ein als »ungläubig« betrachtetes Land? So der Vorwurf militanter Islamisten. Oder sind sie schlicht Ausdruck einer sich einstellenden Integration, eines Normalzustandes also?

mismus zu widerstehen. Die Universalität der Menschenrechte ist festzuhalten, denn anders kann es keinen Minderheitenschutz geben, in welchem Land auch immer.

Anerkennung als Solidarität und lokale Kooperationen – Lernbeziehungen ausbauen

Es gibt mittlerweile viele Beispiele für langfristig tragfähige interreligiöse Beziehungen auf der Ebene von Kirchen- und Moscheegemeinden und sozialen Initiativen.[165] So fand am 10. Mai 2014 zum Beispiel ein *Tag des christlich-islamischen Dialogs* in Krefeld statt, der mit 60 Veranstaltungen und 1200 Besuchern einen guten Einblick in viele Projekte bot.[166] Ein anderes Beispiel: In Großbritannien werden derzeit etwa in der Anglikanischen Kirche ermutigende Erfahrungen in der Kooperation von anglikanischen Priestern und Imamen gemacht.[167] Als Teil eines Fortbildungsprogramms begleiten Imame die anglikanischen Priester etwa in der Krankenhaus- und Gefängnisseelsorge und werden so mit Rollenmustern vertraut, mit Problemlagen, Rechtsfragen, seelsorgerlichen Belangen und vielem mehr.[168] Solche Initiativen schaffen *Beziehungen* und eine *Vertrauensbasis*, sie vermitteln *Informationen* und helfen, *Barrieren abzubauen.*

Im Falle von lokalen Konflikten können die daraus entstandenen Netzwerke als Schlichterinstanzen wirken. In konkreten Fällen bewusster religiöser Provokation wie etwa dem Thema Hassprediger oder bei spektakulären Konflikten sind solche Beziehungen von großer Bedeutung, denn gegen *hate speech* ist *more speech* angesagt[169], das heißt die konkrete Gegenrede, die Gegendemonstrationen, das öffentliche Präsenz-Zeigen der (ansonsten unsichtbaren) Mehrheit. *Anerkennung von Menschen als Rechtssubjekten muss von deren kulturellen, geschlechtlichen, ethnischen und sonstigen Charakteristika*

---

[165] J. Miksch (2005), Islamforen in Deutschland. Dialoge mit Muslimen, Frankfurt/M.

[166] Vgl. u. a. Th. Lemmen (2014), Salafistische Bestrebungen in Deutschland als Herausforderung für den interreligiösen Dialog, in: Th.G. Schneiders (Hg.), Salafismus in Deutschland, 415–422.

[167] Vgl. Ph. Lewis (2009), For the Peace of the City: Bradford – a case-study in developing inter-community and inter-religious relations, in: Stephen B. Goodwin (Hg.), World Christianity in Muslim Encounters: Essays in Memory of David A. Kerr, vol. 2, London, 273–286. Siehe auch: Bradford Churches for Dialogue and Diversity, www.bcdd.org.uk sowie www.christianmuslimforum.org. Beide abgerufen am 14.05.2015.

[168] F. Ward; S. Coakley (Hg.) (2012), Fear and Friendship. Anglicans Engaging with Islam, London/New York.

[169] H. Bielefeldt (2013), Die Religions- und Weltanschauungsfreiheit als Menschenrecht, in: Berliner Theologische Zeitschrift (30), 235–253,.

bewusst absehen, diese Anerkennung ist universalistisch ausgerichtet. Anerkennung als Solidarität dagegen bewertet und wertschätzt den jeweils anderen in seiner besonderen Art, sich konstruktiv in soziale Belange einzubringen. Hier geht es auch um einen Wettstreit im Guten.

Anerkennung als Liebe – eine Kultur des Willkommens

Die Anerkennung als Rechtssubjekte bedeutet eine ent-individualisierte Zuerkennung von Rechten, die Anerkennung als Solidarität bedeutet eine Wertschätzung aufgrund einer Leistung und ist insofern individualisierend, Anerkennung als Liebe dagegen ist bedingungslos und einzigartig. Daher ist Anerkennung als Liebe auch nicht machbar, denn Liebe stellt sich ein. Was jedoch lebbar ist, ist eine Kultur des Willkommens, der Empathie, der näheren Kontaktaufnahme. Dies ist nur im Nahbereich menschlicher Beziehungen möglich. Solche Beziehungen aufzubauen, ist interreligiös von großer Bedeutung. Es ist jedoch auch etwa für solche Menschen von Bedeutung, die den Weg zum christlichen Glauben eingeschlagen haben.

In landeskirchlichen Zusammenhängen ist mitunter eine Scheu im Blick auf Konversionen von Muslimen zum christlichen Glauben festzustellen. Es scheint die Sorge zu bestehen, dass solche Vorgänge die Beziehungen zu muslimischen Akteuren beeinträchtigen könnten. So besteht mitunter die Gefahr, dass Konvertiten allein gelassen werden. Christliche Akteure deutscher Herkunft sind gefragt, diese Menschen erst zu nehmen und zu begleiten.[170] Wie kann eine Kultur des Willkommens geschaffen werden? Wer ist in der Lage, ganz andere und für landeskirchliche Frömmigkeitslandschaften ungewöhnliche Selbstaussagen solcher Menschen konstruktiv aufzunehmen? Wenn etwa ein Insistieren auf der Bedeutung einzelner Aussagen der Bibel auftritt, wenn Menschen bezeugen, Jesus sei ihnen im Traum oder in einer Vision erschienen? Wenn etwa theologische Ansichten vertreten werden, die mit dem eher liberalen Mainstream nicht vereinbar sind? Wo sind gemeinschaftliche Netzwerke vorhanden, die der Intensität des Gemeinschaftsbedürfnisses von Konvertiten gerecht werden können, Menschen, die mitunter viele und wichtige Sozialkontakte ihrer Vergangenheit abgebrochen haben oder abbrechen mussten? Hier ist meines Erachtens ein weites interkulturelles wie interreligiöses Lernfeld gegeben.

---

[170] H. Wrogemann (2010), Religionswechsel als Thema Interreligiöser Seelsorge, in: H. Weiss/K. Federschmidt/K. Temme (Hg.), Handbuch Interreligiöse Seelsorge, Neukirchen-Vluyn, 213–226; ders. (2010), Zur Situation – Konversionen zwischen Christentum und Islam in Mitteleuropa in der Gegenwart, in: Evangelische Theologie (70), 63–73.

Anerkennung als Gabe – ritualisierte Kommunikationsformen wertschätzen

Einen weiteren Aspekt möchte ich mit einer Liebesbeziehung vergleichen: Nach dem ersten Verliebt-Sein mit viel Spontaneität geht eine Beziehung unweigerlich in einen ruhigeren Tonus über, Leben wird ritualisiert. So auch die jungen interreligiösen Beziehungen in west-, mittel- und nordeuropäischen Ländern. Man kann nicht permanent dialogisieren. An die Stelle solcher Muster treten Ritualisierungen, seitens von Muslimen etwa der *Tag der offenen Moschee*, der von seinen Initiatoren[171] ganz bewusst auf das Datum des *Tages der Deutschen Einheit* gelegt wurde.

Meine These lautet, dass es zukünftig auf solche auch ritualisierten Anerkennungsgesten ankommen wird, um friedliche und konstruktive Beziehungen öffentlich abzubilden. Anerkennungsgesten dieser Art sind als Gabe immer wieder auch gefährdet, etwa dann, wenn sie abgelehnt oder in verletzender Weise erwidert werden. Gegenüber anderen Formen der Anerkennung gilt hier jedoch, dass die *Folge der unterschiedlichen Anerkennungsgesten gerade die Verbindung schafft und aufrechterhält.* Das Miteinander lebt geradezu von einer Art Perlenkette solcher Anerkennungs-Gesten.

Anerkennung als Achtung – lokal und transnational

Dass Menschen sich geachtet fühlen, ist gesellschaftlich von überaus großer Bedeutung. Das Empfinden, dazuzugehören, wird so ermöglicht, das Wohlbefinden in sozialen Kontexten aufrechterhalten, die Identifikation mit dem Gemeinwesen gestärkt. Viele gesellschaftliche Herausforderungen sind nicht einfach durch Rechtssetzung oder Reglementierung zu bewältigen, sondern durch Vertrauensbildung. Dazu gehört unbedingt die Achtung, wie sie in Alltagsgesten und einem taktvollen und respektvollen Miteinander zum Ausdruck kommt. Diese Art der Achtung ist in jeder Gesellschaft angezeigt, sie hat jedoch auch transnationale Bedeutung, was von Menschen bewusst wahrgenommen werden sollte.

Nehmen wir ein Beispiel: Der Karikaturenstreit hat gezeigt, dass ein Ereignis in einem Land via mediale Berichterstattung zu erheblichen Konsequenzen in einem anderen Land führen kann. Nach der Veröffentlichung der *Charlie Hebdo* Karikatur eines Muhammad mit dem Schild *Je suis Charlie* wurden etwa in Mali vom Mob etliche Kirchengebäude angezündet und Christen umgebracht. Wenn auch solche Reaktionen nicht vorhersehbar sind, so hilft doch ein transnationales Bewusstsein im Sinne einer Verantwortungsethik dazu, die Folgen eines Handelns wenigstens im Vornherein

---

171 Nach Auskunft von Muhammad Siddiq.

im Blick auf mögliche Konsequenzen zu bedenken. Es geht hier nicht um die Beschneidung der Kultur-, Presse- oder Meinungsfreiheit, es geht vielmehr darum, in alledem zu beachten, dass Achtung ein hohes Gut ist, welches auch transnationale Wirkungen entfaltet.

AUSBLICK

Muslimische Präsenzen in Europa werden in den nächsten Jahrzehnten auf einem moderaten Level zunehmen und sich weiter ausdifferenzieren. Dies bedeutet für kirchliche Praxis, ein wertschätzendes Handeln auf allen Ebenen zu fördern, und dabei bewusst wahrzunehmen, dass es gleichzeitig immer zu mehreren Bezugnahmen kommt. So bedeutet Anerkennung von Rechtssubjekten, sich auch kritisch gegenüber jedweden religiösen Akteuren zu positionieren, die mit Verweis auf religiöses Recht oder die Authentizität der eigenen Tradition die Einschränkung von Freiheitsrechten fordern. Manche religiösen Geltungsansprüche sind schlicht zurückzuweisen. Auf der Ebene lokaler Kooperationen geht es um die bewusste Anerkennung derjenigen Werte und Etikettenvorstellungen der religiös und weltanschaulich anderen, die als sozial konstruktiv gewertet werden können. Es bedeutet zudem auch ritualisierte Anerkennungsgesten auszutauschen, um medial und zivilgesellschaftlich Signale der Wertschätzung auszusenden.

Für christliche Theologie muss es darum gehen, auf Grundlage eines facettenreichen und also nicht-reduktionistischen Ansatzes diejenigen theologischen Ressourcen stark zu machen, die einem solchen konstruktiven Miteinander dienen. Dies sind auch christliche Letztbegründungsansprüche wie sie in der Versöhnungslehre, der Feindesliebe, der Gnadenlehre, der Unterscheidung von Person und Werk oder der christomorphen Gemeinschaftlichkeit gegeben sind.[172] Nicht das Nivellieren christlicher Lehrinhalte, sondern die bewusste Bezugnahme auf theologische Profile scheint mir notwendig, um aus einer Gelassenheit christlichen Glaubens heraus die Freiheit zu gewinnen, neue Wege im interreligiösen Miteinander zu beschreiten.

---

172 H. WROGEMANN (2015), Theologie Interreligiöser Beziehungen, 352ff., 372ff., 402ff.

II. Zwischen Koexistenz, Konkurrenz und Kooperation

Missionarischer Islam?

Theorien und Praktiken islamischer Ausbreitung heute

Nicht wenige Menschen innerhalb und außerhalb der Kirchen meinen, »Mission« sei ein Spezifikum der christlichen Religion, doch dies ist nicht der Fall. Auch andere Religionen mit universaler Ausrichtung haben seit ihren Anfängen versucht, Menschen jenseits kultureller und ethnischer Grenzen mit ihrer Botschaft zu erreichen, so etwa die buddhistische und die islamische Religionsformation. Im Unterschied zu solchen Religionen, die stärker auf Verweisungszusammenhänge von Abstammung und Verwandtschaft ausgerichtet sind, nehmen universal ausgerichtete Religionen grundsätzlich und bei allen Menschen ein Defizit wahr, für das die eigene Botschaft – so die Überzeugung – einen Lösungsweg darstellt. Sicherlich ist es richtig, den christlich geprägten Begriff »Mission« nicht vorschnell auf andere Religionsformationen anzuwenden. So könnte man von »Aufruf zum Islam« oder in milderer Diktion von »Einladung zum Islam« sprechen. Damit wird Bezug genommen auf den arabischen Terminus, der im Koran besonders prägnant für die Ausrichtung der Botschaft verwendet wird, es handelt sich um den Begriff *da^{c}wa*.[173] Im Folgenden wird aufzuzeigen sein, wie dieser Begriff (unter anderen) verstanden wurde, welche Formen der Ausbreitung sich in der islamischen Religionsgeschichte finden lassen, wie einige gegenwärtige da^{c}wa-Theologien ausgerichtet sind und welche da^{c}wa-Bewegungen für das 21. Jahrhundert von besonderer Relevanz sind. Abschließend werden einige missionstheologische Reflexionen in interreligiöser Perspektive anzustellen sein.

---

173 Grundlegend zum Folgenden: H. Wrogemann (2006), Missionarischer Islam und gesellschaftlicher Dialog. Das Aufruf zum Islam im internationalen sunnitischen Diskurs, Frankfurt/M.

Der Begriff daᶜwa im Koran und eine Skizze zur islamischen Ausbreitungsgeschichte

Für die islamische Geschichte ist sorgfältig zwischen der militärischen Ausbreitung des islamischen Herrschaftsgebietes einerseits und der Ausbreitung der islamischen Religion andererseits zu unterscheiden. Während noch im Koran der Aufruf zum Islam ein Aufruf zum Glauben an den einen Gott ist (S. 16:125), wird der Aufruf zum Islam in der Spätzeit des Propheten und nach seinem Tode immer stärker in einen rechtlichen Zusammenhang gestellt.[174] Andere Stämme und später andere Völker werden aufgerufen, eine von drei Möglichkeiten zu wählen: Erstens die Bekehrung zum Islam zu vollziehen und damit sich in das islamische Herrschaftsgebilde zu integrieren, zweitens für den Fall, dass sie sich nicht zum Islam bekehren, sich freiwillig zu unterwerfen und im Status der Schutzbefohlenen (arab. *dhimmī*) sich der muslimischen Oberherrschaft zu beugen oder drittens den Entscheidungskampf aufzunehmen.[175] Bekehrung, Unterwerfung oder Kampf waren also die drei Optionen. In diesen Zusammenhängen kann man sagen, dass die Aufrufe an andere, sich zum Islam zu bekehren, im Kontext einer militärischen Bedrohungskulisse vorgenommen werden.[176] Um regelrechte Zwangsbekehrungen hat es sich dabei dennoch in den meisten Fällen nicht gehandelt, da die Gegner, wenn sie sich einmal der islamischen Oberherrschaft unterworfen hatten, als Schutzbefohlene das Recht behielten, unter Auflagen ihrer angestammten Religion weiterhin zu folgen, soweit es sich um Juden, Christen oder Zaroastrier handelte.[177]

Die These, der Islam habe sich durch militärische Unterwerfung ausgebreitet, muss also dahin gehend präzisiert werden, dass dies zwar für das islamische Herrschaftsgebilde gilt, nicht aber für die Religion als solche. Da Nichtmuslime eine Kopfsteuer (arab. *ğizya*) zu zahlen hatten, wurde zeitweilig sogar die Konversion zum Islam verboten, da man so seitens der Herrscher ein höheres Steueraufkommen erreichen konnte.[178] Umgekehrt *ging*

---

[174] Vgl. H. Wrogemann (2006), Missionarischer Islam, 32ff. (Lit.)

[175] Zu diesen »Schutzverträgen« vgl. A. Th. Khoury (1980), Toleranz im Islam, München/Mainz 1980.

[176] So schon bei *Muḥammad Ibn Isḥāq*: *As-Sīra An-Nabawīya*, deutsche Ausgabe: Das Leben des Propheten, Kandern 1999. - Zur Aufforderung, den Islam anzunehmen vgl. bes. 52, 53, 54, 93, 95, 97, 98, 101, 114, 120, 151, 158f., 167, 172, 219, 241, 245.

[177] Später wurden diese Bestimmungen bisweilen auch auf andere Religionstraditionen ausgeweitet, im Bereich des heutigen Pakistan und Indien wurden etwa auch Hindu-Traditionen dazugezählt.

[178] Mit Bezug auf Sure 9:29. Vgl. H. Wrogemann, Missionarischer Islam, 34–36; A. Noth

vom islamischen Herrschaftssystem über Jahrhunderte ein permanenter Konversionsdruck aus, da die Schutzbefohlenen unter vielen Aspekten nur Bürger minderen Ranges waren.[179]

Es geschahen daher viele Übertritte zum Islam auch aus dem Kalkül, dadurch einen sozialen Aufstieg erzielen zu können. An dieser Stelle sei jedoch sogleich hinzugefügt, dass es ähnlich restriktive Regelungen gegen Angehörige anderer Religionen auch in verschiedenen Epochen in unterschiedlichen christlich beherrschten Territorien gegeben hat, und zwar ebenso über Jahrhunderte hinweg.

Die militärische Ausbreitung des islamischen Herrschaftsgebietes brachte den *Aufbau eines Islamisierungsdruckes* mit sich. In Gebieten, die nicht von Muslimen beherrscht wurden, breitete sich die islamische Religion durch *Kontakte muslimischer Händler* sowie durch das *Wirken von Sufi-Orden* aus. Oft agierten Sufi-Orden, die von der herrschenden Gelehrtenschaft als heterodox betrachtet wurden, an den Rändern oder außerhalb muslimisch beherrschter Gebiete, um dem Zugriff der Herrschenden zu entgehen.[180] Der Einfluss der Sufi-Orden nahm – je länger desto mehr – zu, und zwar aus mehreren Gründen: Erstens ist die Nähe zu volksreligiösen Praktiken (etwa Tänze, Riten, Heilige, die Bedeutung von Träumen, von Heiligengräbern, die Suche nach Segen) zu nennen, zweitens die Nutzung lokaler Sprachen (gegenüber der Konzentration auf das Arabische), drittens das Vorbild von Sufi-Heiligen, viertens das Miteinander von Menschen verschiedenster Religionszugehörigkeit in Sufi-Zentren etwa in Asien. Alles dies führte dazu, dass viele Menschen sich freiwillig dem Islam anschlossen.[181] Allerdings sind für die islamische Geschichte über die Jahrhunderte hin auch viele Fälle von Zwangsbekehrungen – aus muslimischen und anderen Quellen – belegt, auch an solchen Ereignissen hatten Sufi-Orden Anteil.[182] Natürlich ist sofort

---

(^{5}1987), Früher Islam, in: H. Halm (Hg.), Geschichte der arabischen Welt, München, 11–100, hier: 64–66; ausführlicher und kritischer: B. Ye'or (2002), Der Niedergang des orientalischen Christentums unter dem Islam, Gräfelfing, 80–83.

179 Dagegen sprechen auch zeitweise Christen und Juden in ranghohen Positionen nicht, da deren Stellung nicht bedeutete, dass die religiösen Minderheiten im jeweiligen Herrschaftsgebiet nicht weiterhin einen Status minderen Rechts innehatten.

180 J. Malik (1998), Islam in Südasien, in: A. Noth u. a. (Hg.), Der islamische Orient: Grundzüge seiner Geschichte, Würzburg, 505–543, bes. 506–509. Vgl. O. Schumann (1998), Zur Geschichte der Inkulturationen des Islam in Südost-Asien, in: Noth u. a. (Hg.), o. a., 547–584.

181 Vgl. u. a. M. Reinkowski, Konversion zum Islam, in: EvTh (70) 2010, 48–62, 51–52.

182 Vgl. etwa: B. Ye'or (2002), »Zwangsbekehrungen«, in: dies., Der Niedergang, o. a. 94–97. Vgl. D. Scott (1998), Buddhismus und Islam. Von der Vergangenheit bis zur Gegenwart

daran zu erinnern, dass es in der Christentumsgeschichte ebenso eine ganze Reihe von Zwangsbekehrungen gegeben hat. Es geht nicht um Schuldzuweisung, sondern um die redliche Kenntnisnahme geschichtlicher Fakten.

Man kann für die islamische Religionsgeschichte damit eine spontane Ausbreitung des Islam in vielen Gebieten nachweisen. Ein grundlegender Unterschied zwischen Christentum und Islam besteht sicherlich in der religionsgeschichtlichen Anfangskonstellation, da die christliche Religion über mehr als 300 Jahre keine herrschaftliche Gewalt innehatte, wohingegen die Ausbreitung des Islam sich wesentlich innerhalb der Ausbreitung eines durch Muslime bestimmten Herrschaftsgebildes vollzog. Der Aufruf zum Islam wurde im Zusammenhang des islamischen Herrschaftssystems immer wieder auch verstanden als der Aufruf an Muslime, den *wahren* Islam zu leben. So war die Einladung zum Islam einesteils eine innerislamische Angelegenheit, bei der es um die Frage ging, wer als der rechtmäßige Herrscher der Muslime gelten könne. Andererseits war der Aufruf zum Islam immer auch verstanden als Aufruf an Andersgläubige, den Islam anzunehmen.

Während jedoch diese missionarische Dimension des Islam bis in die jüngere Vergangenheit in der religionswissenschaftlichen und missionswissenschaftlichen Forschung wenig beachtet wurde, sind spätestens seit Mitte des 20. Jahrhunderts aktive Ausbreitungsbemühungen international nicht mehr zu übersehen. Dies hängt mit den grundlegenden politischen und ökonomischen Entwicklungen seit der Kolonialzeit zusammen. Nachdem in den Gebieten der Islamischen Welt bis zum Ende des II. Weltkrieges – wie andernorts auch – *Nationalstaaten* als *Territorialstaaten* geschaffen worden waren, mussten diese neuartigen politischen Gebilde in der Ära der Dekolonisierung (ca. 1945–1969) die schwierige Aufgabe des *nation-building* bewältigen. Die durch die Kolonialmächte festgesetzten Grenzverläufe schufen politische Entitäten, die – ethnisch und religiös oft sehr heterogen – nach einer Identität suchen mussten, für die es bis dahin keine Vorlagen gab. Dass dabei

---

– Begegnungen und interreligiöse Lektionen, in: P. Schmidt-Leukel (Hg.), Wer ist der Buddha?, München, 195–210, bes. 197ff. - Unter den Ghaznawiden etwa wird das Gebiet Afghanistans fast völlig islamisiert, wobei auch *Zwangsbekehrungen* betrieben wurden. A. Poya (52005), Afghanistan, in: W. Ende u. a. (Hg.), Islam in Geschichte und Gegenwart, München, 264–277, 264. – Allerdings sollte man im Blick auf religionsgeschichtliche Vergleiche Pauschalaussagen vermeiden. Vgl. H. Wrogemann (2010), Zwischen Osama und Dalai Lama – Über die Frage, welche Religion am friedfertigsten ist und das methodische Problem, wie dies zu beweisen wäre, in: H. Wrogemann (Hg.), Die Sichtbarkeit des christlichen Glaubens, Neukirchen-Vluyn, 25–42.

zumeist auf die kulturell-religiösen Traditionen der Bevölkerungsmehrheit zurückgegriffen wurde, liegt auf der Hand.[183]

Unter diesen politischen Rahmenbedingungen gewannen in der Islamischen Welt viele Revitalisierungsbewegungen an Einfluss, die bereits in der ausgehenden Kolonialzeit begründet worden waren. Für den Bereich Ägyptens ist allen voran auf die von *Ḥasan al-Bannā* begründete *Muslimbruderschaft* zu verweisen, im Bereich Indonesiens auf die *Muhammadiya*, im indo-pakistanischen Gebiet auf die von *Abū l-A'la Maudūdī* ins Leben gerufene *Ǧamāᶜat-i Islāmī* (Islamische Gemeinschaft) und die von *Maulanā Ilyās* begründete *Tablīghī Ǧamāᶜat* (Gemeinschaft der Prediger).[184] Diese Bewegungen sind – mit regionalen Schwerpunkten – weltweit aktiv und umfassen gegenwärtig etliche Millionen Mitglieder und Förderer.

Neben diesen – und vielen weiteren – selbständigen Organisationen, die sich ganz der weltweiten Ausbreitung des Islam widmen, sind in den sechziger Jahren des 20. Jahrhunderts etliche Organisationen und Institutionen geschaffen worden, die auf staatliche Initiativen zurückgehen. Dazu gehören internationale Organisationen wie die *Islamische Weltliga* (die unter maßgeblichem Einfluss Saudi-Arabiens steht)[185], aber auch national getragene Organisationen, wie die libysche *Islamic Call Society*. Auch die Errichtung von *daᶜwa*-Institutionen an großen Islamischen Universitäten, etwa die *daᶜwa*-Academy an der *Islamic International University* in Islamabad oder die *daᶜwa*-Fakultät der renommierten *Al-Azhar-Universität* in Kairo dienen diesem Zweck. Ermöglicht wurde das Engagement unter anderem durch den seit Ende der sechziger Jahre einsetzenden Ölboom, mit dem für viele mehrheitlich islamische Länder die notwendigen finanziellen Ressourcen gegeben waren. Andererseits kann man das *daᶜwa*-Engagement von staatlicher Seite auch als einen Versuch auffassen, sich einerseits vor der mehrheitlich muslimischen Bevölkerung als »islamisch« zu legitimieren, andererseits den Eifer islamistischer Gruppen im eigenen Lande zu kanalisieren und drittens die Vorherrschaft der eigenen Islamauslegung zu sichern.

Durch die selbständigen wie durch die staatlich initiierten und geförderten *daᶜwa*-Bemühungen wurde seit den sechziger Jahren einerseits die

---

183 Vgl. R. SCHULZE (2002), Geschichte der Islamischen Welt im 20. Jahrhundert, München.

184 Zur Muslimbruderschaft sowie der Tablighi Dschama'at und anderen Bewegungen und Organisationen: H. WROGEMANN (2006), Missionarischer Islam, 85–186. (Lit.)

185 Vgl. R. SCHULZE (1990), Islamischer Internationalismus im 20. Jahrhundert. Untersuchungen zur Geschichte des Islamischen Weltliga, Leiden u. a.

Stärkung islamischer Identität in den Gesellschaften islamischer Länder versucht. Damit sollte der Islam als dritte Alternative gegenüber östlichem Kommunismus und westlichem Kapitalismus zur Geltung gebracht werden. Andererseits reagieren diese *da^c^wa*-Bemühungen auch auf das Phänomen, dass es seit Mitte des Jahrhunderts eine große islamische Diaspora in nicht-muslimischen Gebieten gibt. In der Phase der Dekolonisierung kam es einerseits zu starken Migrationsbewegungen, etwa der Flucht Hunderttausender Algerier infolge des algerischen Unabhängigkeitskrieges (1954–1962) nach Frankreich, die Immigration vieler Menschen aus dem indo-pakistanischen Bereich nach Großbritannien nach Ende der britischen Kolonialherrschaft oder die Anwerbung von ca. zwei Millionen türkischen Arbeitnehmern in die Bundesrepublik Deutschland bis Ende der siebziger Jahre. Weitere Diaspora-Populationen sind etwa in den USA und in verschiedenen südamerikanischen Ländern zu finden.

Unter dem Gesichtspunkt muslimischer Präsenz in einem nicht-muslimischen Gebiet wird seither von etlichen *da^c^wa*-Theoretikern dieses Phänomen als eine Art Auswanderung (*hiğra*) verstanden, die in gewisser Weise der Auswanderung des Propheten *Muhammad* von Mekka nach Medina (622 n.C.) entspreche. Grundlage und Berechtigung muslimischer Existenz in einem solchen Gebiet könne es nur sein, zum Islam aufzurufen (das heißt *da^c^wa* zu betreiben), den Islam zu bezeugen und beispielhaft vorzuleben. Damit rückte der Aufruf zum Islam gegenüber Nichtmuslimen in neuer Weise ins Zentrum des Interesses *da^c^wa*-orientierter Kreise, wenn auch feststand, dass der Aufruf zum Islam in diesen Gebieten auch und gerade Muslimen zu gelten habe, die ansonsten in der Gefahr stünden, vom wahren Islam abzufallen, das heißt sich dem kulturell-gesellschaftlichen Umfeld anzupassen. *Da^c^wa* bedeutet darum immer zugleich und untrennbar zweierlei: einerseits den Aufruf von Muslimen zum wahren Islam, andererseits den Aufruf von Nichtmuslimen zum Islam.

Da^c^wa-Theologien der Gegenwart im internationalen sunnitischen Diskurs

Religiöse Ursprungsgeschichten gelten oft in verklärter Weise als das *Goldene Zeitalter*, als der *reine Anfang* im Sinne einer unverfälschten Unmittelbarkeit. Die sich daraus ableitende These lautet meist, dass im Anfang die religiöse Erkenntnis und Praxis noch nicht von menschlichem Missverstehen korrumpiert worden sei. So werden diese Ursprungsgeschichten konsequent zum Paradigma eines »guten Lebens«, zu dem man nach Möglichkeit zurückkehren müsse, und zwar in der Hoffnung, gegenwärtige Probleme im Rekurs auf die als bleibend gültig angesehene Vergangenheit auf die bestmögliche Weise lösen zu können. In aktuellen Schriften über den »Aufruf zum Islam« wird die Geschichte der islamischen Frühzeit jedoch nicht nur als *Paradigma des »guten Lebens«* verstanden, sondern der Geschichtsverlauf der Ursprungserzählung wird darüber hinaus zum *normativen Modell für die Umsetzung* des Paradigmas gemacht. Der Ursprungsgeschichte kommt damit im höchsten Maße eine *zielwahlorientierende Funktion* zu, da die Mittel und Wege zur Erreichung des Ziels an der Geschichte selbst abzulesen sind.

Der Ablauf der islamischen Frühgeschichte wird von etlichen Muslimen als das Skript (vergleichbar mit einer Art Regiebuch) für die Art der islamischen *da^{c}wa* verstanden. Die einzelnen Stationen dieser Frühgeschichte seien zum besseren Verständnis kurz in Erinnerung gerufen: Nachdem im Jahre 610 auf den Propheten Muhammad die ersten Offenbarungen herab gesandt worden waren, verkündigte er die Botschaft vom einen und einzigen Gott zunächst im Umfeld der Verwandten und Freunde. Nach und nach verkündigte er auch in der Öffentlichkeit der Stadt Mekka, was ihm in zunehmendem Maße die Gegnerschaft der herrschenden Clans von Mekka eintrug. In den ersten dreizehn Jahren seines Wirkens gewann der Prophet in Mekka nur wenige Menschen als Anhänger seiner Lehre. Als gesellschaftliche Außenseiter gerieten sie immer mehr unter Druck. Dies führte im Jahre 622 zur Auswanderung (hiğra) von Mekka nach Yathrib (Medina), wo es dem Propheten gelang, das Gemeinwesen der Stadt durch das einigende Band der von ihm verkündigten Religion neu zu begründen. Von Medina aus versuchte er in den folgenden Jahren mit kriegerischen Mitteln, seinen eigenen Stamm (die Quraish) und seine Heimatstadt (Mekka) für den Islam zu gewinnen. Dies führte nach etlichen militärischen Auseinandersetzungen im Jahre 630 zur – weitgehend kampflosen – Einnahme der Stadt und zu einer Stammes-Konföderation von den medinensischen Stämmen mit den Quraish von Mekka auf der Grundlage des Islam.

In diesem konfliktträchtigen Prozess hat sich Muhammad immer wieder an den Geschichten der alten Propheten orientiert und sein eigenes Geschick als Parallele zu seinen Vorgängern gedeutet. Im Koran lassen die Prophetengeschichten ein immer wiederkehrendes Schema erkennen: (1) Ein von Gott berufener und mit einer Botschaft beauftragter Prophet wird zu »seinem« Volk gesandt. (2) Der Prophet ruft das Volk dazu auf, nur den einen und einzigen Gott zu verehren und verheißt göttliche Strafen für den Fall, dass das Volk sich nicht bekehrt. (3) Die Mehrheit des Volkes folgt dem Aufruf nicht, sondern verspottet den Propheten. (4) Daraufhin bricht ein vernichtendes Gericht über das Volk herein, wohingegen der Prophet und seine wenigen Anhänger gerettet werden.

Dieses Schema wird zu *dem* islamischen Deutehorizont von geschichtlichen Ereignissen. Unter »Geschichte« ist demnach nicht ein Prozess geschichtlicher Fortentwicklung (in welche Richtung auch immer) verstanden, sondern es geht um die ständige Wiederkehr des Gleichen: Die einzig wahre Botschaft vom einen und einzigen Gott wird in der einen gültigen Weise verkündigt. Das Einheitspostulat gilt damit nicht nur für die Botschaft, sondern auch für den Modus der Ausrichtung dieser Botschaft. Der Aufruf zum Islam ist damit seinem Inhalt und seiner Form nach in der Ursprungsgeschichte festgelegt. Und diese Ursprungsgeschichte – des Propheten Muhammad – steht in Kontinuität zu den Geschichten der älteren Propheten. Allerdings wird diese Ursprungsgeschichte von *daᶜwa*-Theoretikern durchaus *unterschiedlich gedeutet* – mit sehr weitreichenden Folgen. Dies sei an zwei Entwürfen verdeutlicht.

Mekka als Kaderschmiede – ʼAbū ʼl-Aᶜlā Maudūdī

Eine der einflussreichsten Persönlichkeiten islamischer Revitalisierungsbewegungen im 20. Jahrhundert ist *ʼAbū ʼl-Aᶜlā Maudūdī* (1903–1979), der im Jahre 1941 die Islamische Gemeinschaft (*Ǧamāᶜat-i Islāmī*) gründete, eine Organisation, die der Islamisierung der Gesellschaft dienen sollte.[186] Die umfassende islamische Sendung (in engl. Ausgabe mit »mission« wiedergegeben) ist Aufgabe, Pflicht und Daseinsberechtigung eines jeden Muslim und der islamischen Gemeinschaft, der *umma*.[187] Am Beispiel *Muhammads* unterscheidet *Maududi* in seinem Werk *The Process of Islamic Revolution* unter dem Abschnitt *The Technique of Islamic Movement*[188] verschiedene Phasen der islamischen Bewegung, die es als ein für alle Zeiten gültiges Ideal einzuhalten gelte.

Die *Abfolge dieser Phasen* lässt sich wie folgt zusammenfassen: Trotz vielfältiger sozialer und religiöser, wirtschaftlicher, politischer und kultureller Probleme begann *Muhammad* nach Ansicht von *Maududi* (1) Verkündigung der Botschaft von der Einzigkeit Gottes auszurichten, *ohne dass seine Adressaten darauf vorbereitet gewesen wären.* Diese Verkündigung führte dazu, dass (2) zunächst nur *einzelne Menschen* die Botschaft annahmen. Diese

186 Abu'l A'la Mawdudi ([8]1982), The Process of Islamic Revolution, Lahore (Org. 1947). Vgl. dazu H. Wrogemann (2006), Missionarischer Islam, 141–151.

187 Mawdudi ([8]1982): The Process, 27, Hervorhebung des Koranzitates zugefügt. Weitere angeführte Koranbelege in diesem Zusammenhang: 2:140; 5:8. – Der Terminus »mission« wird von *Maududi* regelmäßig als Bezeichnung für die islamische Sendung verwendet (ebd., 28, 30, 48, 49 u.ö.).

188 Vgl. Mawdudi (1982), The Process, 27–48.

mussten (3) für den neuen Glauben etliche *Prüfungen* (Anfeindungen, Anschläge, wirtschaftlichen Boykott usw.) über sich ergehen lassen, was (4) zu einer *Selektion der Besten* unter ihnen, also zur Auswahl einer Elite, führte. Menschen mit unzulänglichem Charakter wurden dabei aussortiert. Erneute Anfeindungen führten bei dieser Elite (5) des Weiteren zur Ausbildung einer *wahrhaft islamischen Gesinnung*. Neben diesem Charaktertraining hatte dieses Leidenszeugnis zudem den Effekt, andere Menschen von der Reinheit der Motive von Muslimen zu überzeugen (Leiden wurde in Kauf genommen nicht etwa für Familie oder Reichtum, sondern einzig und allein für den Islam), was aufgrund der Glaubwürdigkeit des Zeugnisses zu weiteren Konversionen zum Islam führte.

Nachdem (6) in *Medina* ein islamisches Gemeinwesen begründet wurde, standen *Muhammad* bereits *etwa 200 ausgebildete Muslime als Elite zur Verfügung*, die für alle möglichen Aufgaben einsetzbar waren und wiederum weitere Muslime ausbildeten. Maududi: »Dies war die Phase, in der islamische Ideologie sich von einer abstrakten Idee hin zu einem perfekten sozio-politischen System entwickelte. Jeder Aspekt der administrativen, bildungsbezogenen, rechtlichen, ökonomischen, kulturellen, finanziellen, militärischen und internationalen Politik des Islam war vollständig geklärt. Für jede Sphäre des Lebens wurden Prinzipien niedergelegt und auf die praktischen Bedingungen des Lebens angewendet.« Durch diese innere Verfasstheit war es dem kleinen islamischen Gemeinwesen in den folgenden Jahren möglich, so Maududi weiter, einerseits weite Gebiete zu erobern und andererseits weitere Menschen für den Islam zu gewinnen.[189] (7) Die *islamische Elite* zeichnete sich, so *Maududi*, in ihrer Intelligenz und Weitsicht dadurch aus, dass sie, noch bevor ein islamisches Gemeinwesen errichtet war, dessen Wahrheit und Gerechtigkeit *voraussehen konnte*, während die *Masse der Menschen* sich erst dem Islam öffnete, nachdem die Wohltaten des Islam in einem konkreten Gemeinwesen *erfahrbar* wurden. Daher nahm die Zahl der Konversionen zum Islam in den späten Jahren sprunghaft zu.

Soweit einige Aspekte aus der *daᶜwa*-Theorie *Maududi's*. Der Aufruf zum Islam erfolgt demnach in verschiedenen Stufen, die an der Ursprungsgeschichte des Propheten Muhammad abgelesen werden. Das Skript dieses Geschehens präfiguriert alle zukünftigen *daᶜwa*-Aktivitäten und hat damit im höchsten Maße eine zielwahlorientierende Funktion. Das missionarische

---

[189] Mawdudi (1982), The Process, 42f., vgl. 46f.

Streben zielt auf eine Elitebildung, von der aus im weiteren Verlauf die Islamisierung der Gesamtgesellschaft ausgehen wird.

Ein derartiges Stufenmodell kann jedoch auch als gedanklicher Rahmen für *mittelbar oder unmittelbar militante Ansätze* verwendet werden, wie dies die Beispiele von *Shamim Siddiqi* und *Shukri Mustafa* zeigen.[190] Siddiqi etwa unterscheidet (1) den *Aufruf zum Islam* (*da^cwa* im engeren Sinne), aus dem (2) eine *Gemeinschaft* von Muslimen hervorgeht (arab. *ǧamā^ca*), die dann (3) eine Phase von *Training* (arab. *tarbīya*) und *Reinigung* (arab. *tazkīya*) durchlaufen. Danach werde es notwendig zu einem (4) verstärkten Druck auf die Muslime seitens der Mehrheitsgesellschaft und zu deren *friedlichem Widerstand* in der Gesellschaft der Ungläubigen kommen, was die Muslime (5) später zur *Auswanderung* (arab. *hiǧra*) drängen werde. Diese Separation von der ungläubigen Gesellschaft werde der Ort sein, von dem die Muslime dann (6) den Entscheidungskampf (arab. *qitāl*) führen werden.[191]

Auch hier findet sich demnach eine als ewig angesehene Regieanweisung, die jedoch nicht, wie bei Maududi, auf eine Elitebildung und dann den Gang durch die Institutionen zielt, um ein islamisches System zu erreichten, sondern auf den bewaffneten Kampf zielt. Viele bewaffnete *Ǧihād*-Gruppen weltweit verstehen sich in ihren Rückzugsgebieten als in der Phase der *hiǧra* lebend, einer Auswanderung, die zum Ziel hat, das betreffende Gesellschaftssystem mittels militanter Mittel zu islamisieren. Indes können aus der These eines zeitlos gültigen Vorbildes der prophetischen *da^cwa* auch ganz andere politische Schlussfolgerungen gezogen werfen, wie im Folgenden zu zeigen sein wird.

Die Geduld des Mose und die Priorität des tauḥīd – Rabī^c 'Ibn Hādī 'al-Madḫalī

Gänzlich anders interpretiert der aus Saudi-Arabien stammende *Rabī^c 'Ibn Hādī 'al-Madḫalī* (geb. 1931) die Ursprungsgeschichte des Islam.[192] In einem

[190] *Shamim Siddiqi* sieht die verschiedenen Stufen der *da^cwa* zwangsläufig auf eine letzte Stufe des Entscheidungskampfes hinführen, während *Shukri Mustafa* als Beispiel für viele dschihadistische Gruppen gelten kann, die die hiǧra als den Rückzug aus einer Gesellschaft der Ungläubigen versteht (auch und gerade muslimischer Gesellschaften), sodass dann, aus der Separation heraus, der bewaffnete Kampf zum gesellschaftlichen Umsturz geführt werden kann. Vgl. H. Wrogemann (2006), Missionarischer Islam, 261–272, vgl. 124, Anm. 68.

[191] H. Wrogemann (1996), Missionarischer Islam, 261–272.

[192] M. Ibn Rabee Haadee al- Madkhalee (²2000), The Methodology of the Prophets in Calling to Allaah. (...), Birmingham (UK). Vgl. H. Wrogemann (2006), Missionarischer Islam, 273–297.

ausführlichen Längsschnitt weist er darauf hin, dass nicht die Errichtung eines islamischen Gemeinwesens die erste und wichtigste Aufgabe der Propheten gewesen sei, sondern die Aufrichtung der Lehre von Allah als dem einen und einzigen Gott (arab. *tauḥīd*) und einer entsprechenden religiösen Praxis, was insbesondere jede Form der »Beigesellung« (arab. *širk*) ausschließe. Nicht Politik, sondern der Kampf gegen jede Form des Polytheismus sei zentrale Aufgabe des Rufes zum Islam. Dieses Muster kehre in den Prophetengeschichten immer wieder und sei für alle Zeiten als die einzig erlaubte *daᶜwa* zu praktizieren. Nach *'Ibn Hādī* hat es in der Geschichte immer wieder politischen Machtmissbrauch, Tyrannei und Ungerechtigkeit gegeben. Diesem Missbrauch könne jedoch durch eine politische *daᶜwa* (wie der Maududi's) nicht Einhalt geboten werden, da sie sich selbst korrumpiere. Überdies sei die Sünde, *širk* zu begehen, viel schwerwiegender als die Sünde politischen Machtmissbrauches.

Aus der Geschichte der Propheten gelte es zu lernen, dass, obwohl die Tradition von 120.000 Propheten berichte, die jeweils zu ihrem Volk gesandt worden seien (wohingegen in Koran und *sunna* nur 25 Propheten namentlich erwähnt werden) es nur zwei Propheten gab, die tatsächlich politische Macht innegehabt hätten: Einerseits Mose und andererseits Muhammad. Am Beispiel des Propheten Mose zeige sich indes, dass dieser, obwohl er schon im Kindesalter das Unrecht und die Intrigen des ägyptischen Hofes kannte, dennoch keinen Umsturzversuch unternommen habe. Vielmehr habe er darum gebeten, mit dem Volk Israel auswandern zu dürfen. Und eben in dem Moment, wo eine politische Machtübernahme möglich gewesen wäre, als nämlich das pharaonische Heer im Roten Meer versunken sei und Ägypten ohne militärischen Schutz dagestanden habe, sei Mose gerade nicht umgekehrt, um Ägypten zu besetzen. Vielmehr habe er seinen Weg mit dem Volk Israel in die Wüste fortgesetzt. Es zeigt sich an diesem *daᶜwa*-Modell, dass das Skript der islamischen Ursprungsgeschichte nicht als Abfolge von Stufen gelesen wird, die zu durchlaufen wären, sondern als ein wesentlich unpolitisches Handlungsprogramm, das sich ganz auf die Lehre der Einheit Gottes (des *tauḥīd*) konzentriert.

Zusammenfassend kann man feststellen: Beide Ansätze (Maududi wie Ibn Hādī, denen sich weitere zuordnen ließen) gehen im Blick auf den gesellschaftlichen Stellenwert der eigenen Religion davon aus, dass sie öffentliche Geltung zu beanspruchen hat. Während jedoch das erste Modell es unmittelbar nahelegt, staatliche Strukturen zu überwinden, die dem islamischen Hegemonieanspruch entgegenstehen, wird im zweiten Modell eine längere Zwischenphase friedlichen Aufrufes zum Islam begründbar, wobei auch hier in langer Sicht die Überwindung nicht-islamischen gesellschaftlichen Gepräges unverrückbar festgeschrieben wird. Zielwahlorientierend handelt es sich um Konzepte, die lange Zeitabläufe einkalkulieren. Eine gesellschaftspolitische Selbstrelativierung wird als Option nicht ernsthaft ins Auge gefasst. Wir werden auf diesen Befund im Schlussteil zurückkommen müssen.

Es handelt sich bei diesen Ansätzen international um eine ernst zu nehmende politische Herausforderung: Schriften von Maududi (oder z. B. auch von Sayyid Quṭb) werden weltweit vertrieben, für Europa etwa durch die einflussreiche *Islamic Foundation* im britischen Leicester.[193] In verschiedenen mehrheitlich muslimischen Ländern, etwa in Malaysia, wurden an den Universitäten bereits vor Jahren Kurse zum Thema »Abirrungen vom Islam« eingerichtet und zum Pflichtprogramm der Studierenden erhoben, um gegen eben diese Ursprungsideologie Stellung zu beziehen. In etlichen islamischen Ländern haben einflussreiche Organisationen auf dem Hintergrund dieser Ursprungshermeneutik bedeutende Etappenziele in der Islamisierung von Gesellschaft und Gesetzgebung erreicht.

Es gibt andere *daᶜwa*-Theorien in der gegenwärtigen Debatte des sunnitischen Islam, für die zwar auch – wie könnte es anders sein – die eigene religiöse Ursprungsgeschichte als maßgeblich betrachtet wird, welche jedoch nach dieser Sicht nicht unmittelbar das Skript einer für alle Zeiten gültigen Theorie des Aufrufes zum Islam darstellt, sondern ein Ensemble islamischer Prinzipien beinhaltet. *Es geht hier demnach nicht um ein ewig gleichbleibendes Skript der Ursprungsgeschichte, sondern es geht um geschichtliche Entwicklung und bestimmte islamische Prinzipien, die darin als Konstanten angesehen werden.* Betrachten wir dazu zwei Beispiele.

Der Islam als eine Religion der Vernunft – Muhammad Shafiq

Nach dem aus Pakistan stammenden und derzeit in den USA lehrenden *Muhammad Shafiq* ist der Islam als eine Religion zu verstehen, die der Natur des Menschen entspricht (arab. *dīn al fiṭra*).[194] Dem Islam eignet die ihm vom Schöpfer eingegebene Rationalität, weshalb er vom Menschen ganz besonders gut annehmbar sei. Dies ist an sich schon ein Argument für die missionarische Ausstrahlungskraft des Islam. Im Blick auf die Menschheit wird der

---

[193] Vgl. N. Landman (2005), Islam in der Diaspora: Frankreich, Großbritannien, Niederlande, Deutschland, in: Ende/Steinbach (Hg.), Der Islam in der Gegenwart, 572–597, hier: Großbritannien, 577–382.

[194] M. Shafiq (1996), Islamic Daᶜwah: A Message For All, Islamabad/Lahore. (Kursivierung im Org. in Fettdruck) Vgl. H. Wrogemann (2006), Missionarischer Islam, 229–260.

Islam von Shafiq darüber hinaus als Motor menschheitlicher Entwicklung verstanden. Der Dialog kann zwischen den Religionen und Kulturen über die grundlegenden Werte geführt werden, wobei auf ethische Übereinstimmungen abzuzielen ist. Dabei bleibt Shafiq von der auch rationalen Überlegenheit des Islam zwar überzeugt, räumt jedoch auch Lernprozesse ein, die sich allerdings eher in einem instrumentellen Bereich finden zu lassen scheinen.

Insgesamt geht es einerseits um den rationalen Austausch von Argumenten, und dies in einer möglichst emotionslosen Weise. Dabei werden die anderen Weltanschauungen und Religionen jedoch nur in so weit akzeptiert, wie sie mit den von ihnen vertreten Werten mit dem Islam übereinstimmen. »All religious traditions are *de jure*, for they all come from a common source, the religion of Allah.«[195] Die Islamisierung der Gesellschaft wird dabei andererseits erstrebt durch Anstrengungen im Bildungsbereich und im Medienbereich. So sollen im Bildungssektor islamische Parallelinstitutionen geschaffen oder bestehende Systeme durch eine »Islamisierung des Wissens« umgeformt werden. Diese Islamisierung des Wissens soll in allen Wissenschaftsbereichen vorgenommen (Umarbeitung von Curricula, Lehrmaterialien usw.) und zudem auf die Sprache ausgedehnt werden. Insgesamt handelt es sich um eine »weichere« Form islamischer Ausbreitungstheorie. Doch auch wenn hier nicht ein geschichtliches Urprogramm reaktiviert werden soll, so stellen sich doch kritische Rückfragen im Blick auf das, was hier als »rational« und »dialogisch« vorgeführt wird sowie zum Programm einer »Islamisierung des Wissens«. Was ist gemeint? Verschiedene Möglichkeiten und Intensitätsgrade sind dann denkbar:

(1) Geht es um die Ersetzung und damit um die Verdrängung säkularen Wissens bzw. säkularer Begründungsmuster? Soll hier die Vorrangstellung religiös begründeter Muster von Gesellschaftsordnungen behauptet werden, um damit den Vorrang einer bestimmten Religionsgemeinschaft (des Islam) und ihrer Quellen gegenüber allen anderen expressis verbis einzufordern? Dies wäre im zivilgesellschaftlichen Bereich zwar möglich, würde jedoch religiös begründete Konflikte wahrscheinlich machen. Geht es darum, ein islamisches Ethos im Blick auf menschliches Verhalten in verschiedenen gesellschaftlichen Bereichen allgemein einzufordern? Wenn dies der Fall sein sollte, so würde sich die Gegenfrage erheben, warum dann das Programm als »Islamisierung des Wissens« bezeichnet werden muss und nicht unmittelbar als interreligiöses Engagement ver-

---

[195] M. Shafiq (1996), Islamic Da^cwah, 31.

schiedener religiös-weltanschaulicher Optionen und Gruppierungen zu fassen wäre.

(2) Auch im Blick auf den *Begriff der Rationalität* sind Fragen anzumelden, da der Rationalitätsbegriff allein noch nicht verbürgt, eine tragfähige Grundlage interkultureller Praxis zu bieten. So kann von verschiedenen religiös-weltanschaulichen Mustern her sehr Unterschiedliches als »rational« betrachtet werden. Die Kriterien logischer Kohärenz, semantischer Klarheit und methodischer Nachvollziehbarkeit reichen nicht aus, um im Streit der Meinungen über das »gute Leben« Entscheidungen zu finden, die von möglichst allen Diskursteilnehmern geteilt werden können. Die Auskunft, dass eine schöpfungsmäßig bedingte Rationalität allen Menschen eignet, weshalb alle tendenziell zu denselben Ergebnissen kommen werden, wenn sie nur richtig und ernsthaft genug nachdenken, ist genauer betrachtet nicht nur zirkulär, sondern auch hochgradig ideologisch. Der Rekurs auf die allen Menschen zugängliche Rationalität kann nämlich zu einer Vereinnahmungsstrategie verkommen, wo als rational nur das in Betracht gezogen wird, was schon grundsätzlich in der Linie der eigenen (islamischen) Argumentation liegt. Divergente Meinungen würden dann als »irrational« stigmatisiert, sodass in der Konsequenz aus einer Vereinahmungsstrategie eine Ausgrenzungsstrategie zu werden droht. Wenden wir uns nach diesen kritischen Bemerkungen dem zweiten Ansatz zu.

Der Islam als Einsatz für Befreiung und Gerechtigkeit – Farid Esack

Der aus Südafrika stammende sunnitische Muslim Farid Esack entwirft ein Bild der koranischen Botschaft aus dezidiert pluralistischer und befreiungstheologischer Sicht.[196] Die Auslegung Esacks respektiert die Unantastbarkeit des koranischen Textes, arbeitet jedoch grundlegende Prinzipien der koranischen Botschaft heraus, die als Basis eine religions- und weltanschauungsübergreifenden Engagements in Anspruch genommen werden können. Die Prinzipien betreffen drei Ebenen. Zum ersten geht es um die Ebene der *Lehre*, in der als durchgehend gültige Prinzipien die Frömmigkeit (arab. *taqwā*) und die Einheit und Einzigkeit Gottes (arab. *tauḥīd*) herausgestellt werden.

[196] F. Esack (1996), Qur'an, Liberation and Pluralism: An Islamic Perspective on Interreligious Solidarity Against Oppression, Oxford/Boston; ders. (1999), On Being A Muslim. Finding a Religious Path in the World Today, Oxford/Boston. Vgl. H. Wrogemann (2006), Missionarischer Islam, 318–347.

Im Blick auf den *hermeneutischen Standort* des Koran einerseits und seiner Auslegung andererseits wird auf die Menschen allgemein verwiesen (arab. *an-nās*) sowie auf die Bedeutung der »Marginalisierten der Erde« (arab. *al-mustadᶜafūn fi'l-arḍ*). Die These lautet, die koranische Botschaft habe im Wesentlichen allen Menschen und speziell den Unterprivilegierten gegolten. Dies wird deutlich an der dritten Ebene, der *Methode*, für die Esack die Prinzipien der Gerechtigkeit (arab. *ᶜadl; qisṭ*) und der Anstrengung bzw. des Kampfes für gerechtere Verhältnisse (arab. *ǧihād*) herausarbeitet.

In alledem, so schärft Esack ein, geht es im Koran nicht, wie man vordergründig vermuten könnte, um eine Zweiteilung der Welt in Muslime und Nichtmuslime, wofür die Rubrizierungen wie etwa die der *Ungläubigen* (arab. *kāfirūn*) Anlass geben könnten. Es gehe vielmehr um den Glauben (arab. *'īmān*), der als dynamische Kategorie verstanden werde und neben einer spirituellen Haltung und gewissen religiösen Praktiken vor allem auch den Einsatz für soziale und ökonomische Gerechtigkeit umfasse. Da auch der Begriff Islam ursprünglich nicht eine religiöse Gruppenzuschreibung im engeren Sinne meine, sondern eine Haltung der Unterwerfung unter den Willen Gottes, der Gerechtigkeit für alle Menschen zum Ziel habe, könne aus dem Koran eine Haltung interreligiöser Solidarität begründet werden, die den gemeinsamen Kampf gegen Unterdrückungsstrukturen in einer pluralen Gesellschaft ermögliche. Damit wird, so kann man zusammenfassend paraphrasieren, aus dem Ruf *zum* Islam für Esack ein Ruf *des* Islam, verstanden als religiös begründeter Geltungsanspruch für eine Praxis der Befreiung und der Gerechtigkeit im zivilgesellschaftlichen Diskurs.

Da'wa-Bewegungen im 20. und 21. Jahrhundert – eine Auswahl

Für das 21. Jahrhundert könnte man auf viele Aspekte der Thematik verweisen, etwa auf *daᶜwa*-Aktivitäten im Internet[197], auf *daᶜwa*-Initiativen in der europäischen oder nordamerikanischen sowie südamerikanischen Diaspora (um nur wenige Beispiele zu nennen) und manches andere.[198] Das alles kann hier nur angedeutet werden, zeigt jedoch, dass sich in den letzten Jahrzehnten muslimische Initiativen deutlich verstärkt haben. Im Folgenden werde ich mich indes auf wenige der großen Bewegungen konzentrieren, um deut-

---

197 F. Harms (2007), Cyberda'wa. Islamische Mission im Internet. Voraussetzungen, Analyse und Vergleich von daᶜwa-Sites im World Wide Web, Aachen.

198 Für Deutschland vgl. H. Wrogemann (2012), Der Aufruf zum Islam in Deutschland – eine kleine Phänomenlogie, in: Interkulturelle Theologie. Zeitschrift für Missionswissenschaft (38), 232–249.

lich zu machen, welches Gewicht und welchen Grad der lokalen Präsenz und globalen Vernetzung diese Bewegungen aufweisen. Auf die *Muslimbruderschaft* in Ägypten wurde bereits verwiesen, weitere Zweige gibt es in anderen arabischen Ländern. Der Aufruf zum Islam wird hier verstanden als Aufruf zum wahren Islam, die Muslimbruderschaft ist in vielen Bereichen der Gesellschaft tätig, etwa im medizinischen und im Bildungsbereich, in denen der Nationalstaat entweder ein Vakuum lässt oder regional fast gänzlich versagt. Im Zuge des so genannten *Arabischen Frühlings*« der Jahre 2011/2012 und seiner Nachgeschichte hat sich gezeigt, dass die Muslimbruderschaft nach wie vor eine Islamisierung der Gesellschaft erstrebt, die Menschen anderer Religionszugehörigkeit oder eines anderen Gesellschafts- und Islamverständnisses marginalisiert. Im Folgenden sei auf eine Bewegung aus dem indischen Subkontinent verweisen, auf die *Tablīghī Ǧamāᶜat*[199], die Gemeinschaft der Prediger.

Tablīghī Ǧamāᶜat – eine transnationale Daᶜwa-Bewegung

Die von *Maulanā Muhammad Ilyās* (1885–1944) begründete Bewegung *Tablīghī Ǧamāᶜat* ist eine Art Netzwerk, welches transnational aktiv ist. Vorbild ist hier nicht primär das Leben des Propheten, Vorbild sind auch nicht primär bestimmte islamische Prinzipien oder Werte, sondern es sind Elemente der Sufi-Traditionen, also mystischer Traditionen im Islam, die zu einem aktivistischen Programm verschmolzen wurden. Ziel der Gemeinschaft ist es, das religiöse Leben von Muslimen weltweit einerseits zu reinigen und andererseits zu intensivieren. Insofern eignet der Bewegung ein zunächst apolitischer Zug.

In der Konzentration auf die spirituelle Praxis ist *Ilyās* seiner Prägung durch den Sufismus verhaftet geblieben. Er selbst gehörte zum Orden der *Sābirīya*, der sich von der *Chishtīya* herleitet. Das ambivalente Verhältnis zum *Sūfismus* zeigt sich bei *Ilyās* einerseits darin, dass er *sufistische* Heiligenverehrung und volksreligiöse Elemente im Islam ablehnt, andererseits jedoch für ihn der *dhikr* und überhaupt die religiöse Erfahrung eine große Rolle spielt. Besonders greifbar wird die Nähe zum *Sufismus* in der Verwendung und Umdeutung des Terminus *chilla*: Meinte er ursprünglich die vierzigtägi-

---

[199] Th. Gugler (2010), The New Religiosity of Tablighi Jamaᶜat and Daᶜwat-e Islami and the Transformation of Islam in Europe, in: Anthropos (105), 121–136; ders. (2010a), Public Religiosity, Parrots of Paradise and the Symbols of the Super-Muslim, in: Hasan, Mushirul (Hg.), Islam in a Globalized World: Negotiating Faultlines, Gurgaon: ImprintOne, 99–122; ders. (2011), Mission Medina: Daᶜwat-e Islami und Tabligi Gamaᶜat, Würzburg.

ge Zeit der Abgeschiedenheit (arab. *arbaᶜīn chilla*), in der sich ein Mystiker von der Alltagswelt zurückzog, so wurde damit nun die vierzigtägige Zeit bezeichnet, in der ein Anhänger der *Tablīghī Ǧamāᶜat* zusammen mit anderen predigend und missionierend unterwegs sein soll.

Die *daᶜwa*-Arbeit wird damit selbst zum Mittel spiritueller Praxis und zum Medium spiritueller Erfahrung. In einem *Sechs-Punkte-Plan* der *Tablīghī ǧamaᶜat* wird dies unter Punkt sechs als das *Spenden von Zeit* (*tafrīgh-i waqt*) bezeichnet. Demnach soll ein Anhänger der Gemeinschaft Menschen zum Islam aufrufen und zu diesem Zwecke unterwegs sein. Zeitlich soll er pro Monat möglichst drei Tage, pro Jahr vierzig Tage (arab. *chilla*) und im Leben vier Monate für die Propagandaarbeit (*Tablīgh*-Arbeit) aufbringen.[200] Eine *Tabligh*-Reise kann beginnen, wenn eine Gruppe (arab. *ǧamāᶜat*) von etwa 10 Leuten zusammengekommen ist. Sie wählt einen Führer (arab. *amīr*) und begibt sich auf den »Auszug auf dem Wege Gottes« (arab. *ḫurūǧ fī sabīl Allāh*). Die auf diesen Reisen geteilten Gemeinschaftserfahrungen üben eine große Prägewirksamkeit auf die Mitglieder aus. Das ganze Unternehmen dient neben der *Tabligh*-Arbeit dem Erwerb spiritueller Erfahrung, weshalb das Verhalten auf dieser Reise bis in die kleinsten Bereiche hinein (der Sitte, dem Benimm, den Verrichtungen usw.) festgelegt ist. So wird das äußere Erscheinungsbild – der Bart der männlichen Aktivisten, das Hemd über der Hose, die wenigen Gegenstände, die mitgeführt werden (Koran, Gebetsteppich, Kochgeschirr etc.) – ebenso wie der Verhaltenskodex zu einem unterscheidenden und das heißt identitätsstiftenden Merkmal.[201]

Jede der Gemeinschaften hat einen bestimmten Zielort. Ist dieser erreicht, so wird zunächst ein Rundgang durch das Dorf veranstaltet, bei dem man von Haus zu Haus geht, aber auch öffentliche Orte wie die Café-Häuser, die Plätze und die Moscheen besucht. Dabei wird zugleich zur örtlichen Moschee oder Hauptmoschee eingeladen. Nachdem die *ǧamāᶜat* das Einverständnis des Imams der Moschee eingeholt hat, findet nach dem Gebet eine Ansprache statt, bei der ein Angehöriger der *Tablīghī Ǧamāᶜat* deren Prinzipien und Ziele erklärt. In dieser Ansprache werden die Bewohner aufgefordert, selbst sich zu Gruppen zusammenzufinden, die dann vor Ort eine *Tablīgh*-Arbeit an-

---

200 E. Faust (1998), Islam on Tour: Die indo-pakistanische Tablighi Jamaᶜat, in: Orient (39), 219–236, hier: 222f. – Der sechste Punkt wird unter anderem auch mit den Termini »Person« oder »Individuum« (*an-nafar*) oder *da'wat-i-tabligh* bezeichnet. »Als Synonyme für die koranische Formel *al-amr bil-ma'ruf wa-l-nahy 'an al-munkar* (das Gute zu gebieten und das Schlechte zu verhindern) verwendet Ilyās die Begriffe *tablīgh* oder *daᶜwa*, also Übermittlung oder Mission.« (223)

201 Faust (1998), Islam on Tour, 224f.

fangen können. Die Errichtung neuer *Tablīgh*-Gruppen ist das Ziel, wobei der Etablierung einer solchen Gruppe aus ortsansässigen Personen, wie gebildet oder ungebildet sie auch sein mögen, eine hohe Priorität zukommt. Örtliche Gruppen wirken unmittelbar als Multiplikatoren der *daᶜwa*, was zum schnellen Wachstum der Bewegung beigetragen hat. In der örtlichen Verankerung spiegelt sich die Erkenntnis des Gründers der Bewegung wider, dass die Beziehungsebene für den Aufruf zum Islam von größter Bedeutung ist. Deshalb wurden ortsansässige Personen sehr viel mehr Aufmerksamkeit geschenkt, um sie für die *Tablīgh*-Arbeit zu gewinnen, als etwa Gelehrten.

Deendar Anjuman

Es gibt jedoch auch Bewegungen, die stark an die religiösen Vorstellungen derjenigen Menschen anknüpfen, an die sie sich wenden. Eine dieser Organisationen ist die im Jahre 1924 durch *Sayyid Siddiq Hussain* (1886–1952) begründete *Deendar Anjuman*, übersetzt ungefähr *Die religiöse Vereinigung.*[202] Die 1920er Jahren waren eine Zeit der Konfrontation. Der neohinduistische *Arya Samaj* unternahm Kampagnen zur Bekehrung eher oberflächlich islamisierter Völker, etwa der Rajput-Muslime in den nördlichen Bezirken der Vereinigten Provinzen. Man wollte möglichst alle Muslime zu den Hindu-Traditionen zurückbekehren, da alle Muslime in Indien als ehemalige Hindus angesehen wurden. So sollte Indien wieder den Hindus gehören, wohingegen die Muslime als permanente Bedrohung angesehen wurden. Die Kampagne des *Arya Samaj* wurde *Shuddhi Andolan*, zu Deutsch *Die Reinigungsbewegung*, genannt. Die Muslime nannten es dagegen *Die Apostasie-Bewegung, Tehrik-i-Irtidad.* Als die Shuddhi-Bewegung sich im Jahre 1924 auf andere Teile Indiens ausdehnte, bemühten sich die Muslime darum, eigene missionarische Gruppierungen zu begründen, um so ein Gegengewicht aufzubauen. Die Gründung der *Deendar Anjuman* ist in diesem Zusammenhang zu sehen.

Die Organisation versucht, den Islam als die Erfüllung der Hindu-Religionen darzustellen. Für das Jahr 1924 stellt Sigand fest: »...Siddiq Hussain erklärte öffentlich, dass er von Gott beauftragt worden war, als Inkarnation der Hindu-Gottheit Channabasveswara alle Hindus zum Islam zu bringen. Von da an bis zu seinem Tode im Jahre 1952 war er aktiv damit beschäftigt,

---

202 Y. Sikand (2000), The Origins and Development of Deendar Anjuman (1924–2000), unter www.truthindia.com/page58.html, abgerufen am 01.06.07, 17 S., hier: 4; ders. (2003), Arya *Shuddhi* and Muslim *Tabligh*: Muslim Reactions to Arya Samaj Proselytisatiion (1923–30), in: Rowena Robinson/Sathianathan Clarke (ed.), Religious Conversion in India. Modes, Motivations, and Meanings, New Delhi: Oxford University Press, 98–118.

den Islam in Südindien auszubreiten, indem er den Islam eher als Erfüllung des Hinduismus denn als eine gänzlich separate Religion präsentierte.«[203]

Dawat-e Islami

Eine jüngere Bewegung ist die aus Pakistan stammende *Dawat-e Islami*, die gegenwärtig schätzungsweise 10 Millionen Anhänger hat. Sie wurde 1981 durch *Muhammad Ilyas Qadiri* in Karachi begründet und soll in Europa etwa 20.000 Anhänger haben. Allein in Karachi soll sie in über 250 Koranschulen etwa 40.000 Koranschüler ausbilden, sei insgesamt aber »demonstrativ« apolitisch. »Die Dawat-e Islami ist eine Konkurrenz- bzw. Gegenbewegung zur Tablīghī Ǧamāᶜat. Sie wurde (...) als transnationale, postkoloniale, spätkapitalistische, neureligiöse Missionsbewegung mit starken Verbindungen zur Barelwi-Tradition konzipiert.«[204] Beide Organisationen sind in Netzwerken aufgebaut und verfügen über eigene Zentren, also nicht Moscheen. Gegenüber der *Tablīghī Ǧamāᶜat* ist die *Dawat-e Islami* nicht in Nordafrika präsent, dagegen in Mittel- und Südamerika verbreitet. Die Dawat-e Islami geht auch bewusst auf Nichtmuslime zu, besonders in Südafrika, und zwar im Gegensatz zur Tablīghī Ǧamāᶜat.

»Islamisches Projekt der Bewegung ist die Medinareform (madani revolution) der muslimischen Herzen durch die Madani Mission (madani kam). Ihr Motto wird zu Beginn von Veranstaltungen dreimal gemeinschaftlich rezitiert: (...) Ich muss versuchen, mich selbst und die Leute der gesamten Welt zu berichtigen! [so Gott es wünscht, der Macht und Majestät verkörpert]. Für diese Mission gibt es zwei zentrale Madani phul (Medinablüten): Zur systematischen Selbstverbesserung die Medinabelohnungen (madani in 'amat), zur Verbesserung der anderen die Medinakarawanen (madani qafila).«[205]

Thomas Gugler fasst zusammen: »Das erklärte Ziel der Reformbewegung Da'wat-e Islami ist eine beim Individuum ansetzende Medinarevolution hin zur Liebe zum Propheten und eines utopischen Gesinnungsstaates von Medina, der innerhalb der transnationalen Neobruderschaft aufgebaut werden soll.«[206] Es geht um eine Islamisierung von unten nach oben. Als Symbol der Bewegung dient ein grüner Turban (arab. *ᶜimāma-sharīf*). Nach Innen wird

---

[203] Y. Sikand (2000), The Origins, 3. (eigene Übers.)

[204] Gugler (2011), Mission Medina, 14ff., hier: 21.

[205] Gugler (2011), Mission Medina, 22. Die Dawat-e Islami versteht sich in der Sufi-Tradition des Abd al Qadir Gilani (1088–1166), wobei jeder Schüler (murid) einem Meister (murshid) zugeordnet ist. Die Mitgliedschaft wird begründet durch den Treueschwur (bai'at), was auf eine feste und langfristige Bindung hinwirkt.

[206] Gugler (2011), Mission Medina, 23.

ein erheblicher Gruppendruck aufgebaut, bei dem auch Erfolgsquoten der Mission eine Rolle spielen. Die Organisation verbietet religiöse Gesänge mit Musikinstrumenten und Tänzen. Innerhalb der Barelwi-Bewegungen ist sie wohl die größte und effektivste, sie wird von Gugler als »neofundamentalistisch« oder als »sufiislamistische Bewegung« eingestuft.[207]

Gugler ordnet diese Bewegung einer globalen »Pentecostalisierung« der Religionen zu. Dies ist meines Erachtens jedoch eine religionswissenschaftlich sehr fragwürdige Rubrizierung. Besser sollte man einen solchen Begriff auslassen, denn im christlichen Herkunftskontext geht es hier dezidiert um das Wirken des Heiligen Geistes, ein theologisch-semantisches Feld, das es im Islam einfach nicht gibt. Auch Islamwissenschaftler sollten sich daher an die Regel religionswissenschaftlicher Forschung halten.

Wie dem auch sei, das von Gugler gemeinte Phänomen beschreibt er wie folgt: »Die modernitätsspezifischen Transformationsprozesse der Weltreligionen gehen in Richtung einer Pentecostalisierung, d.h. sobald Individuen Mitgliedschaften in religiösen Vereinigungen selbst wählen, wählen sie weg von Bekenntnispathos hin zu spiritueller Erfahrungskultur und verlässlicher moralischer Gemeinschaft. Für die pfingstlerischen Bewegungen charakteristisch sind: i) persönliche Erfahrung, d.i. Empfang der Heilsgewissheit; ii) Bewusstsein der Zusammengehörigkeit aller, die an einen Propheten glauben; iii) Bereitschaft zum persönlichen Engagement in Mission; iv) verpflichtende Bindung an eine Heilige Schrift. Charismatische Bewegungen rücken den individuellen und kollektiven Lobpreis (Urdu: na't) in ihr Zentrum sowie die Praxis von Segnungen der Ritualteilnehmer (Urdu: baraka, faid).«[208] Gugler spricht von new religious movements, und zwar religionsübergreifend, als einem Trend. »Die meisten postkolonialen globalen Sufi-Bewegungen sind immer weniger asketisch und werden zunehmend zu einer *Fee-for-service*-Religion.«[209]

Missionstheologische Reflexionen in interreligiöser Perspektive

Der Aufruf zum Islam sowohl an Muslime wie an Nichtmuslime ist innerhalb der islamischen Religionsformation eine Selbstverständlichkeit, dies wird jeder Mensch schnell erfahren, wenn er mit Muslimen zusammenkommt. Dabei sind neben Gemeinsamkeiten auch die Unterschiede zwischen den Religionen zu beachten. Die jeweilige Ursprungstradition spielt eine bedeutende

---

[207] Gugler (2011), Mission Medina, 25–26.
[208] Gugler (2011), Mission Medina, 27.
[209] Gugler (2011), Mission Medina, 37.

Rolle, so im Christentum das Beispiel des Jesus von Nazareth als eines »Missionars«, die Bedeutung der Jünger und Jüngerinnen, der Apostel, die Rolle der verschiedenen Sendungsworte, die verschiedenen Vorstellungen vom Reich Gottes, die Vorstellungen im Blick auf die christliche Gemeinschaft als Kirche, sei es als Gruppe der Glaubenden oder als Heilsinstitution, die Bedeutung verschiedener Erfahrungsräume, etwa der Eucharistie bei den Orthodoxen als Quelle der Mission, der Glaubensgehorsam von Evangelikalen gegenüber dem Wort der Schrift in Gestalt des »Missionsbefehls« oder die Erfahrungen der Geisteswirkungen (etwa Zungenrede, Heilungen, Geisteraustreibungen) bei Anhängern der Pfingstbewegung.

Bei Muslimen spielen die Ursprungstraditionen ebenso eine bedeutende Rolle, und zwar mit den sehr deutlichen Unterschieden. Es ist die Geschichte des Propheten Muhammad, seiner Gefährten und die politische Geschichte der islamischen Gemeinschaft bis hin zur Einnahme Mekkas, die hier wie ein Paradigma wirkt, wie ein ewig gleichbleibendes Regiebuch für die einen, als Quelle religiöser Praxis und Sitte den anderen, für wiederum andere als spirituelle Mission des Propheten. Gegenüber der christlichen Ursprungstradition kommen in der islamischen Tradition Fragen der öffentlichen Bedeutsamkeit von religiöser Praxis weit stärker in den Blick.

Es ist sicher nicht zutreffend, zu behaupten, im Islam seien Religion und Staat eins, denn dies ist eine gefährliche Simplifizierung, da es einen *Staat* (im Sinne einer hochgradig differenzierten und formalisierten Herrschaftsinstitution) oder irgendwelche fest bestehende und geregelte *Institutionen* in der islamischen Religionsgeschichte so nicht gegeben hat. Dieses Thema kann hier nicht vertieft werden. Richtig jedoch ist, dass der religiösen Praxis und in gewissem Sinne auch der religiösen Lehre (die sich in den ersten Jahrhunderten herausbildete) eine prägende Kraft für den Bereich des öffentlichen Lebens ganz selbstverständlich eingeräumt wird, denn mit der Ausbreitung eines muslimischen Herrschaftsgebietes waren Fragen des öffentlichen Lebens immer auch religiös konnotiert. Dass manche *da^{c}wa*-Theologien explizit auf einen islamischen Staat abzielen, ist ein Phänomen der Neuzeit, das die Entwicklung von Nationalstaaten als Territorial- und Verwaltungsstaaten spiegelt. Derartiges gab es vor dem 19. Jahrhundert nicht. Andere *da^{c}wa*-Theologien sind stärker an religiösen Observanzen orientiert, an der richtigen religiösen Praxis und inneren Einstellung, wieder andere fokussieren auf ein islamisches Ethos. Gemeinsam ist ihnen jedoch die Einladung zum Islam bzw. der Aufruf zum Islam als einer entschiedenen und eindeutigen, öffentlichen und dauernden Zugehörigkeit zur islamischen *umma*.

Christliche Mission und islamische *da^cwa* sind damit zwei Ausbreitungsweisen universal ausgerichteter Religionsformationen, deren Legitimität aus der Perspektive der Menschrechts-Charta der Vereinten Nationen von 1948 anzuerkennen ist. Es stellt sich damit weniger die Frage nach dem *Recht* solcher Ausbreitungsbestrebungen, sondern vielmehr die Frage nach dem *Wie* und *Wohin*. Handelt es sich bei solchen Bestrebungen um eine Gefährdung demokratisch-pluralistischer Gesellschaften? Auf der *individuellen Ebene* kommt hier die Frage von daᶜwa/Mission und Konversion in den Blick, auf der *gesamtgesellschaftlichen Ebene* die Frage nach der Art und Weise, wie Religionen das öffentliche Leben zu bestimmen trachten, auf der rechtlichen und *verfassungsrechtlichen Ebene* schließlich stellt sich die Frage, auf welche staatliche Verfasstheit einer Gesellschaft religiöse Missionen zielen.

Religiöse Missionen in pluralistischen Gesellschaften – Beitrag oder Gefahr?

Die verschiedenen *daᶜwa*-Theologien, *daᶜwa*-Strategien und *daᶜwa*-Bewegungen gehen von ganz unterschiedlichen Zielbestimmungen aus, soweit diese überhaupt explizit kenntlich gemacht werden. Dies lässt sich am besten durch das Bild konzentrischer Kreise veranschaulichen. In diesem Bild stellt ein »spirituelles« Verständnis des Islam den innersten Kreis dar. Vertreter dieser Richtung, wie etwa *Alī Abd ar-Rāziq* (1888–1965) oder neuerdings *Muḥammad Saᶜīd al-ᶜAshmāwī* (geb. 1932) gehen davon aus, dass die Mission des Propheten Muhammad eine spirituelle gewesen ist, um das innere Wesen der Menschen positiv zu beeinflussen. Die Hauptargumente lauten erstens, dass im Koran von ca. 7000 Versen nur etwa 100 Verse einen rechtlichen Inhalt aufweisen, sodass der Koran nicht als Gesetzbuch gemeint gewesen sein kann. Zweitens habe der Prophet die muslimische Gemeinschaft durch Offenbarungsempfang geleitet, was nach dessen Tod nicht mehr möglich ist. Insofern gebe es auch keine islamische Ursprungssituation, die man wiederholen könne. Der Mensch ist daher auf Glauben einerseits und den Gebrauch der Vernunft andererseits angewiesen.[210]

Eine andere Richtung vertritt die Meinung, es reiche zur islamischen Identität aus, die *religiösen Pflichten* einzuhalten. Jeder Staat, der dies garantiere, sei für Muslime grundsätzlich und auf Dauer akzeptabel. Dies wäre ein zweiter konzentrischer Kreis.

---

210 Zu Abd ar-Raziq.

Der dritte Kreis wäre die Frage nach der *religiösen Prägung des öffentlichen Lebens*. Etliche Vertreter dieser Richtung meinen, der Islam müsse auch den Bereich der Öffentlichkeit bestimmen, was etwa Fragen der Kleidung betrifft, das Miteinander der Geschlechter, den Ausschank oder das Verbot von Alkohol und allgemeine Fragen der Sitte und Moral.

Über alle drei Bereiche hinausgehend fordern wiederum andere Vertreter, dass ein islamisches Gemeinwesen nur erkennbar sei und gegeben sei, wenn *bestimmte Rechte des Schariatsrechts* implementiert werden. Die Meinungen, welche Bestimmungen das seien, gehen allerdings weit auseinander. Dies wäre der vierte konzentrische Kreis.

Von Integristen wird darüber hinaus gefordert, der *gesamte Staat*, das heißt die Leitung des Staates, die Gesetze des Staates sowie die Verwaltung des Staates nach Judikative, Legislative und Exekutive habe islamisch zu sein. Dies ist – als fünfter Kreis – die Forderung nach einem islamischen Staat. Grundlage ist hier, wie schon beim vierten Kreis, die grundsätzliche Unterscheidung des Rechtes nach Rechten für Muslime einerseits und Nichtmuslime andererseits, das heißt die grundlegende Zweiteilung der Welt und Gesellschaft nach Religionszugehörigkeit. Dass dies den Grundsätzen der Menschenrechtscharta der UNO von 1948 in eklatanter Weise widerspricht und die Menschenrechtsidee damit aushebelt, liegt auf der Hand.

Damit zurück zur Frage nach den Zielhorizonten religiöser Missionen. Im Sinne der individuellen Freiheitsrechte der UN-Menschenrechtscharta sind sowohl ein islamischer Staat in integristischer Diktion wie auch der Rückbezug auf traditionelle Regeln des Schariatsrechts etwa zum Zeugenrecht, zur Frage, welche staatlichen Ämter und Positionen Nichtmuslime innehaben können oder Regelungen des Eherechts, soweit sie religionsverschiedene Ehen betreffen, nicht vereinbar (Kreis fünf und vier). Im Blick auf die Regeln und Standards des öffentlichen Lebens wäre ein Diskussionsbedarf durchaus zu konstatieren, es fragt sich aber auch hier, wie offen die Entwürfe wirklich sind.

Am Beispiel von *Shafiq* und *Esack* erläutert: In beiden Entwürfe sind deutlich Schnittflächen interreligiösen Engagements zu erkennen. Während Shafiq vom Gedanken der gemeinmenschlichen Rationalität her argumentiert, sieht Esack die Bedeutung der koranischen Botschaft als ein Ethos, der Motivationen eines konstruktiven Miteinanders im multikulturellen und multireligiösen Kontext nicht nur ermöglicht, sondern geradezu fordert. Dabei liegt das Ziel für Esack in einer Praxis, in der es *keine religiös begründeten Privilegierungen für einzelne Religionsgemeinschaften geben kann*, da es um die Überwindung jeglicher Form chauvinistischer Praxis geht. Die Marginalisierten als hermeneutischer Ort koranischer Schriftauslegung machen das interkulturelle und interreligiöse Engagement erforderlich ohne Ansehen der Person. Gegenüber diesem offenen Ansatz fallen die Äußerungen Shafiqs zurück, da dieser mit seiner Forderung der Islamisierung des Bildungssystems und des Wissens den Islam nicht als ein Ethos, sondern als eine verfasste Größe ins Spiel bringt.

Man mag die Frage stellen, wie weit der Einfluss von Ansätzen reicht, die im Sinne Esacks argumentieren und islamische Wertoptionen als Beitrag zu einem pluralen Diskurs ins Spiel bringen, ohne diesen Beitrag von vornherein zu verabsolutieren. Bisher mag der Einfluss in vielen mehrheitlich muslimischen Gesellschaften noch sehr gering sein. Wichtig ist jedoch, dass es mittlerweile überhaupt eine Reihe solcher Denkansätze gibt.[211] Es wird abzuwarten sein, ob sich daraus theologische Schulrichtungen[212] bilden werden, die vermittels ihrer Absolventen gesellschaftliche Gestaltungskraft entfalten werden.

---

211 Vgl. bes. G. Hendrich (2004), Islam und Aufklärung. Der Modernediskurs in der arabischen Philosophie, Darmstadt, sowie u. a. G. Krämer (1999), Gottes Staat als Republik. Reflexionen zeitgenössischer Muslime zu Islam, Menschenrechten und Demokratie, Baden-Baden.

212 Als ein ermutigendes Beispiel vgl. die Ansätze von Theologen, die sich selbst als die »Theologische Schule von Ankara« bezeichnen. Dazu: F. Körner (2005), Revisionist Koran Hermeneutics in Contemporary Turkish University Theology. Rethinking Islam, Würzburg.

Konversionen?

Bekehrungen zu Christentum oder Islam in Mitteleuropa

Unter dem Begriff »Konversion« soll im Folgenden zunächst ganz allgemein der Wechsel der Religion oder Weltanschauung verstanden werden. Ich konzentriere mich dabei auf den Wechsel von Anhängern bzw. Anhängerinnen der Religionstradition »Islam«, die zum Christentum konvertieren und umgekehrt Menschen aus der christlichen Religionstradition, die zum Islam konvertieren. Auch dies kann wiederum mit dem Begriff »Religionstradition« nur ganz allgemein ausgedrückt werden, da es ganz unterschiedliche Intensitätsgrade der »Beheimatung« dieser Personen in ihren jeweiligen religiösen Herkunftstraditionen gibt. Religionssoziologisch kann man fragen, welche Merkmale diejenigen Personen kennzeichnen, die einen Religionswechsel vollziehen oder welche Rahmenbedingungen einen solchen Wechsel unterstützen. Man kann jedoch auch nach der Funktion fragen, welche dieser Religionswechsel für die jeweilige Person hat oder aber untersuchen, worin der Wandel eigentlich genau besteht.[213] Dieses Themenfeld ist bisher für den deutschsprachigen Raum noch wenig erforscht.[214] Aufgabe kann es hier daher lediglich sein, einige Problemstellungen aufzuzeigen, Schlaglichter zu werfen und persönliche Einschätzungen mitzuteilen.

Spekulationen über Konversionen von Deutschen zum Islam machen immer wieder Schlagzeilen.[215] Doch wie wurden diese Zahlen ermittelt? Der

---

213 Vgl. u. a. M. Wohlrab-Sahr/V. Krech/H. Knoblauch (1998), »Religiöse Bekehrung in soziologischer Perspektive. Themen und Fragestellungen der gegenwärtigen religionssoziologischen Konversionsforschung«, in: dies. (Hg.), Religiöse Konversion. Systematische und fallorientierte Studien in soziologischer Perspektive, Konstanz, 13ff.

214 Vgl. M. Wohlrab-Sahr (1998), Konversion zum Islam in Deutschland und den USA – eine funktionale Perspektive, in: dies.; H. Knoblauch/V. Krech (Hg.), Religiöse Konversion, o. a., 125–146.

215 Zahlenangaben gehen mit einer gewissen Regelmäßigkeit durch die Medien, vgl. etwa: »Drastische Anzahl von Deutschen, die in den Islam konvertieren«, in: Frankfurter Allgemeine Zeitung, 22.08.2004, Nr. 34, S. 47; »Die KonvertitInnen sind im Kommen«, in: EMMA, September/Oktober 2006; »Der Konvertit, das unbekannte Wesen. Die Debatte um

Versuch jedenfalls, wirklich verlässliches Datenmaterial zu den Konversionsbewegungen zwischen Christentum und Islam zu erheben, bringt eine Reihe von Schwierigkeiten mit sich. Bevor diese Schwierigkeiten skizziert werden, mag ein Blick auf soziologisch und psychologisch beschreibbare Merkmale von »Konversion« – im Anschluss an die Darstellung von D. Pollack u. a. – hilfreich sein. Im Prozess der Konversion kommt es erstens zu einem *radikalen Wandel der Ich-Identität* einer Person.[216] Die »neue Identität« wird gewonnen in Abgrenzung zur »alten Identität«, zu der die Person – quasi als Negativfolie – auf Distanz geht. Bei dem Phänomen »Konversion« handelt es sich demnach zweitens um einen *Bruch mit der eigenen Vergangenheit*. Die bisherige Lebensgeschichte kommt abrupt zu einem Ende; sie erfährt eine Umkehrung. Nicht die alte Lebensgeschichte stellt den Deutungsrahmen für das Neue dar, sondern das Neue bildet die neue Perspektive auf das »alte Leben«, das der oder die Bekehrte hinter sich gelassen hat.[217] Dieser Bruch kann sich – drittens – entweder *plötzlich ereignen oder sich in einem längeren Prozess* vollziehen, je nach Persönlichkeitsstruktur und/oder abhängig von der Art der jeweiligen religiös-weltanschaulichen Bezugsgruppe. Der Prozess der Konversion ist – viertens – oft durch das *Gefühl eines Überwältigt-Werdens* gekennzeichnet, wenigstens phasenweise. Dies resultiert zum einen aus einer der Konversion vorausgegangenen »inneren Spannung«, einem Ungenügen, einer Sehnsucht, vielleicht einem »Selbsthass« oder einer

---

Übertritte zum Islam stützt sich auf kaum nachprüfbare Zahlen – Experten halten Ängste für überzogen«, von Tanja Buntrock und Andrea Dernbach, Tagesspiegel, 07.09.2007.

216 In diesem Beitrag beschränke ich mich auf das Phänomen von Konversion im Sinne eines radikalen Wandels der Ich-Identität. Davon sind m. E. »konversive Prozesse« zu unterscheiden, womit allmähliche Veränderungen der Identität in Richtung auf religiös-weltanschauliche Neuakzentuierungen gemeint sind. Da sich Identitäten individuell wie kollektiv in einem stetigen Wandlungsprozess befinden, wäre hier zu fragen, wie sich Einstellungen und Selbstwahrnehmungen ebenso generationenspezifisch wie milieuspezifisch verändern und was dies für die Konversionsthematik bedeutet. Vgl. dazu für muslimische Jugendliche etwa Y. Karaşoğlu; U. Boss-Nünning (2005), Viele Welten leben. Zur Lebenssituation von Mädchen und jungen Frauen mit Migrationshintergrund, Münster; N. Kelek (2002), Islam im Alltag. Islamische Religiosität und ihre Bedeutung in der Lebenswelt von Schülerinnen und Schülern türkischer Herkunft, Münster; N. Tietze (2001), Islamische Identitäten. Formen muslimischer Religiosität junger Männer in Deutschland und Frankreich, Hamburg; H.-J. von Wensierski; C. Lübcke (2007), Junge Muslime in Deutschland. Lebenslagen, Aufwachsprozesse und Jugendkulturen, Opladen/Farmington Hills.

217 Pollack u. a. (1998), Kircheneintritt und Konversion, in: Wohlrab-Sahr u. a. (Hg.), Religiöse Konversion, o. a. 96ff.

Melancholie dessen, der sich bekehrt. Zum anderen ist es bedingt durch das gleichzeitige Vorhandensein einer alternativen Option (durch neue Kontakte etwa) zur Lösung des Problems. Innere Spannung und äußere Option müssen gegeben sein, damit es zu einer Bekehrung kommen kann. Der Konversionsvorgang kann damit – fünftens – *als Prozess verstanden werden, in dem es zu einer Bearbeitung dieser Spannung* kommt. Schließlich gilt sechstens: Charakteristisch ist, dass die *neu gewonnene aber noch schwache Identität des Bekehrten geschützt werden muss.* Dies geschieht meist so, dass alternative (und das heißt eben konkurrierende) Optionen der Sinnfindung oder Lebensgestaltung ausgeblendet werden. Zur Problemlösung werden solche Alternativen weder herangezogen noch zugelassen. Die Position, zu der die Person konvertiert ist, wird als einzige Option wahrgenommen und »verteidigt«, was oft zu Abgrenzungserscheinungen führt. In dieser Situation kann auch über funktionale Äquivalente für die neue Position nicht reflektiert werden, weil dazu die neu gefundene Identität einfach noch zu schwach ist.

Entscheidend an diesem definitorischen Versuch ist, dass Konversion als radikaler Bruch verstanden wird: Bruch mit der eigenen Vergangenheit, Bruch oft auch mit den alten sozialen Bezugsgruppen (Familie, Freunde, Bekannte, Kollegen, Clique usw.), und dies um einer neuen Identität willen. Die genannte Definition von Pollack hat den unbestreitbaren Vorteil, dass man das Phänomen Konversion nach beobachtbaren Parametern recht scharf eingrenzen kann. Genau dies aber ist im christlich-islamischen Bereich mit einigen Schwierigkeiten behaftet, so dass eine quantitativ-statistische Erfassung von Konversionen kaum präzise ausfallen kann.

Fünf Aspekte seien hier herausgegriffen. Erstens gibt es für die islamische Seite keine verbindlichen Eintragungen der Anhänger, wie sie etwa die steuerlich relevante Kirchenmitgliedschaft für die evangelischen Landeskirchen und die römisch-katholische Kirche in Deutschland darstellt. Solche verbindlichen Daten erheben aber auch andere Kirchen nicht, etwa Gemeinden mit Migrationshintergrund. Worauf also kann dann eine Statistik beruhen? Das Zahlenmaterial des umstrittenen Islam-Archivs in Soest jedenfalls wirft viele Fragen auf. Ein zweites Problem stellt die Frage dar, ab wann man jemanden als Konvertiten bezeichnen kann. Ist es das persönliche Bekenntnis, welches zur Grundlage gemacht wird, oder aber ist es der sozial feststellbare Bruch? So gibt es eine ganze Anzahl von Menschen, die »öffentlich« – hier verstanden als die Wahrnehmung ihrer Familien und ihres weiteren sozialen Umfeldes betreffend – nach wie vor Muslime sind, innerlich jedoch sich zum christlichen Glauben bekehrt haben und heimlich christliche Gebetsgemeinschaften, Gemeinden und Gottesdienste aufsuchen. Diese Menschen außer

Betracht zu lassen, würde das Bild ebenso verfälschen, wie Mutmaßungen über die vermeintliche Anzahl solcher Bekehrungen anzustellen.

Drittens ist das rein statistische Material mit Vorsicht zu behandeln. So sagt die Anzahl der in Deutschland lebenden Menschen mit türkischem Migrationshintergrund nicht eo ipso aus, dass es sich dabei samt und sonders um Muslime handelt. Schätzungen zufolge könnten etwa 25 % zur Richtung der (von der sunnitischen Mehrheit als heterodox angesehenen) Aleviten gehören, und wie viele Menschen sich als religiös nicht gebunden fühlen, ist ebenso schwer zu sagen. Viertens muss darauf hingewiesen werden, dass die Selbsteinschätzungen von religiösen Gruppierungen und Bewegungen in vielen Fällen ein unrealistisches Bild zeichnen. Nicht selten wird die Anzahl der eigenen Anhänger doppelt, dreifach, manchmal sogar zehnfach höher geschätzt, als sie tatsächlich ist. So wird das Datenmaterial selbst unter der Hand zum Argument für die Wahrheit der eigenen Lehre, da die darin zu belegen gesuchte Tendenz der Bekehrungen als Indiz für den Erfolg der eigenen Religionstradition verstanden wird, einen Erfolg, den man der Letztgültigkeit der eigenen Lehre und Praxis zuschreibt. Umgekehrt aber kann eine Selbsteinschätzung aus taktischen Gründen auch besonders niedrig ausfallen, um eine mögliche Irritierung der Öffentlichkeit und entsprechende negative Reaktionen zu vermeiden. Dass fünftens der Verweis auf Muslime mit deutscher Staatsangehörigkeit nicht weiterhilft, da es sich hier überwiegend um Einbürgerung von Muslimen aus anderen Herkunftsstaaten handelt, mag unmittelbar einleuchten. Im Folgenden soll trotz dieser Schwierigkeiten eine vorsichtige Einschätzung versucht werden.

Eine vorsichtige Schätzung

Für den bundesdeutschen Bereich schwanken die Zahlenangaben für gebürtige Deutsche, die zum Islam konvertiert sind, zwischen 13.000–60.000. Dabei wird für die überwiegende Zahl dieser Personen davon ausgegangen, dass es sich um den Übertritt zum Islam anlässlich einer Eheschließung handelt, insbesondere bei deutschen Frauen.[218] Im Blick auf die Häufigkeit deutsch-türkischer Eheschließungen kann man – bei aller Vorsicht – von einer Mindestzahl von 15.000 Konvertiten ausgehen. Die Obergrenze bestimmen zu wollen, ist dagegen m. E. reine Spekulation. Die Zahl derjenigen in Deutschland lebenden Muslimen zu erheben, die vom Islam zum Christentum

---

[218] Wohlrab-Sahr schätzt, dass etwa zwei Drittel der deutschstämmigen Konvertiten Frauen sind, die anlässlich einer Eheschließung mit türkischen Männern konvertierten (was natürlich keine automatischen Rückschlüsse auf die persönlichen Motive zulässt).

übergetreten sind, wirft vielleicht noch größere Schwierigkeiten auf. Neben den oben bereits genannten Aspekten ist zu bedenken, dass eine ganze Reihe von Menschen, die sich in Deutschland zum christlichen Glauben bekehrt haben, später in andere Länder weitergezogen sind und heute etwa in den USA oder Australien leben. Zudem ergeben sich für verschiedene Herkunftsländer ganz unterschiedliche Befunde. Dies sei an zwei Beispielen erläutert. Wenn man sich an der Ausländerstatistik des Statistischen Bundesamtes für 2008 orientiert, dann weist diese etwa 1,7 Millionen Menschen türkischer Staatsbürgerschaft für Deutschland aus (die eingebürgerten Menschen dieses Herkunftslandes sind darin nicht mehr enthalten). Aus der Gruppe türkischer Muslime hat es in den letzten 30 Jahren nach Schätzungen nur wenige Hundert gegeben, die Christen geworden sind und noch in Deutschland leben. Anders dagegen sehen die Proportionen für aus dem Iran stammende Muslime aus. Bei derzeit etwa 54.000 Iranern in Deutschland liegt die Zahl derer, die in den letzten 30 Jahren Christen geworden sind, schätzungsweise bei 4000 Personen. Diese Daten sind allerdings nicht leicht zu belegen, da sie sich auf Angaben von Personen stützen, die an Taufen von den genannten Konvertiten beteiligt waren. Diese Daten werden aufgrund der Ängste vieler Konvertiten vor Anfeindungen und Übergriffen (dazu siehe unten) begreiflicherweise nicht öffentlich gemacht.[219]

Diese wenigen Hinweise mögen genügen, um die Schwierigkeiten der Erfassung und Deutung von Zahlenmaterial zu veranschaulichen. Die Gefahr, dass statistisches Material zu Propagandazwecken missbraucht wird, ist ganz real. So sind im Internet beispielsweise unter *YouTube* und auf verschiedenen Homepages in arabischer und englischer Sprache vollkommen unrealistisch hohe Zahlenangaben über Muslime in Afrika, die sich zum Christentum bekehrt haben sollen, zu finden. Diese Zahlen sollen ganz offensichtlich bezwecken, dass der öffentliche Druck auf christliche Minderheiten in mehrheitlich islamischen Ländern noch erhöht wird.[220]

---

219 Aus religionssoziologischer Perspektive wäre zu klären, welche Rolle die gesellschaftlich-kulturellen Rahmenbedingungen (etwa die Tatsache, dass viele der Iraner als Flüchtling nach der Islamischen Revolution [1979] nach Deutschland gekommen sind) für die Konversionen gespielt haben mögen, ob sich die Personen spezifischen sozialen Gruppen zuordnen lassen usw.

220 Vgl. die Angaben von Scheich Katani auf al-Jazeera, dass sich in Afrika jedes Jahr 6 Millionen Muslime zum Christentum bekehren, vgl. www.youtube.com/watch ?v= xdVnILalpeo&translated=1, 12.08.09.

Wie kommt es zu Konversionen? – Formen der Einladung zum Glauben

Im Blick auf die missionarische Arbeit, die dazu führen soll, Christen für den Islam zu gewinnen oder umgekehrt Muslime/Muslimas für den christlichen Glauben, gibt es manche Ähnlichkeiten. So finden sich Informationstische verschiedener Gruppierungen beider Seiten mit Schriftenmaterial, Einladungen zu religiösen Treffen und anderem. Intensiviert wurde und wird zudem die Einladung zum Glauben im Internet, auf Homepages, in Chatrooms usw. Bedeutsam sind darüber hinaus die persönlichen Freundschaftsbeziehungen, aus denen heraus sich vielfach Konversionen ergeben. Es sind dies weitgehend unspektakuläre, aber dennoch sehr wirkungsvolle Formen des missionarischen Lebenszeugnisses. Weitere Aktionsformen richten sich jeweils nach der religiösen Gruppierung. Für die Einladungspraxis von Muslimen lässt sich eine ganze Bandbreite verschiedener Formen und Begründungen nachweisen.[221] Als herausstechende Beispiele missionarischen Wirkens in Deutschland auf muslimischer Seite kann man neben dem »100 Moscheen Programm« der unter Sunniten als heterodox eingestuften Ahmadiyya-Bewegung auf die Bildungsanstrengungen des Bildungsnetzwerkes um Fethullah Gülen verweisen.[222] Ausrichtung und Arbeitsformen sind sehr verschieden, Übereinstimmung jedoch herrscht darin, eine Einladung zum islamischen Glauben mit dem Ziel des Religionswechsels des Adressaten auszurichten. Auf christlicher Seite gibt es meines Wissens verhältnismäßig wenige Initiativen zum in diesem Sinne missionarischen Zeugnis unter Muslimen. Am bedeutendsten ist sicherlich das persönliche Kontaktgeschehen zwischen Menschen, die zum christlichen Glauben konvertiert sind und dem sozialen und religiösen Umfeld, aus dem sie stammen. Diese Prozesse sind bisher noch kaum empirisch untersucht, finden auf der Ebene persönlicher Begegnungen statt und haben nach meinen Beobachtungen kaum etwas mit einer missionarischen »Programmatik« zu tun.

---

[221] H. Wrogemann (2006), Missionarischer Islam und gesellschaftlicher Dialog. Der Aufruf zum Islam im internationalen sunnitischen Diskurs, Frankfurt/M.

[222] Dabei handelt sich natürlich um sehr unterschiedliche Ansätze. Zur Frage der »Einladung zum Islam« (daʿwa) vgl. B. Agai (2008), Zwischen Netzwerk und Diskurs. Das Bildungsnetzwerk um Fethullah Gülen (geb. 1938), Die flexible Umsetzung modernen islamischen Gedankenguts, Hamburg-Schenefeld, bes. 235ff.; u. ö.

Zur Verschiedenheit der Konversionsmuster

Monika Wohlrab-Sahr hat die These aufgestellt, dass die Erfahrung »sozialer Entwertung« und die »Implementation von Ehre« für Menschen in Deutschland (besonders für Frauen) ebenso wie in den USA (besonders unter Menschen afro-amerikanischer Herkunft) – trotz sehr unterschiedlicher Referenzrahmen – für die Konversion zum Islam eine große Rolle spielen. Dieser Aspekt lässt sich sicherlich verifizieren, es wären indes weitere Forschungen wünschenswert, um Einblicke zu Konversionen in verschiedenen Altersgruppen zu bekommen, verschiedenen Generationen von Immigranten, verschiedenen nationalen, kulturellen und sozialen Herkunftskontexten. Dass oftmals biographische Krisen den Anlass für Konversionen darstellen, mag unmittelbar einleuchten. Zu untersuchen wären dabei auch die Formen der Bekehrungsverläufe, wie sie im *Selbstverständnis* der Betroffenen nachzuweisen sind. Oft wird z. B. von Seiten ehemaliger iranischer Muslime eine Konversion in der Selbstbeschreibung in Zusammenhang gebracht mit bestimmten Träumen, ungewöhnlichen Begegnungen oder Erfahrungen, mit Visionen, Erscheinungen etc. Diese Deutungsmuster in ihrer religiös-kulturellen Bedingtheit aufzuschlüsseln, wäre eine hilfreiche weitere Forschungsperspektive.[223]

Reaktionen aus dem sozialen Umfeld der Konvertiten

Konvertiten werden auf beiden Seiten in ganz unterschiedlichem Maße mit negativen Reaktionen aus ihrem Herkunftsmilieu konfrontiert. In Gesprächen lässt sich dabei oft (aber bei Weitem nicht immer) ein Verlauf von anfänglicher Ablehnung, Trennungsphase und vorsichtiger Wiederannäherung feststellen. Für Muslime bzw. Muslimas, die zum Christentum konvertiert sind, bedeutet dies mitunter jedoch auch reale Gefährdungen. Nach Aussagen etlicher Konvertiten in Deutschland kommt es häufig zu verbalen Auseinandersetzungen, zur Androhung von Prügel, mitunter zu Gewalttätigkeiten, zu Entführungen und ähnlichem. Viele Konvertiten müssen entweder fliehen oder aber ihren neuen Glauben verheimlichen.[224] Zu negativen Reaktionen aus dem sozialen Umfeld kommt es gelegentlich auch bei Menschen, die von

---

223 Ich beziehe mich hier auf eigene Gesprächserfahrungen sowie auf wertvolle Hinweise von Herrn W. Kahla.

224 Natürlich ist dies nicht immer der Fall. So gibt es auch ehemalige Muslime bzw. Muslimas, die von ihren Familien nach einem Religionswechsel nicht negativ behelligt werden. Dennoch gibt es nachweislich sehr viele Fälle, in denen die Dinge anders liegen. Für den deutschen Bereich ist hier ein weites Feld empirischer Forschung m. W. noch gänzlich unbeackert.

einem nichtmuslimischen Hintergrund aus Muslime werden. Diese Feststellung darf jedoch nicht darüber hinwegtäuschen, dass der eben auch rechtliche Referenzrahmen in vielen mehrheitlich muslimischen Ländern – sei es im staatlichen Recht, sei es im Recht nichtstaatlicher Schariatsgerichte, sei es im Gewohnheitsrecht – zu weitaus größeren Problemen für Konvertiten aus dem Islam herausführt. Zu welcher anderen Religion diese Menschen konvertieren, spielt dabei keine nennenswerte Rolle. Diese Beobachtungen leiten zu der Frage über, wie religiöse Konversionen von Christen wie von Muslimen theologisch und rechtlich gedeutet werden.

Theologisch-rechtliche Auseinandersetzungen um die Konversionsthematik

Im Folgenden werde ich mich auf die rechtlichen Aspekte konzentrieren, wie sie von muslimischer Seite für die Konversion aus dem Islam heraus eine Rolle spielen. Solche rechtlichen Aspekte gibt es für Christen, die Muslime werden, in dieser Weise und Intensität nicht. Dass das hier als maßgeblich im Hintergrund stehende Recht auf Religionsfreiheit in der Diktion der Menschenrechtserklärung der Vereinten Nationen von 1948 geschichtlich betrachtet gegen den Widerstand vieler christlicher Kirchen erstritten wurde, sei hier ausdrücklich angemerkt, um deutlich zu machen, dass es um eine rechtlich-ethische Zielrichtung geht, die einzuholen eine bleibende Aufgabe für *alle* religiös-weltanschaulichen Traditionen darstellt. Der Abfall vom Glauben (arab. *ridda*) wird in vielen mehrheitlich muslimischen Ländern mit Strafen belegt, die bis zur Todesstrafe reichen können. Selbst in Staaten, in denen die Todesstrafe für dieses Vergehen nicht (mehr) erlaubt ist, kommen Tötungsdelikte dieser Art, etwa als Selbstjustiz durch Verwandte, durchaus vor.[225] Diese Hintergründe können auch für Beobachtungen im deutschsprachigen Raum nicht ausgeblendet werden. Islamische Rechtsgelehrte berufen sich beim Thema Abfall vom Islam besonders (aber nicht ausschließlich) auf

---

[225] A. Th. Khoury (2000), »Abfall vom Glauben im Koran und im Rechtssystem«, in: ders.; P. Heine/J. Oebbecke, Handbuch Recht und Kultur des Islams in der deutschen Gesellschaft. Probleme im Alltag – Hintergründe – Antworten, Gütersloh, 237–241; ders. (1986), So sprach der Prophet. Worte aus der islamischen Überlieferung, ausgewählt und übersetzt von Adel Theodor Khoury, Gütersloh, darin: »XVI. Gesetzliche Strafen. Abfall von Glauben«, 294–295. Siehe auch: Y. al-Qaradawi (2001), The Lawful and the Prohibited in Islam, Kuala Lumpur (Erstausgabe 1960), 326f.; G. Krämer (2006), Drawing Boundaries: Yusuf al-Qaradawi on Apostasy, in: dies.; S. Schmidtke (ed.), Religious Authorities in Muslim Societies, Leiden.

Sure 4, 88–89, wo dieses Vergehen mit der Todesstrafe belegt wird.[226] Neben diesem Vers (und anderen Passagen des Koran) wird als Argumentationsgrundlage auch auf Hadith-Traditionen verwiesen.[227] So soll der Prophet Muhammad nach einem von Al-Buchari mitgeteilten Hadith kurz und bündig verkündet haben: »Wer seine Religion wechselt, den tötet.«

Derzeit werden in etlichen mehrheitlich muslimischen Ländern Diskussionen um die Frage geführt, ob diese Traditionen noch zeitgemäß sind oder wie eine der Gegenwart angemessene Form des Umgangs mit der Konversionsthematik aussehen könnte.[228] So hat der frühere Großmufti von Ägypten, Scheich Dr. Ali Goma^{c}a, vorgeschlagen, eine Konversion aus dem Islam heraus könne dann noch geduldet werden, wenn der Konvertit dies für sich behalte und nicht öffentlich mache. Was dann jedoch der Fortschritt gegenüber einer generellen Geheimhaltung sein soll, ist schwer einzusehen, denn faktisch kann der Konvertit seinen neuen Glauben unter der Maßgabe, ihn nicht öffentlich zu machen, gar nicht leben. Eine öffentliche Anerkennung der Konversion aus dem Islam heraus wäre damit nicht gegeben. Wie brisant das Thema ist (nicht nur in Ägypten), zeigt der Fall des zum koptischen Christentum übergetretenen Konvertiten Mohammed Ahmed Hegazy, für den im Jahre 2007 auch als moderat geltende öffentliche Personen wie der Minister für Religiöse Angelegenheiten, Mahmoud Zakzouk, die Todesstrafe forderten.[229]

---

226 »Wieso seid ihr im Hinblick auf die Heuchler zwei Gruppen, wo Gott sie (in den alten Zustand) zurückversetzt hat wegen dessen, was sie erworben haben? Wollt ihr den rechtleiten, den Gott irregeführt hat? Wen Gott irregeführt hat, für den wirst du keinen Weg finden. Sie möchten gern, ihr würdet ungläubig, wie sie ungläubig sind, so dass ihr (ihnen) gleich würdet. So nehmt euch niemanden von ihnen zum Freund, bis sie auf dem Weg Gottes auswandern. Wenn sie sich abkehren, dann greift sie und tötet sie, wo immer ihr sie findet.«. S. 4, 88–89, Übersetzung nach A. Khoury.

227 A. Th. Khoury (2000), »Abfall vom Glauben im Koran und im Rechtssystem«, o. a. 237.

228 Reformerisch orientierte Entwürfe widmen dieser Thematik durchgehend breiten Raum. Vgl. dazu die Arbeiten von Muhammad Shakhrur (siehe dazu Th. Amberg [2008], Auf dem Weg zu neuen Prinzipien islamischer Ethik. Muhammad Shahrour und die Suche nach religiöser Erneuerung in Syrien, Diss. Heidelberg 2008), Abdullahi an-Naim (A. an-Naim [1996], Toward an Islamic Reformation: Civil Liberties, Human Rights, and International Law: Syracuse University Press; ders. [2008] Islam and the Secular State: Negotiating the Future of Shari'a, Cambridge [MA]/London: Harvard University Press), Abdolkarim Sorush und anderen. In welchem Maße diese Ansätze in Zukunft in mehrheitlich muslimischen Ländern rezipiert werden, bleibt abzuwarten.

229 Vgl. www.news4press.com/1/MeldungDetail.asp?Mitteilungs_ ID= 277590, abgerufen am 16.08.09. – Auch von Großmufti Scheich Tantawi war eine Deutung vertreten worden, nach der die Strafe für den Abfall vom Islam im Jenseits erfolge, nicht jedoch im Diesseits herbeizuführen sei.

Für den deutschen Bereich hat der *Zentralrat der Muslime in Deutschland* (ZMD) im Jahr 2002 eine so genannte »*Islamische Charta*« vorgelegt.[230] Dort wird auf das Verhältnis von Muslimen zur deutschen Gesellschaft auf der Basis des Grundgesetzes Stellung bezogen. Unter Punkt 11 heißt es: »Muslime bejahen die vom Grundgesetz garantierte gewaltenteilige, rechtsstaatliche und demokratische Grundordnung«. Es wird weiter festgestellt: »Ob deutsche Staatsbürger oder nicht, bejahen die im Zentralrat vertretenen Muslime [...] die vom Grundgesetz garantierte [...] demokratische Grundordnung der Bundesrepublik Deutschland, einschließlich [...] der Religionsfreiheit. Daher akzeptieren sie das Recht, die Religion zu wechseln, eine andere oder gar keine Religion zu haben. Der Koran untersagt jede Gewaltausübung und jeden Zwang in Angelegenheiten des Glaubens.«[231]

Diese Aussage lässt aufhorchen, scheint es doch möglich, dass hier tatsächlich aus muslimischer Sicht das positive wie negative Recht auf Religionsfreiheit entsprechend der Menschenrechtserklärung der Vereinten Nationen von 1948 anerkannt wird. Dies wäre ein großer Fortschritt und müsste bedeuten, dass diese Muslime sich aktiv gegen Drangsalierungen und Diffamierungen von Menschen einsetzen, die von muslimischem Hintergrund aus sich dafür entscheiden, zu einer anderen Religion oder Weltanschauung zu konvertieren. Dies wäre ebenso begrüßenswert wie das Engagement von Menschen allgemein, anderen in ihrem Recht zur freien Religionswahl Respekt zu zollen. Kritisch mag man im Blick auf den Passus in der Islamischen Charta jedoch anmerken, dass die Loyalität zum Grundgesetz in der Islamischen Charta anscheinend nicht vom Rechtsdenken des Grundgesetzes her begründet wird, sondern in dem vorausgehenden Abschnitt 10 unter Hinweis darauf erfolgt, dass das *islamische Recht* diese Loyalität zu den Gesetzen des Residenzlandes gebiete. In Abschnitt 10 heißt es begründend: »Das islamische Recht verpflichtet Muslime in der Diaspora, sich grundsätzlich an die lokale Rechtsordnung zu halten.«[232] Das im Text anschließende »daher« in Abschnitt 11 ist m. E. darauf zu beziehen. Das bedeutet: Weil das Schariatsrecht es gebietet, wird das gegenwärtige Recht eines nicht-islamischen Landes, hier also das Grundgesetz, auch dann respektiert, wenn es in etlichen Aspekten nicht dem klassischen

230 Dass dieser Zentralrat indes nur einen kleinen Teil der in Deutschland lebenden Muslime vertritt, sei hier wenigstens angemerkt. Ohnehin sind weniger als 30 % der Muslime in Deutschland in Verbänden oder ähnlichem organisiert.

231 Zit. nach der Textausgabe der »Islamischen Charta« in: U. Dehn (Hg.) (2005), Islam in Deutschland – quo vadis? (EZW-Texte 180), Berlin, 112–114, 113.

232 Islamische Charta, zit. nach U. Dehn (Hg.) (2005), Der Islam in Deutschland, o. a. 113.

islamischen Recht entspricht. Das Recht auf Religionsfreiheit wird daher nicht aufgrund eines Rechtsdenkens akzeptiert, welches davon ausgeht, dass die in einem Staate versammelten Staatsbürger ungeachtet ihrer Religion, Hautfarbe, ihres Geschlechtes, Besitzstandes usw. grundsätzlich gleiche Rechte haben, sondern es wird mittelbar akzeptiert. Der Hinweis auf das islamische Recht aber ist so lange problematisch, wie nicht genau ausgeführt wird, was damit genau gemeint ist. So können unter dem Begriff »Scharia« ganz unterschiedliche Verständnisse gefasst werden.[233] Ein Grundzug des klassischen islamischen Rechtsdenkens jedoch ist es, kategorial zwischen Muslimen und Nichtmuslimen und auch zwischen Männern und Frauen zu unterscheiden und für diese damit im Blick auf verschiedene Lebensbereiche einen *unterschiedlichen Rechtsstatus* abzuleiten. Dieser Grundzug aber ist mit jedem Rechtsdenken, das auf die Menschenrechtscharta der UNO von 1948 aufbaut, unvereinbar.

Eindeutig wird damit das Bekenntnis zur negativen wie positiven Religionsfreiheit erst, wenn genau ausgeführt wird, was Muslime unter »Scharia« verstehen und genau definiert wird, was dies für die einzelnen Rechtsbereiche im Blick auf die mögliche Übereinstimmung zu Rechtstraditionen wie dem Grundgesetz genau bedeutet. Andernfalls kann der Verdacht aufkommen, es handele sich nur um eine Loyalität auf Zeit, bis es den Akteuren – wie auch immer – möglich sein wird, einzelne Rechtsbereiche entsprechend der oben genannten Zweiteilung zu verändern. Noch einmal: Der Vorstoß der Islamischen Charta ist zwar begrüßenswert, er lässt jedoch weiterhin entscheidende Fragen offen. Zu bedenken bleibt indes: Bei der Charta handelt sich um das Statement einer Vereinigung, die für sich nur die Repräsentanz einer sehr kleinen Gruppe von Muslimen in Deutschland für sich beanspruchen kann. Die nicht organisierte Mehrheit der Muslime wird vermutlich in politischen Fragen die in Deutschland gewährten Rechte und Freiheiten, wie sie im Grundgesetz definiert sind, sehr zu schätzen wissen. In dieser Situation ist viel Raum für die Weiterentwicklung politischen Denkens jenseits religiöser Vereinnahmung. Wo jedoch politisches Denken religiös sanktioniert wird, muss es sich den o.g. Fragen stellen.

Die Kontroverse zum Verhältnis von Einladung zum Glauben und Dialog

Im November 2006 erschien die vom Rat der Evangelischen Kirche in Deutschland (EKD) herausgegebene Handreichung »Klarheit und gute Nachbarschaft. Christen und Muslime in Deutschland«. Diese Handreichung ist umstritten

---

[233] Vgl. R. Schulze (2002), Geschichte der Islamischen Welt im 20. Jahrhundert, München.

und führte zu einer intensiven Diskussion. Am 24. Mai 2007 erschien vom Koordinierungsrat der Muslime (KRM) eine Stellungnahme mit dem programmatischen Titel »Profilierung auf Kosten der Muslime. Stellungnahme des Koordinierungsrats der Muslime (KMR) zur Handreichung ›Klarheit und gute Nachbarschaft‹ der Evangelischen Kirche in Deutschland (EKD)«.[234] Dass die Handreichung auch innerevangelisch kritisiert wurde, dokumentiert ein Sammelband mit dem (m. E. wenig hilfreichen) Titel »Evangelisch aus fundamentalem Grund«.[235] Sicherlich ist manche Kritik an der Handreichung berechtigt, andererseits sind etliche kritische Aussagen wohl auch überzogen.[236] Für den hiesigen Zusammenhang greife ich nur einen Punkt heraus: Wenn Jürgen Micksch die Kritik an der Handreichung zusammenfasst, die »Aufgabe der Mission [...werde in der Handreichung der EKD] so undifferenziert beschrieben, dass bei Muslimen die Sorge entsteht, jede Einladung und jeder Dialog mit evangelischen Christen sei eine Form der Mission«[237], so ist dies zumindest eine zutreffende Problemanzeige der gesamten christlich-islamischen Diskussion zu diesem Punkt. Dringend erforderlich ist hier eine Klärung der Begrifflichkeit.

Die Stellungnahme des KMR stellt zum Dialogverständnis der EKD fest: »Probleme bereitet auch das Dialogverständnis der EKD. Schon dass eine Handreichung zum Dialog mit einem Hohelied auf die Mission beginnt, führt zu Irritationen. Es ist nichts daran auszusetzen, dass die evangelische Kirche Mission betreiben und diese Ambitionen in Zukunft auch verstärken will. Für den eigenen Glauben einzutreten, für diesen zu ›werben‹ ist das Recht einer jeden Religion und elementarer Teil der Religionsfreiheit. Mission stellt aber dort ein Problem dar, wo sie mit Dialog gleichgesetzt wird.«[238] Diese Passage erweckt den Eindruck, als könnten Mission und Dialog sauber auseinander gehalten werden. Dies ist jedoch m. E. problematisch. Die EKD-Handreichung spricht im besagten Abschnitt unter anderem von Mission als »respektvoller Begegnung«, davon, dass der Glauben *bezeugt* werden soll und dies als

---

[234] Abgedruckt in: J. Kandel/R. Hempelmann (Hg.) (2007), Problemfelder im christlich-muslimischen Dialog. Die EKD-Handreichung ›Klarheit und gute Nachbarschaft‹ in der Diskussion, EZW-Texte (194), Berlin, 5–17.

[235] J. Miksch (Hg.) (2007), Evangelisch aus fundamentalem Grund. Wie sich die EKD gegen den Islam profiliert, Frankfurt/M.

[236] J. Kandel (2007), »Profilierung auf Kosten der Muslime? Anmerkungen zur Stellungnahme des ›Koordinationsrats der Muslime‹ (KRM) zur Handreichung der EKD ›Klarheit und gute Nachbarschaft‹«, in: Kandel/Hempelmann (Hg.), Problemfelder, o. a., 19–42.

[237] J. Miksch (2007), »Einleitung«, in: ders. (Hg.), Evangelisch, o. a., 9–23.

[238] Zit. nach Kandel/Hempelmann (Hg.) (2007), Problemfelder, o. a., 7.

Bitte und *Einladung* geschehe.[239] Dies wird von der Stellungnahme des KMR offensichtlich zugestanden, was genau aber erweckt dann die Irritationen? Welches Bild von »Mission« steht hier im Hintergrund?

Für den christlich-muslimischen Dialog ist es dringend angezeigt, sich theologisch über dieses Themenfeld zu verständigen. Die immer wiederkehrenden Stereotypen von »der« Mission, wie sie in den deutschen Medien, sodann auf christlicher, wie auch auf muslimischer Seite vorkommen, müssen ebenso hinterfragt werden wie die Stereotypen von dem sich angeblich mit »Feuer und Schwert« ausbreitenden Islam. Historische und theologische Unvoreingenommenheit, Sorgfalt in der Analyse und Fairness sind hier dringend geboten, zu üben und einzuüben.

Auf muslimischer Seite ist es eine Selbstverständlichkeit, dass der Aufruf zum Glauben (arab. *da^c^wa) als Aufruf* an andere Muslime ausgerichtet wird, den Islam auch wirklich ernsthaft zu praktizieren. Darüber hinaus bedeutet dies aber auch die *Einladung* zum islamischen Glauben an Nichtmuslime, und zwar als Pflicht eines jeden Muslims und einer jeden Muslima. Eine Fülle von *da^c^wa*-Literatur und eine große Vielfalt von *da^c^wa*-Organisationen belegen dies eindrücklich. Erkennbar ist, dass es in verschiedenen theologischen Ansätzen auch unterschiedliche Verhältnisbestimmungen zwischen dem Aufrufcharakter und dem dialogischen Charakter dieser Einladung zum Islam gibt. Die weite Palette reicht von Ansätzen, die der persönlich-spirituellen Vervollkommnung breiten Raum geben über Bildungsinitiativen bis hin zu politisch-orientiert militanten Konzeptionen. Ebenso verhält es sich auf der christlichen Seite, wo es weltweit eine kaum mehr überschaubare Fülle verschiedener theologischer Ansätze, organisatorischer Formen und methodischer Vorgehensweisen gibt. Diese reichen von einem bewusst *schweigenden* Lebenszeugnis bis hin zu Formen, die der verbalen Verkündigung einen hohen Stellenwert geben, sie reichen von sozialengagierten Formen, in denen ein Religionswechsel überhaupt nicht intendiert ist bis hin zu Verständnissen, die die Bedeutung von Bekehrung, Taufe und Integration in christliche Gemeinschaften hervorheben, ohne dabei den sozialdiakonischen Aspekt der christlichen Botschaft zu verleugnen.

Es ist demnach dringend an der Zeit, dieses Feld in Forschung und Lehre zu bearbeiten und in gemeinsamen Bemühungen zu klären, was unter der Einladung zum Glauben, sei es muslimisch, sei es christlich, zu verstehen

[239] Evangelische Kirche in Deutschland (2007), Klarheit und gute Nachbarschaft, Christen und Muslime in Deutschland. Eine Handreichung des Rates der EKD, Hannover, 15–17.

ist, wie sich diese Einladung zu einem gehaltvollen Begriff von Dialog in Beziehung setzen lässt und welcher Stellenwert etwa dem Begriff des Zeugnisses zukommt. So wichtig die Feststellung ist, dass natürlich nicht jedes Gespräch, nicht jeder Dialog, nicht jede Diskussion auf religiöse Grundfragen zu sprechen kommen muss und wohl auch nicht zu sprechen kommen sollte (das wäre im Alltagsleben vermutlich viel zu anstrengend), so bedeutsam ist doch die Beobachtung, dass sich Gespräch, Dialog und Diskussion nicht säuberlich von einem werbenden Glaubenszeugnis trennen lassen.[240] Dies gilt es m. E. anzuerkennen. Weiterhin bedarf es neben den vielerorts sehr positiv wirkenden interreligiösen Initiativen eines gemeinsamen Nachdenkens über das Verhältnis von religiösen Missionen und gesellschaftlichem Pluralismus.[241] Die eigenen religiösen Geltungsansprüche in den gesellschaftlichen Diskurs einzubringen, kann für die Gesellschaft wichtige Impulse freisetzen, dies jedoch nur so lange, wie die Missionen darin übereinstimmen, den rechtlichen Rahmen nicht nur nicht anzutasten, sondern zu schützen, damit auch zukünftig ein pluraler gesellschaftlicher Diskurs möglich bleibt.[242] Damit aber ist die schwierige Aufgabe gegeben, den Anspruch der Letztgültigkeit des eigenen religiösen Bekenntnisses zusammen zu denken mit einer Zurückhaltung, die zumindest zweierlei ermöglicht: Erstens der Versuchung zu widerstehen, die eigenen Geltungsansprüche mit rechtswidrigen Mitteln durchzusetzen und zweitens Respekt zu üben gegenüber den von anderen erhobenen Geltungsansprüchen, die es zumindest ernsthaft und ehrlich zu prüfen gilt. Pluralistische Gesellschaften sind fragile Gebilde, für deren Zukunft die Frage, wie gesellschaftlich mit Minderheiten umgegangen wird, ein wesentlicher Prüfstein bleiben wird. Dies gilt auch und gerade für eine besondere Minderheit, die sich quer zu allen religiös-weltanschaulichen Gruppierungen findet, die Minderheit der Konvertiten

---

240 Vgl. dazu die weiterführende Arbeit von F. Körner (2008), Kirche im Angesicht des Islam. Theologie des interreligiösen Zeugnisses, Stuttgart.

241 Als Übersicht zu christlich-islamischen Gesprächsforen vgl. J. Miksch (2005), Islamforen in Deutschland. Dialoge mit Muslimen, Frankfurt/M.

242 Vgl. dazu die Beiträge in: W. Klaiber/ S. Plonz (Hg.) (2008), Wie viel Glaube darf es sein? Religion und Mission in unserer Gesellschaft, Stuttgart.

Religionswechsel, und was dann?

Ein Thema interreligiöser Seelsorge

Das Thema des Religionswechsels stellt für den Bereich der interreligiösen Seelsorge eine besondere Herausforderung dar. Hier geht es um die seelsorgerliche Begleitung persönlicher Veränderungsprozesse, in denen die Identitäten von Menschen sich neu ausrichten, Sozialbeziehungen sich deutlich verändern und unterschiedliche Erwartungshaltungen von Beteiligten immer wieder auch zu ernsthaften Konflikten führen. Solche Veränderungsprozesse haben oft weitreichende soziale, oft aber auch ökonomische und rechtliche Konsequenzen. Dieses Themenfeld ist nicht leicht zu bearbeiten, denn es leuchtet unmittelbar ein, dass die Art und Weise des jeweiligen Konversionsprozesses eine bedeutende Rolle spielt, ebenso die Religionsformationen oder weltanschaulichen Muster, innerhalb derer sich solche Prozesse vollziehen. Es macht einen bedeutenden Unterschied, ob ein Religionswechsel aus innerer Überzeugung stattfindet oder aber z. B. dem Ehepartner zuliebe vorgenommen wird, es macht einen Unterschied, ob religiöse Transformationsprozesse etwa im esoterischen Milieu zu graduellen Neuakzentuierungen und Neudeutungen führen oder solche Prozesse einen scharfen Bruch mit sich bringen. [243]

---

[243] Als Überblick zur religionspsychologischen Forschungsgeschichte vgl. U. Popp-Baier (2003), Bekehrung als Gegenstand der Religionspsychologie, in: Chr. Henning/S. Murken/F. Nestler (Hg.), Einführung in die Religionspsychologie, Paderborn, 94–117 (Lit.). Vgl. auch dies. (2000), Selbsttransformationen in Bekehrungserzählungen – eine narrativ-psychologische Analyse, in: C. Henning/E. Nestler (Hg.), Religionspsychologie heute, Frankfurt/M. u. a., 253–280. – Es ist interessant zu beobachten, dass in vielen neueren Seelsorgelehren die Thematik der (intra-religiösen) Bekehrung entweder überhaupt nicht vorkommt, oder aber nur am Rande erscheint, von dem Thema interreligiöser Bekehrungsmuster ganz zu schweigen. Für religionspsychologische Kompendien gilt derselbe Befund. Ganze dreieinhalb Seiten etwa wird der Bekehrungsthematik gewidmet in: G. Lämmermann (2006), Einführung in die Religionspsychologie. Grundfragen – Theorien – Themen, Neukirchen-Vluyn, darin: »Religiosität und Bekehrung«, 68–71.

Grundsätzlich wird man sagen können, dass die besondere Herausforderung der Thematik des Religionswechsels für die interreligiöse Seelsorge mindestens drei Aspekte umfasst: (a) Im Blick auf *den/die Konvertiten/in* geht es um die Neuausrichtung der eigenen religiösen Identität, es geht um vielschichtige und oft langanhaltende Aushandlungsprozesse, die auf der emotionalen Ebene neben beglückenden Momenten auch etwa Verunsicherungen, Ängste und Aggressionen mit sich bringen können. Auf der intellektuellen Ebene geht es um eine Neuaushandlung der religiösen Lebensdeutung, die mit Vergewisserungsprozessen, aber eben auch mit Distanzierungen verbunden ist. (b) Beide Ebenen haben Auswirkungen auf das *soziale Bezugsfeld* des Konvertiten (Familie, Freunde, Nachbarn usw.), denn auch hier kommt es oft zum Aufbau neuer Beziehungen und zur Distanzierung von oder der Kritik an der bisherigen sozialen Bezugsgruppe. Hier können Konflikte entstehen, die zu bearbeiten sind. (c) Für die Person *des/der Seelsorger/in* bringt dies eine mindestens dreifache Herausforderung mit sich: Erstens ist die Frage, wer eigentlich als seelsorgerliche Begleitung für den Konvertierenden in Frage kommt. Kann es jemand aus dem »alten« oder muss es jemand aus dem »neuen« Bezugsfeld sein oder ist Begleitung von beiden Seiten möglich? Wie geht die seelsorgerlich tätige Person mit der Tatsache um, dass der/die Konvertierende sich zunehmend von ihm/ihr religiös-weltanschaulich, ethisch, rituell oder wie auch immer distanziert? Wie kann eine seelsorgerliche Begleitung aussehen, die den Konvertierenden in seinen Entscheidungen ernst nimmt auch dann, wenn er/sie sich aus der religiösen Herkunftstradition löst, es also zu einem religiös-weltanschaulichen Dissens zwischen Konvertierendem und Seelsorger/in kommt? Was wäre umgekehrt für die seelsorgerliche Begleitung von Seiten derjenigen Religionstradition zu bedenken, der sich der/ die Konvertierende zuwendet?

Zum Ziel interreligiöser Seelsorge mag an dieser Stelle vorwegnehmend ganz allgemein gesagt werden, dass es darum geht, einen Beitrag zu leisten zu einer friedlichen und respektvollen Koexistenz von Anhängern verschiedener religiös-weltanschaulicher Traditionen um ihrer selbst willen und um des menschlichen Miteinanders willen. Interreligiöse Seelsorge an Konvertierenden ist dann zu verstehen als ein Handeln, das einen bereits angefangenen Prozess religiöser Konversion möglichst unvoreingenommen und uneigennützig begleitet. Interreligiöse Seelsorge hat weder die Aufgabe, religiöse Konversionsprozesse zu initiieren noch auch, diese zu verhindern. Indem interreligiöse Seelsorge jedoch religiöse Konversionsprozesse begleitet, wird sich der Seelsorger/die Seelsorgerin unter Umständen auch dem Bedürfnis religiöser Selbstvergewisserung des Konvertierenden stellen müssen.

Diese wenigen Fragen und Anmerkungen deuten bereits an, dass es bei dieser Thematik um komplexe Sachverhalte geht. So können in diesem Zusammenhang nur einige ausgewählte Problemkonstellationen benannt werden, quasi als Beobachtungs- und Deutungshilfe, um reale Prozesse besser aufschlüsseln zu können. Es sollen dabei aufgrund der numerischen Bedeutung für den bundesdeutschen Bereich besonders (aber nicht nur) die christlich-muslimischen Beziehungen in den Blick genommen werden.[244]

Dazu wird es hilfreich sein, zunächst (1) einige Charakteristika eines engeren sozialwissenschaftlichen Begriffes von Konversion[245] herauszustellen und danach (2) unterschiedliche Grundformen von Religionswechseln zu unterscheiden. Anschließend sollen (3) verschiedene seelsorgerliche Herausforderungen im Umfeld des Themas Religionswechsel am Beispiel christlich-islamischer Beziehungen skizziert werden. Schließlich wird (4) mit einigen weiterführenden Erwägungen zu Seelsorgetheorie und Theologie ein weiterer Fragehorizont anzudeuten sein.

Der Konversionsbegriff – einige Charakteristika

Typische Charakteristika eines soziologisch und psychologisch ausgerichteten Konversionsbegriffes sind folgende:[246] Im Prozess der Konversion kommt es erstens zu einem *radikalen Wandel der Ich-Identität* einer Person. Die »neue Identität« wird gewonnen in Abgrenzung zur »alten Identität«, zu der

---

[244] In diesem Beitrag beschränke ich mich auf das Phänomen von Konversion im Sinne eines radikalen Wandels der Ich-Identität und im Sinne des Religionswechsels allgemein. Davon sind m.E. »konversive Prozesse« zu unterscheiden, womit allmähliche Veränderungen der Identität in Richtung auf religiös-weltanschauliche Neuakzentuierungen gemeint sind. Solche Prozesse spielen im Umfeld landeskirchlicher Gemeinden eine nicht unwesentliche Rolle. Vgl. dazu H. Wrogemann (2009), Von Umkehr und neuer Lebensorientierung, in: ders., Den Glanz widerspiegeln – Vom Sinn der christlichen Mission, ihren Kraftquellen und Ausdrucksgestalten. Interkulturelle Impulse für deutsche Kontexte, Frankfurt/M., 196–221.

[245] Als Überblick vgl. M. Wohlrab-Sahr/V. Krech/H. Knoblauch (1998), Religiöse Bekehrung in soziologischer Perspektive. Themen und Fragestellungen der gegenwärtigen religionssoziologischen Konversionsforschung, in: dies. (Hg.), Religiöse Konversion. Systematische und fallorientierte Studien in soziologischer Perspektive, Konstanz, 1998, 13ff. – Vgl. auch Theologische Kommission des EMW (2003), Umkehr zum lebendigen Gott. Beiträge zu Mission und Bekehrung, Hamburg. Aus sozialanthropologischer Sicht: R. W. Hefner (1993), Conversion to Christianity. Historical and Anthropological Perspectives on a Great Transformation, edited and with an Introduction by R. W. Hefner, Berkeley/Los Angeles/Oxford (University of California Press).

[246] Zum Folgenden vgl.: Pollack u. a. (1998), Kircheneintritt und Konversion, in: Wohlrab-Sahr u. a. (Hg.), Religiöse Konversion (a.a.O), 96ff.

die Person – quasi als Negativfolie – auf Distanz geht. Bei dem Phänomen »Konversion« handelt es sich demnach zweitens um einen *Bruch mit der eigenen Vergangenheit*. Die bisherige Lebensgeschichte kommt abrupt zu einem Ende; sie erfährt eine Umkehrung. Nicht die alte Lebensgeschichte stellt den Deutungsrahmen für das Neue dar, sondern das Neue bildet die neue Perspektive auf das »alte Leben«, das der oder die Bekehrte hinter sich gelassen hat. Dieser Bruch kann sich – drittens – entweder *plötzlich ereignen oder sich in einem längeren Prozess* (dessen Dauer meist bei mehreren Monaten bis hin zu mehreren Jahren liegt) vollziehen, je nach Persönlichkeitsstruktur und/oder abhängig von der Art der jeweiligen religiös-weltanschaulichen Bezugsgruppe.

Der Prozess der Konversion ist – viertens – oft durch das *Gefühl eines Überwältigt-Werdens* gekennzeichnet, wenigstens phasenweise. Dies resultiert zum einen aus einer der Konversion vorausgegangenen »inneren Spannung«, einem Ungenügen am bisherigen Leben, einer Sehnsucht, vielleicht einem »Selbsthass« oder einer Melancholie dessen, der sich bekehrt. Zum anderen ist es bedingt durch das gleichzeitige Vorhandensein einer alternativen Option (durch neue Kontakte etwa) zur Lösung des Problems. Innere Spannung und äußere Option müssen gegeben sein, damit es zu einer Bekehrung kommen kann. Der Konversionsvorgang kann damit – fünftens – *als Prozess verstanden werden, in dem es zu einer Bearbeitung dieser Spannung* kommt. Schließlich gilt sechstens: Charakteristisch ist, dass die *neu gewonnene aber noch schwache Identität des Bekehrten geschützt werden muss*. Dies geschieht meist so, dass alternative (und das heißt eben konkurrierende) Optionen der Sinnfindung oder Lebensgestaltung ausgeblendet werden. Zur Problemlösung werden solche Alternativen weder herangezogen noch zugelassen. Die Position, zu der die Person konvertiert ist, wird als einzige Option wahrgenommen und »verteidigt«, was oft zu heftigen Abgrenzungserscheinungen führt. In dieser Situation kann auch über funktionale Äquivalente für die neue Position nicht reflektiert werden, weil dazu die neu gefundene Identität einfach noch zu schwach ist.

Konversion: Intentionale Bekehrung oder pragmatischer Religionswechsel?

Entscheidend an diesem definitorischen Versuch ist, dass Konversion als radikaler Bruch verstanden wird. Es handelt sich um einen Bruch mit der eigenen Vergangenheit, einen Bruch oft auch mit den alten sozialen Bezugsgruppen (Familie, Freunde, Bekannte, Kollegen, Clique usw.), und dies um einer neuen Identität willen. Die genannte Definition von Pollack hat den unbestreitbaren Vorteil, dass man das Phänomen Konversion nach beobachtbaren Parametern recht scharf eingrenzen kann. Sie hat jedoch den Nachteil, dass es eine Fülle anderer Formen des Religionswechsels gibt, die durch diesen engen Begriff nicht erfasst werden, in denen sich jedoch sehr wohl auch Herausforderungen einer seelsorgerlichen Begleitung interreligiöser Prozesse stellen.

Oft zum Beispiel wird die Religionszugehörigkeit aus ganz pragmatischen Motiven gewechselt, etwa anlässlich einer Eheschließung. Je nachdem, welcher der Ehepartner (ob Mann oder Frau) zu welcher Religionstradition wechselt, ergeben sich besondere Herausforderungen. Lewis Rambo stellt zu Recht heraus, dass der Begriff Konversion, wenn er als konstitutives Definitionskriterium den Identitätswandel eines Individuums voraussetzt, immer noch an einem christlich-europäischen Konzept orientiert sei, welches sich nicht einfach auf andere Religionen übertragen lasse. Der Bekehrungsbegriff selbst ist also kulturell-religiös bedingt.[247] Dies gilt es zu berücksichtigen.[248]

Der Religionswissenschaftler Andreas Nehring macht darauf aufmerksam, dass die religionspsychologische Forschung lange Zeit im Rahmen eines westlichen Religionskonzeptes verblieb, welches mit der Unterscheidung von Heilig und Profan sowie dem Postulat einer religiösen Sondersphäre der Innerlichkeit die kulturellen, sozialen, ethnischen, ökonomischen und politischen Dimensionen von Bekehrung ausblendete.[249] Für die Frage der interreligiösen Seelsorge ist es daher von besonderer Bedeutung, Bekehrung eben nicht nur als individuelles Geschehen, sondern als einen eben auch religiös-kulturell bedingten Aushandlungsprozess von Identitäten zu verstehen,

---

[247] L. Rambo (1993), Understanding Religious Conversion, New Haven, 3.

[248] »Bekehrung ist damit zu einem Signifikanten geworden, dessen Bedeutung weniger in sich selbst festliegt, sondern in seinem diskursiven Gebrauch, um transreligiöse Prozesse zu beschreiben.« A. Nehring (2004), Bekehrung als Protest. Zur Konstruktion religiöser Identität der Dalits in Indien, in: Zeitschrift für Religionswissenschaft (12), 3–21, hier: 15.

[249] Zur berechtigten Kritik und dem Beispiel aus einem außereuropäischen Kontext vgl. A. Nehring (2004), Bekehrung als Protest (a.a.O.). Nehring stellt im Blick auf die Religionspsychologie von William James, welche die religionspsychologische Forschung zum Thema Bekehrung über Dekaden geprägt hat, fest: »Es war vor allem die von James konstatierte Unaussprechbarkeit der religiösen Konversionserfahrung, durch die nicht nur die soziale und kommunikative Dimension ausgegrenzt wurde, was dazu geführt hat, dass die religionssoziologische Konversionsforschung erst relativ spät einsetzte, sondern durch die auch eine Universalität religiöser, mystischer Erfahrung konstruiert wurde, die sich an einem ahistorischen ›Heiligen‹ festmachte, das nicht an einen bestimmten kulturellen Kontext oder eine religiöse Tradition gebunden ist.« (ebd. 13f.).

einen Prozess mit weitreichenden sozialen, ökonomischen, kommunikativen und politischen Implikationen. Gerade in der interreligiösen Seelsorge muss daher immer wieder kritisch nach diesen Dimensionen und deren Konsequenzen gefragt werden, eine rein »psychologische« Deutung reicht daher nicht aus. Die Motivationen zu einem Religionswechsel sind ebenso vielfältig wie die Formen, in denen sich religiöse Neuakzentuierungen ereignen.

Dass Religionswechsel je nach Tradition anders ausfallen, sei an einem konkreten Beispiel verdeutlicht: Zu den Hindu-Religionen etwa kann man sich gar nicht einfach »bekehren«, diesen Topos gibt es in traditionellen Hindu-Religionen nicht, denn hier geht es wesentlich um Fragen kultischer Reinheit und entsprechende Ausgrenzungsmechanismen gegenüber dem Unreinen. Den Hindu-Religionen eignet daher bis in die jüngste Zeit ein »unmissionarischer« Charakter.[250] Allerdings weicht dieses Prinzip seit dem ausgehenden 19. Jahrhundert an manchen Stellen auf.[251] Für den pragmatischen Religionswechsel zu den Hindu-Religionen – anlässlich einer Eheschließung – bedeutet dies zum Beispiel, dass es im Wesentlichen nicht um die Verehrung einer neuen oder anderen Gottheit geht (wie man aus christlicher, muslimischer oder allgemein monotheistischer Sicht vermuten würde), nicht um einen inneren Bruch oder dergleichen, sondern um einen neuen »way of life«, zu dem es konstitutiv gehört, sich fortan *rein vegetarisch zu ernähren*. Dies mag als Hinweis auf die Breite der Thematik des pragmatischen Religionswechsels an dieser Stelle genügen.

Als Fazit lässt sich festhalten: 1. Das Phänomen »Bekehrung« ist durch die jeweilige religiöse Optik stark bestimmt. Anders gesagt: Was als »Bekehrung« angesehen oder erwartet wird, verdankt sich zu einem nicht unwesentlichen Teil den meist unreflektiert vorausgesetzten kulturell-religiösen Vorannahmen (etwa Bekehrung als radikaler Bruch). 2. Es gibt unterschiedliche Muster von Religionswechsel, bei denen allgemein gilt, dass die Verengung auf eine individualistische Perspektive zu vermeiden ist: Seelsorgerlich sollte gefragt werden nicht nur nach den persönlich-biographischen Gründen,

---

250 Grundlegend zu den Hindu-Religionen vgl. A. Michaels (1998), Der Hinduismus. Geschichte und Gegenwart, München.

251 Vgl. zur neohinduistischen *shuddhi*-Bewegung: H. Wrogemann (2008), Islamische Da^cwa-Bestrebungen in Indien als Antwort auf neohinduistische Missionen der shuddhi-Bewegung, in: Henning Wrogemann (Hg.), Indien – Schmelztiegel der Religionen oder Konkurrenz der Missionen? Protestantische Mission in Indien seit ihren Anfängen in Tranquebar (1706) und die Sendung der anderen Konfessionen und Religionen. Geschichtliche Perspektiven und aktuelle Herausforderungen, Frankfurt/M., Berlin, 191–211.

sondern auch nach den soziopsychologischen, kulturellen, rechtlichen und ökonomischen Konsequenzen, die sich aus einem Religionswechsel ergeben.

Für die seelsorgerliche Begleitung lässt sich quer zu den verschiedenen Konversionsmustern feststellen, dass es zu Krisen in Beziehungen, in denen ein Partner einen Religionswechsel vollzogen hat, besonders in Schwellensituationen kommt, etwa anlässlich eines Krankheitsfalles oder, noch weit bedeutender, im Fall, dass ein Kind geboren wird. Mag das Zusammenleben bisher durch den Religionswechsel kaum beeinflusst worden sein, so ergibt sich mit der Nachkommenschaft die Frage nach der nun anzustrebenden religiös-weltanschaulichen Sozialisation des Kindes bzw. der Kinder. Diese Frage betrifft jedoch nicht nur die Ehepartner allein, denn hier kommen meist auch die Erwartungshaltungen der beteiligten Familien der Partner ins Spiel.

Bekehrung und die Frage nach Zielperspektiven interreligiöser Seelsorge

Worin können im Zusammenhang der Bekehrungsthematik legitime Zielperspektiven interreligiöser Seelsorge bestehen? Diese grundlegende Frage lässt sich nicht abstrakt beantworten, da Bekehrung sich zwar als individuelle Erfahrung ereignet, jedoch gleichzeitig ein im höchsten Maße soziales Phänomen darstellt. Wo Menschen einen Religionswechsel vornehmen, kommt es zu einem lang andauernden und sehr facettenreichen *Aushandlungsprozess der neuen Identität.* Alte Beziehungen werden oft gekappt, neue Beziehungen gewinnen an Einfluss. Nicht selten verlaufen diese Aushandlungsprozesse (sei es im eigenen Erleben, sei es in den sozialen Beziehungsmustern) durchaus konfliktbehaftet. In welcher Weise Seelsorger in diesem interreligiösen Geschehen Position ergreifen kann, ergreifen sollte oder gar ergreifen muss, mag dabei zunächst offen sein. Dies sei anhand einiger Beispiele aus dem christlich-islamischen Bereich erläutert.[252]

Beispiel 1: Muslime, die Christen werden

Trotz großer Unterschiede im Blick auf die Herkunftskulturen kann man allgemein festhalten, dass in vielen Fällen der Übertritt eines Muslims/einer Muslima zum christlichen Glauben für diese Person ein soziales Problem darstellt. Nicht selten reagiert die engere Familie, die Verwandtschaft oder Nachbarschaft im Vorfeld eines Religionswechsels oder danach negativ auf

---

252 Vgl. auch H. Wrogemann (2010), Zur Situation – Konversionen zwischen Christentum und Islam in Mitteleuropa in der Gegenwart, in: Evangelische Theologie (70), 63–73.

einen solchen Schritt.[253] Oft kommt es zu Anfeindungen, zu Drohungen, mitunter auch zu Gewalt. Nicht wenige der Konvertiten bedürfen daher mindestens folgender Hilfestellungen:

Gemeinschaft: Grundlegend ist die soziale Einbindung in einen christlichen Gemeinschaftskontext, der in vielen Fällen im Grunde einen *Familienersatz* bedeutet, da der Religionswechsel oft zu gänzlicher sozialer Isolation von Herkunftsfamilie und Freunden führt. Die permanente Begleitung, die Ansprechbarkeit in Krisensituationen, die Deutung der schwierigen Lebenssituation vom christlichen Glauben her, mitunter der physische Schutz und durchgehende Kontaktmöglichkeiten sind hier unabdingbar. Es stellt sich dabei die Frage, wer hier als Seelsorger in Betracht kommt, es ergibt sich oft die Notwendigkeit, dass Seelsorge hier in einer Gruppe, einer *caring community*, geleistet wird. Die Dringlichkeit dieser Thematik wird oft weit unterschätzt. Dem Verfasser sind viele Beispiele bekannt, wo Konvertiten umfangreiche seelsorgliche Unterstützung in festen sozialen Gruppen über etliche Jahre hin benötigten, ebenso Beispiele von Rekonversionen, wo dieser Schutz ausblieb. Als Originalstimme sei hier das bittere Resümee von *Nassim Ben Iman* angeführt: »Wenn ich mit Konvertiten spreche, sehe ich, dass Menschen allein gelassen werden.« Die Herausforderungen seelsorgerlicher Begleitung, so *Ben Iman*, beginne doch erst richtig, wenn der neue Lebensabschnitt beginne: »*Jetzt erst müsste man wirklich betreut werden und Unterstützung bekommen.* (...) Nur ein Beispiel: Ich kannte einen Muslim, der sich für Jesus entschieden hatte. Die Kirchengemeinde freute sich darüber. Als er aufgrund seiner Entscheidung verfolgt wurde und körperlicher Gewalt ausgesetzt war – er wurde angezündet und misshandelt –, als seine Situation sich dramatisch zuspitzte, wurde er allein gelassen. Die Kirche sagte nur: Es tut uns Leid; wir können dich jetzt nicht schützen und nichts für dich tun, weil wir uns dadurch nur selbst gefährden würden. Das ist unglaublich. Die Gefahr war doch sichtbar, sie war mit Händen zu greifen.« *Ben Iman* plädiert für ein »Notfallprogramm«, für die Veröffentlichung von Kontaktadressen von Personen, die sich mit der Thematik auskennen und weiterhelfen können, Kontaktadressen in Zeitschriften und anderes mehr.[254]

---

[253] Vgl. als Arbeitshilfe: Sekretariat der Deutschen Bischofskonferenz (Hg.) (2009), Christus aus Liebe verkündigen. Zur Begleitung von Taufbewerbern mit muslimischem Hintergrund (Arbeitshilfen 236), Bonn.

[254] Vgl. Nassim Ben Iman (2004), »Ich war Muslim und wurde Christ«. Die Stimme eines Konvertiten, in: U. Spuler-Stegemann (Hg.), Feindbild Christentum im Islam. Eine Bestandsaufnahme, Freiburg u. a., 163–172, hier: 168–169 (Herv. geändert). – Aus christlicher Perspektive stellt sich hier die Frage, wann ein Konvertit getauft werden sollte. Vieles

Lebensdeutung: Ebenso grundlegend ist die Begleitung der inneren Aushandlungsprozesse des Konvertiten/der Konvertitin. Oft wird die noch schwache Identität dadurch geschützt, dass in der Weltwahrnehmung eine strikte spirituelle Kategorisierung in Gut und Böse, Schwarz und Weiß vorgenommen wird. Verunsichernde Anfragen werden nicht zugelassen. Hier ist es erforderlich, im Gespräch zu bleiben, *die Berechtigung dieser Art des Schutzmechanismus zunächst einmal anzuerkennen* und in einer vertrauensvollen Beziehung auftretende Fragen, Verunsicherungen und Ängste zu bearbeiten. Gerade dann, wenn solche Kategorisierungen im Kontext landeskirchlicher Gemeinden als anstößig empfunden werden sollten, muss darauf hingewiesen werden, dass interkulturelle und interreligiöse Seelsorge sich daran messen lassen muss, die Andersartigkeit des Fremden zunächst einmal auszuhalten. Natürlich sollen diese Kategorisierungen dann weiterbearbeitet werden und es sollte nach Möglichkeit darauf hingearbeitet werden, dass es nicht bei solchen Schwarz-Weiß-Mustern bleibt. Dies ändert jedoch nichts an der seelsorgerlichen Verantwortung, sich zunächst einmal einfühlsam auf den Konvertiten und seine Situation und Befindlichkeit einzulassen.

Hermeneutik des Fremden: Je nach kulturell-religiösem Hintergrund ist darüber hinaus darauf zu achten, dass deutlich andere Formen von Wirklichkeitswahrnehmung für die Konvertiten von Bedeutung sind, als dem (westlichen) Seelsorger vertraut sein mögen. Es geht um ein Verstehen des Fremden.[255] Dazu zählen etwa Erfahrungen von Träumen, von Visionen oder außergewöhnlichen Erfahrungen im Alltag, die als göttliche Fügung gedeutet werden. Diese Motive sind für die inneren Aushandlungsprozesse der Personen (etwa als Legitimierung der Konversion vor sich selbst und anderen) von großer und meist bleibender Bedeutung. Auch muss bedacht werden, dass für viele ehemalige Muslime das Wörtlichnehmen einzelner Schriftstellen aus Koran und Bibel von kaum zu überschätzender Bedeutung sein kann.[256]

---

spricht dafür, eine Taufe erst nach einem längeren Vorlauf von etwa 2–3 Jahren vorzunehmen, damit die Identität des Konvertiten genügend gefestigt ist, um den ggf. auf ihn/sie zukommenden sozialen und soziopsychologischen Herausforderungen standhalten zu können.

255 Vgl. Th. Sundermeier (1996), Den Fremden verstehen. Eine praktische Hermeneutik, Göttingen. Siehe auch die Beiträge in: A. Thomas (Hg.) (2003), Psychologie interkulturellen Handelns, 2., unveränderte Auflage, Göttingen u. a..

256 Dem Vf. sind Fälle bekannt, wo Christen, die von muslimischem Hintergrund her konvertiert waren, angaben, mit bestimmten Textstellen im Koran oder dem Neuen Testament jahrelang Deutungsprobleme gehabt zu haben, Deutungsprobleme, die diese Personen in ernsthafte existentielle Krisen gestürzt haben. Selbst wenn man dies wissen-

Hier ist Sorgfalt und Fingerspitzengefühl im Umgang mit diesen Personen erforderlich gerade von Menschen, die von westlicher Bildung her gewohnt sind, sogenannte Heilige Schriften zunächst als einen ganz normalen Bestandteil der Kulturtraditionen zu lesen.

Beispiel 2: Christen, die Muslime werden

Auch für Christen, die Muslime werden, gilt, dass diesen bisweilen wenig Verständnis für ihren Schritt entgegen gebracht wird. Hier ergeben sich allerdings neben dem bisher Gesagten noch weitere Aspekte, die allerdings auch für Muslime, die Christen geworden sind, eine Bedeutung haben. Folgende Punkte beziehen sich insbesondere auf den Fall der Eheschließung, da viele Religionswechsel zumindest mitmotiviert sind durch den Wunsch, eine Muslima zu heiraten, was nach traditionellem islamischen Recht die Konversion des Ehemannes zum Islam erfordert, oder einen Muslim zu heiraten, was die Konversion der Nichtmuslima zwar nicht zwingend erfordert, was dennoch häufig zur Konversion um des Ehepartners willen führt.

Informationen zu Rechtsfragen einholen: Für Menschen aus dem Westen, die Muslime werden, sollte als Beitrag interreligiöser Seelsorge die Information über Rechtsfragen eine Rolle spielen. Dazu gehört für den Fall einer Eheschließung an erster Stelle die Frage, nach welchem Recht die Ehe geschlossen wird. Wenn ein Ehevertrag nach islamischem Recht aufgesetzt wird, sollte für Konvertitinnen genau geklärt sein, welche Rechte ihnen in dem jeweiligen Herkunftsland des Mannes eingeräumt werden.[257]

Kulturelle Referenzrahmen beachten: Häufig bleibt bei Eheschließungen außer Acht, dass jeder der beiden Partner in Beziehungsgeflechten seiner Familie bzw. Heimat verankert ist, die das Sozialverhalten in diesen sozialkulturellen Räumen sehr stark beeinflussen. Nicht selten kann man hören, dass etwa eine westeuropäische Ehefrau ihren Mann in seiner Heimat kaum mehr wiedererkennt, da dieser, der im Westen so liberal wirkte, sich in sei-

---

schaftlich-analytisch als eine religiöse Chiffrierung für anders gelagerte psychische Problemkonstellationen deuten würde (was im Einzelnen zu belegen wäre), so müsste man doch seelsorgerlich anerkennen und im praktischen Umgang ernst nehmen, dass dies der *ausdrückliche Deutehorizont* der betreffenden Personen ist.

257 R. Breuer (31999), Familienleben im Islam. Traditionen – Konflikte – Vorurteile, Freiburg u. a.. A. Khoury; P. Heine; J. Oebbecke (2000), Handbuch Recht und Kultur des Islams in der deutschen Gesellschaft. Probleme im Alltag – Hintergründe – Antworten, Gütersloh. Kirchenamt der EKD (Hg.) (1998), Christlich-muslimische Ehen und Familien, Frankfurt/M.; U. Spuler-Stegemann (1998), Muslime in Deutschland. Nebeneinander oder Miteinander?, Freiburg u. a.

nem Heimatland ganz dem traditionell-patriarchalen Rollenverständnis fügt und gegenüber seiner Frau entsprechend auftritt. Diese Haltung mag auch dadurch bestärkt sein, dass man, als in der Diaspora lebender Muslim, sich in seiner Heimat als weiterhin frommer und sittenstrenger Mann ausweisen möchte. In jedem Falle ist vor Eheschließungen zu raten, gemeinsam das Heimatland des Partners zu besuchen, um einen Eindruck vom familiären und sozial-kulturellen »setting« zu bekommen.

Zielperspektiven interreligiöser Seelsorge

Nach dem bisher Gesagten mag man fragen, worauf eigentlich interreligiöse Seelsorge zielen kann. Die Ziele interreligiöser Seelsorge ergeben sich nicht allein aus dem gegebenen Sachverhalt, etwa der betreffenden Person mit ihren ganz eigenen biographischen, sozialen, familiären und kulturellen Kontexten. Zielhorizonte interreligiöser Seelsorge ergeben sich darüber hinaus, wie bei jeder Form der Seelsorge, aus dem Vorverständnis dessen, was als Hauptakzent seelsorgerlichen Handelns angesehen wird. Als Raster zur Beantwortung dieser Frage kann man mit Eberhard Hauschildt im christlichen Bereich typologisch-vereinfachend vier Modelle von Seelsorge unterscheiden. Es handelt sich um die Modelle *Seelsorge als Verkündigung, therapeutische Seelsorge, Diakonie und Seelsorge* sowie das Modell der *Alltagsseelsorge.*[258] Welches Modell wäre für den Bereich der interreligiösen Seelsorge besonders naheliegend? Diese Frage kann m. E. nicht im Vornherein beantwortet werden. Je nach Religionswechsel und Bekehrungsverlauf kann jedem der oben angedeuteten Konzepte nach Kontext und Situation verschieden und manchmal auch nur phasenweise eine besondere Bedeutung zukommen. Um diese These zu verstehen muss gefragt werden, was mit dem Begriff inter*religiöse* Seelsorge genau gemeint ist. Was wird unter dem Begriff »interreligiös« verstanden?

Man könnte den Begriff »interreligiös« zunächst so verstehen, dass an dem Prozess der Seelsorge neben dem Konvertiten Menschen mindestens einer zweiten Religionszugehörigkeit oder Weltanschauung beteiligt sind. Dies kann bei manchen Fällen möglich und hilfreich sein, bei anderen Fällen (etwa bei Bedrohung des Konvertiten) ist es eher unrealistisch. Das Attribut

---

[258] Vgl. E. Hauschildt (1996), Alltagsseelsorge. Eine sozio-linguistische Analyse des pastoralen Geburtstagsbesuches, Göttingen, 371ff. – Den Modellen ordnet Hauschildt folgende Autoren zu: *Seelsorge als Verkündigung*: Chr. Möller, M. Nicol; *therapeutische Seelsorge*: J. Scharfenberg, G. Hartmann; *Diakonie und Seelsorge*: Schmidt-Rost, D. Rössler sowie *Alltagsseelsorge*: E. Hauschildt.

»interreligiös« erscheint darüber hinaus jedoch auch für den Konversionsprozess an sich gerechtfertigt, denn erstens *beginnt* dieser Prozess tatsächlich in einem interreligiösen Beziehungsgefüge. Zweitens bearbeitet der Konvertit *im Verlaufe* des Prozesses der Neuausrichtung Fragen und Problemstellungen seines religiös-biographischen (bzw. weltanschaulich-biographischen) Herkunftskontextes. Selbst wenn also die Seelsorge an dem Konvertiten sich ausschließlich im neuen religiösen Kontext ereignen sollte, ist dieser Prozess doch selbst als interreligiös zu bezeichnen. Darum auch kann interreligiöse Seelsorge im Zusammenhang religiöser Konversionen nicht nur auf diakonische, therapeutische oder alltagsweltliche Hauptakzente reduziert werden, sondern eine verkündigende und religiös-deutende Seelsorge hat hier ebenso ihren Ort wie auch ihr eigenes Recht. Dieser Aspekt der Seelsorge wird am ehesten im Kontext derjenigen (Frömmigkeits-)Tradition zu verorten sein, zu der der Konvertit sich hingewendet hat.[259]

Will sich der Seelsorger also nicht anheischig machen, besser zu wissen, was für einen Konvertiten »gut ist« (was bedeuten könnte, selbst Stellung zu beziehen und zu versuchen, den Konvertiten von der Konversion wieder abzubringen), dann wären zumindest folgende Ziele interreligiöser Seelsorge zu nennen:

(1) *Kontakt aufrecht erhalten*: Wichtig ist der Versuch, den Kontakt zu Konvertiten aufrecht zu halten. Die Neuorientierung ist – wie erwähnt – oft verbunden mit dem Kappen alter Beziehungen, sei es durch den Konvertierenden, sei es durch dessen Familie. Wenn der Seelsorgende aus dem Herkunftsmilieu entstammt, kann das Kappen der Herkunftsbeziehungen durch den Konvertierenden auch bedeuten, dass die Möglichkeit einer weiteren Begleitung entfällt. Wenn umgekehrt die Familie des Konvertierenden diesen verstößt und den Konvertierenden etwa bedroht, dann kann ein Kontaktabbruch unabdingbar sein. Seitens der Seelsorgenden in der neuen Bezugsgruppe wäre dann zu bedenken, nach welcher Zwischenzeit eine neue Kontaktaufnahme des Konvertierten mit seiner Herkunftsfamilie oder seinem Herkunftsmilieu als möglich erscheint.

(2) *Kommunikatives Verhalten fördern*: Konversionsverläufe sind häufig durch eine Phase verstärkt selektiver Wahrnehmung gekennzeichnet. Die neu gewonnene Identität ist noch zerbrechlich und wird durch radikale biographische Alt-Neu-Zuschreibungen und soziale Innen-Außenzuschreibungen gestützt. Hier besteht die seelsorgerliche Aufgabe darin,

---

[259] Was allerdings auch hier eine religionsübergreifende Zusammenarbeit nicht eo ipso ausschließt.

ein kommunikatives Verhalten zu fördern, das heißt die neuen Wahrnehmungen und Wertungen zu verbalisieren und zu anderen Wahrnehmungen und Wertungen möglichst konstruktiv in Beziehung zu setzen.

(3) *Bekehrungssprache entschlüsseln*: Ulrike Popp-Baier macht zu Recht darauf aufmerksam, dass Bekehrungserzählungen nicht einfach als Tatsachenbeschreibungen aufzufassen sind, sondern vielmehr als wiederholte, situationsbezogene und graduell variable Erzählungen, in denen – meist unbewusst – die eigene Geschichte gedeutet wird durch Elemente einer »kanonischen Sprache«, womit der sprachliche Code der neuen religiösen Bezugsgruppe gemeint ist.[260] Religiöse Deutemuster werden auf das eigene Leben angewendet, um verschiedene Begebenheiten und Phasen einerseits zu erklären und andererseits vor sich selbst und anderen (der neuen religiösen Bezugsgruppe, dem Herkunftsmilieu, soweit der Kontakt noch besteht) zu rechtfertigen. Diese Muster wahrzunehmen, kann eine entscheidende Gesprächshilfe bedeuten. So wird in verschiedenen religiösen Traditionen bewusst oder unbewusst ein Wissen darüber mitgeteilt, wie eine »richtige« Bekehrung auszusehen habe, als inneres Erleben, als außeralltägliche Erfahrung, als ethische Verhaltensänderung oder ähnliches. Konvertiten versuchen oft intuitiv, ihre eigenen Erzählungen mit den von der neuen Bezugsgruppe als erwartet angenommenen Phänomenen in Einklang zu bringen.

(4) *Eigene Positionierung hinterfragen:* Bekehrte spielen eine aktive Rolle in der Konstruktion bzw. Neuakzentuierung ihrer eigenen Identität. Deshalb sind solche »seelsorgerlichen« Wahrnehmungsmuster als paternalistisch zu hinterfragen, die meinen, Bekehrte nur als Objekt der Missionierung anderer oder als Opfer von Bekehrungskampagnen verstehen zu müssen.[261] Die eigene Positionierung der an der Seelsorge Beteiligten ist daher in den Reflexionsprozess einzubeziehen: Welches Verhältnis hat der Seelsorger zu bestimmten Frömmigkeitstypen, zur Frage von Bekehrung usw.?[262]

---

260 U. Popp-Baier (2003), Bekehrung als Gegenstand der Religionspsychologie (a.a.O.), 113, mit Bezug auf die Forschungen von Peter Stromberg. Vgl. dies. (2000), Selbsttransformationen (a.a.O.), 253ff.

261 T. Asad (1996), Comments on Conversion, in: P. van der Veer (Hg.), Conversion to Modernities. The Globalization of Christianity, New York/London, 263–273.

262 Zu Beispielen paternalistischen Verhaltens vgl. H. Wrogemann (2009), Den Glanz widerspiegeln. Vom Sinn der christlichen Mission, ihren Kraftquellen und Ausdrucksgestalten. Interkulturelle Impulse für deutsche Kontexte, Frankfurt/M., 186–187.

(5) *Zur Person des Seelsorgers*: Interreligiöse Seelsorge im Bereich von Bekehrungsprozessen wird kaum als eine professionalisierbares Geschehen zu beschreiben sein, da hier das Problem, wer eigentlich als Seelsorger in Frage kommt, grundlegend ist. Bekehrungen schaffen besondere Situationen, in denen persönliche und langfristige Vertrauensbeziehungen wichtig sind. Je nach Konstellation können es innerhalb christlicher oder muslimischer Gemeinden, Institutionen und Netzwerke ebenso Laien sein wie hauptamtliche Mitarbeitende, es können Nachbarn sein, Familienmitglieder, Verwandte oder Freunde, die als Seelsorger fungieren. Wichtig sind dann Ansprechpartner, die diesen Alltagsseelsorgern mit Informationen zu interreligiösen und interkulturellen Fragen mit Beratung und Ermutigung zur Seite stehen.

(6) *Seelsorgerliche Begleitung und Kritik*: In Konversionsprozessen geht es in der Regel um die Wahrheitsfrage im Sinne der Auffindung eines neuen Sinnhorizontes und daraus folgend eines neuen Lebenskonzeptes. Unabhängig davon, wie lange sich dieser Prozess hinzieht, ist von einem vorausgegangenen Ungenügen auszugehen, einer inneren Spannung, die durch ein neues Deutungsangebot und die folgende Konversion gelöst wird. Interreligiöse Seelsorge entkommt in diesem Zusammenhang allerdings nicht der schwer zu beantwortenden aber dennoch notwendigen Frage, ob es sich bei der Konversion nicht um eine Fluchtreaktion handeln könnte. Lässt sich im Konversionsverlauf erkennen, dass seitens des Konvertiten einem existentiellen Problem, vielleicht aber auch einem mehr oder weniger schwerwiegenden psychischen Problem lediglich ausgewichen wird? Diese Frage ist unter anderem deshalb so schwer zu beantworten, weil sie nicht nur den potentiellen Seelsorger, sondern auch die im sozialen Herkunftsnetzwerk daran beteiligten Beobachter selbst involviert. Leicht könnte hier eine Missbilligung der Konversion dazu führen, die Konversion lediglich als einen Fluchtmechanismus abzutun. Umgekehrt ist es nicht von der Hand zu weisen, dass zu einer Konversion Motive einer Fluchtreaktion maßgeblich beigetragen haben können. Ob es sich bei einer Konversion tatsächlich um eine Fluchtreaktion gehandelt hat, kann nur aus einem größeren zeitlichen Abstand heraus deutlich werden. Seelsorgerliche Begleitung wird darum zu diesem Problem wohl nur dann einen Beitrag leisten können, wenn es sich um eine langfristige Begleitung handelt. Empirisch gesehen kann man davon ausgehen, dass Bekehrungsprozesse in den meisten Fällen eine Dauer von zwei bis sechs Jahren aufweisen.

(7) *Neuausrichtung und Reintegration*: In der seelsorgerlichen Begleitung anzustreben ist eine individuelle Neuausrichtung, die nach einer Zwischenphase (etwa des Kontaktabbruches zu den Herkunftskontexten) zu einer Reintegration führt. Es geht um ein erneutes und konstruktives Miteinander des Konvertiten mit ihren Herkunftskontexten. Ein wichtiges Ziel interreligiöser Seelsorge ist es in diesem Zusammenhang, einen Beitrag zu leisten zur Ermöglichung möglichst konstruktiver Beziehungen zwischen den verschiedenen beteiligten sozial-religiösen Bezugsgruppen.

III. Zur Frage des Verstehens und der Dialogik

Dialogue impossible?

Beispiel christlich-islamischer Interaktion im heutigen Pakistan

Mit der religiösen und kulturellen Pluralisierung westlicher Gesellschaften stellt sich immer wieder neu die Frage nach dem »Kitt«, der solche Gesellschaften zusammenhält. Dabei erscheint vielen Theoretikern der Dialog im Allgemeinen, der interreligiöse und interkulturelle Dialog im Besonderen als eine Art Königsweg, um kulturell-religiöse Grenzen zu überschreiten, Räume für Erfahrungen zu öffnen, Konflikte zu benennen und nach Möglichkeit zu überwinden. Dieser Intention ist grundsätzlich zuzustimmen. Im Folgenden soll jedoch am Beispiel christlich-islamischer Beziehungen der Frage nachgegangen werden, welchen Begrenzungen Dialoge in anderen gesellschaftlichen Kontexten unterliegen und was aus solchen Konstellationen zu lernen ist. Die These lautet, dass es durchaus heilsam sein kann, das eigene Verständnis von Dialog einmal zurückzustellen, um anhand von Beispielen aus anderen Gesellschaften auf Dimensionen interreligiöser Beziehungen aufmerksam zu werden, die auch für die eigenen Kontexte relevant sein können. Dies sei anhand von Beobachtungen zu christlich-islamischen Beziehungen in Pakistan eingehender erläutert.[263] Zunächst werden die gesellschaftlich-politischen Rahmenbedingungen Pakistans mit besonderer Berücksichtigung religiöser Minderheiten zu skizzieren sein.[264] Danach werden einige Strategien von Christen aufgezeigt, um in interreligiösen Beziehungen zu »bestehen«. Schließlich ist nach möglichen Konsequenzen für westliche Kontexte zu fragen.

---

263 Gedankt sei an dieser Stelle der *Thyssen-Stiftung* für die finanzielle Unterstützung eines Studienaufenthalts in Pakistan im Frühjahr 2012, herzlich gedankt sei auch meinem Promovenden, Herrn Detlef Hiller.

264 Vgl. A. Salim (2009), Non-Muslims in an Islamic State. A Case Study of Pakistan, in: al-Mushir (51), 43–69; M. Sada (2009), Managing Christian-Muslim Relations in Pakistani Setting, in: al-Mushir (51), 1–20; A. Khaki (2009), Islamization of Laws in Pakistan and its Effects on Minorities, in: al-Mushir (51), 21–42. Vgl. auch: K. Ahlstrand; G. Gunner (Hg.) (2009), Non-Muslims in Muslim Marjority Societies. With Focus on the Middle East and Pakistan, Eugene (Oregon); P. Jacob (2010), Ausgeträumt? Die Frage der Religionsfreiheit in Pakistan, in: Forum Weltkirche, Bd. 129, 13–18.

Religiöse Minderheiten in Pakistan – gesellschaftlich-politische Rahmenbedingungen

Die Mehrheit der Einwohner Pakistans besteht aus Muslimen. Sie stellen etwa 95 % der Bevölkerung. Das numerische Verhältnis von Schiiten zu Sunniten unter den Muslimen im Lande liegt bei etwa 30 zu 70 Prozent. Charakteristisch für muslimische Präsenz in Pakistan ist, dass hier Sufi-Traditionen und der mit ihnen verbundene Grabeskult der Sufi-Heiligen eine herausragende Rolle spielen.[265] Es gibt Tausende von Sufi-Schreinen, die über das ganze Land verteilt sind. Neben der muslimischen Mehrheit gibt es eine Minderheit von ca. 1,5 % Hindus, die besonders in der südöstlich gelegenen Provinz Sindh konzentriert sind. Weitere Minderheiten sind die Ahmadiyya-Bewegung oder die Bahai. Das Christentum stellt in Pakistan mit etwa 2,3 % der Bevölkerung die größte Minderheit dar. Bei für das Jahr 2010 geschätzten 180 Millionen Einwohnern des Landes wären das rechnerisch 4,5 Millionen Christen, genaue statistische Daten jedoch gibt es zurzeit nicht.[266] Die größten Kirchen sind die *Church of Pakistan*[267] sowie die *Römisch-katholische Kirche* mit jeweils über 1 Millionen Anhängern, gefolgt von weitaus kleineren Kirchen wie der *Presbyterianischen Kirche*, der *Heilsarmee* oder den *Full Gospel Assemblies*. Generell ist für Pakistan ein starkes Stadt-Land-Gefälle charakteristisch. Größere Städte sind Karachi mit ca. 13 Millionen Einwohnern, gefolgt von Lahore mit ca. 6 Millionen sowie Faisalabad (2 Mio.), Gujranwala (1,7 Mio.), Peschawar (1,7 Mio.), Multan (1,3 Mio.), Hyderabad (1,1 Mio.) und Rawalpindi (1 Mio.).[268] Die wirtschaftlichen Probleme des Landes sind evident. Die ökonomische Situation hat sich nach dem 11. September 2001 deutlich verschlechtert. Zudem weist Pakistan nach wie vor ein hohes Bevölkerungswachstum von etwa 2,1 % auf, wodurch soziale, ökonomische sowie ökologische Probleme weiter verschärft werden.[269]

Die sozialen und ökonomischen Bedingungen haben Auswirkungen auch für den Bereich der interreligiösen Beziehungen. Einschneidend waren indes die rechtlichen Veränderungen, die seit Übernahme der Macht durch General

---

265 Als Übersicht vgl. M. Marsden (Hg.) (2010), Islam and Society in Pakistan. Anthropological Perspectives, Oxford/Karachi.

266 Zur Einführung: L. S. Walbridge (2003), The Christians of Pakistan. The Passion of Bishop John Joseph, London/New York.

267 Es handelt sich bei dieser Kirche um einen Zusammenschluss von Anglikanern, Presbyterianern, Methodisten und Lutheranern.

268 EMW (Hg.) (2002), Pakistan Länderheft (44), Hamburg, 256f.

269 J. J. Jivan; Peter Jacob (2012), Life on the Margins. A study on the minority women in Pakistan, Lahore, 10.

Zia ul-Haqq im Jahr 1977 vorgenommen wurden.[270] Es kam zu einer stetigen Islamisierung des Staates.[271] So wurde mit Artikel 203 D ein Scharia-Gerichtshof eingesetzt, der als dem Parlament vorgeordnet jegliche Gesetzesinitiative auf ihre Kompatibilität mit dem islamischen Schariatsrecht zu prüfen hat.[272] Die einzelnen Phasen dieses Prozesses sind hier nicht im Detail nachzuzeichnen. Bedeutsam sind vor allem die gesetzlichen Bestimmungen, die unter dem Paragraphen 295 des Strafgesetzbuches gefasst wurden, es handelt sich um das so genannte Blasphemiegesetz.[273] *Obwohl sich in der Konstitution des Staates Pakistan in den Artikeln 1–3 und 33 Bestimmungen finden, die jede Form von Diskriminierung untersagen, wurden gesetzliche Bestimmungen erlassen, die solche Diskriminierungen ermöglichen.*[274] *Nach Paragraph 295 B und C ist die Beleidigung des Propheten mit Gefängnis bis hin zur Todesstrafe zu ahnden, auf die Beleidung des Koran steht Gefängnis bis hin zu lebenslanger Haft.*[275] *Dabei bleibt weitgehend offen, was unter Beleidigung zu verstehen ist, auch reicht oft die bloße Anklage ohne Beibringung von Beweisen aus, um eine Inhaftierung zu erreichen. Ist eine Anklage erst einmal erfolgt, so kommt es nicht selten vor, dass ein aufgeheizter Mob oder Einzeltäter Lynchjustiz üben.* Selbst nach einer erfolgreichen Abwehr einer solchen Anklage müssen Menschen, die angeklagt worden waren, nicht selten entweder weiter um ihr Leben fürchten oder sie sind gezwungen, ihre bisherige Lebensumgebung zu verlassen. Unter diesen gesetzlichen und gesellschaftlichen Umständen kam es in den Jahren 1986–2011 zu insgesamt 37 offiziell festgestellten Lynchmorden. Unter den Opfern waren hauptsächlich Christen (18 Personen), an zweiter Stelle Muslime (16 Personen), sowie zwei Ahmadis und 1 Hindu. Die Dunkelziffer von Morden dürfte indes höher liegen. Insgesamt jedoch kam es

---

[270] M. A. Khaki (2009), Islamization of Laws in Pakistan and its Effects on Minorities, 23.

[271] D. Pinault (2008), Notes from the Fortune-telling Parrot. Islam and the Struggle for Religious Pluralism in Pakistan, London/Oakville.

[272] M. A. Khaki (2009), Islamization of Laws in Pakistan, 23. Zum Ganzen vgl. 24ff.

[273] Vgl. National Commission for Justice and Peace (2011), Human Rights Monitor 2011. A report on the Religious Minorities in Pakistan, Lahore.

[274] National Commission for Justice and Peace (2011), Human Rights Monitor 2011, 7–8.

[275] In § 295 C heißt es: «whoever by words, either spoken or written or by visible representation, or by any imputation, innuendo, or insinuation, directly or indirectly, defiles the sacred name of the Holy Prophet Mohammed (PBUH) shall be punished with death, or imprisonment." Zit. nach: J. J. Jivan; P. Jacob (2012), Life on the Margins, 57. Bis zu drei Jahre Haft werden in § 298 A demjenigen angedroht, der neben dem Propheten eine seiner Frauen, einen der ersten Kalifen oder einen der Gefährten des Propheten beleidigt. (ebd.)

in diesem Zeitraum zu 1081 Anklagen, von denen sich 468 gegen Muslime, 454 gegen Ahmadis und 138 gegen Christen und 21 gegen Hindus richteten. Allerdings zeigen diese Zahlen deutlich, dass Christen und Hindus mit einem Gesamtanteil von etwa 4 % der Bevölkerung gegenüber 95 % Muslimen proportional weitaus höhere Anklagequote aufweisen, als die Mehrheitsbevölkerung.[276]

Die gesetzlichen Bestimmungen einerseits sowie die gesellschaftliche Atmosphäre andererseits haben die Beziehungen zwischen Angehörigen der verschiedenen Religionsformationen tiefgehend beeinflusst. Dies wird in vielen Voten von Christen an verschiedenen Orten und unterschiedlichen sozialen Schichten deutlich. Die Angst, durch unliebsame Äußerungen von Menschen der Blasphemie bezichtigt zu werden, ist weit verbreitet. Für die Situation in Pakistan ist dabei zu beachten, dass sich der Blasphemieparagraph ausschließlich auf den Propheten Muhammad und den Koran bezieht, nicht jedoch auf religiöse Autoritäten anderer Religionsformationen wie etwa das Christentum oder die Hindu-Religionen. Zwar gibt es auch in einigen europäischen Staaten nach wie vor Paragraphen zum Thema Blasphemie, diese aber beziehen sich auf *alle* religiösen Traditionen gleichermaßen und werden an Kriterien ausgerichtet, was genau unter Blasphemie zu verstehen ist. Die Bestimmungen schließen Beweislast, Schwere der Beleidigung und ein rechtliches Procedere ein, abgesehen davon, dass das Strafmaß im Vergleich als äußerst gering zu bezeichnen ist. Wie also verhalten sich pakistanische Christen im Kontext eines solchen Szenarios? Dazu im Folgenden einige Beispiele.

Das fremde Territorium nicht betreten – Wenn jedes Wort zählt

In vielen Gesprächen mit pakistanischen Christen und Christinnen wurde deutlich, dass diese seit längerer Zeit sehr genau darauf achten, möglichst keine Aussagen über muslimische Traditionen zu machen, weder über den Propheten noch auch über den Koran. Dass unter diesen Umständen ein eigenes Glaubenszeugnis erschwert, wenn nicht unmöglich gemacht wird, mag unmittelbar einleuchten. Wir sprechen mit Rebecca.[277] Auf die Frage, wie sie mit nichtchristlichen Kollegen umgehe, antwortet sie, dass Fragen der Religion im Alltag tunlichst vermieden werden. Dennoch komme es mitunter vor, dass sie von dem einen oder anderen Kollegen zum Beispiel gefragt werde,

[276] National Commission for Justice and Peace (2011), Human Rights Monitor 2011, 57–85, bes. 84f.

[277] Bei den in diesem Abschnitt aufgeführten Namen handelt es sich um Pseudonyme.

weshalb die Christen an der Behauptung, Jesus sei gekreuzigt worden, festhalten, denn Isa (Jesus) sei nach den Aussagen des Koran doch gar nicht am Kreuz gestorben.[278] Welche Botschaft sei also falsch, die der Bibel oder die des Koran? Weiter werde nicht selten festgestellt, so Rebecca: Ohne die im Koran ermöglichte Rechtleitung werde man als Christ aller Wahrscheinlichkeit nach in der Hölle enden, warum also nicht Muslim werden? Rebecca meint, sie sei sich in dieser Situation der Gefahr durchaus bewusst gewesen und habe auf die Fragen nicht geantwortet. Vielmehr habe sie sich auf ihr eigenes Glaubensleben bezogen und zurückgegeben, dass sie Jesus nun einmal als ihren Herrn und Heiland liebe und darum, wenn es denn so sein sollte, lieber in die Hölle kommen wolle, als von ihm getrennt zu sein.

Dieses Bekenntnis ist meines Erachtens vielsagend, denn es verdeutlicht, wie in einem solchen Gespräch ein Dialog, verstanden als Austausch von rationalen Argumenten vermieden wird. Der Grund: Jedes rationale Argument setzt einen Vergleich voraus, der wiederum als Angriff auf die Autorität des Propheten oder des Koran von einem Muslim *gedeutet* werden könnte. Ohne den Bezug auf die andere Religionsformation, das heißt hier, ohne einen Vergleich, entfällt jedoch jeder mögliche Grund zur Anklage. Rebecca hat sich mit diesem Statement daher auf das Terrain ihrer eigenen Religionstradition, genauer: ihres eigenen religiösen Erlebens zurückgezogen. Damit hat sie *das Gespräch nicht abgebrochen, gleichzeitig aber einen Dialog*, verstanden als Austausch rationaler Argumente auf der Grundlage eines Vergleiches der Traditionen, *vermieden*.

Ein anderes Beispiel gibt Asif. Auch er weiß um die Gefahren, die sich ergeben, wenn Menschen anderen Glaubens zu einem Gespräch ermuntern, in dem Christen dazu aufgefordert werden, Aussagen über eine andere Religionsformation zu machen. Bevor in der Schilderung vorgefahren wird, ist jedoch eine Zwischenbemerkung unerlässlich: Es sei an dieser Stelle nochmals ausdrücklich hervorgehoben, dass Blasphemieanklagen – wie erwähnt – auch und gerade Muslime und Ahmadis treffen. Dies bedeutet, dass solche Anklagen nicht selten durch niedere Instinkte wie Neid, Missgunst oder Ärger motiviert sind oder aber allgemein zum Ziel haben, gegenüber dem Angeklagten einen Gewinn zu erzielen. Oft dient das religiöse Thema damit ganz anderen, nämlich nichtreligiösen Zielen, etwa der Erpressung eines guten

---

[278] Zu den verschiedenen Theorien, welche in muslimischen Traditionen diesbezüglich vertreten werden, vgl. M. Bauschke (2000), Jesus – Stein des Anstoßes. Die Christologie des Korans und die deutschsprachige Theologie, Köln u. a., darin: »Die Christologie des Korans«, 97–196.

Geschäfts. Es geht hier demnach zunächst um das grundsätzliche Problem einer Gesetzgebung, die so unspezifisch und einseitig ist, dass sie Rechtsfälle und Rechtsunsicherheit in hohem Maße fördert und geradezu verursacht. Das Problem wird auch von nicht wenigen muslimischen Aktivisten gesehen.

Hier allerdings konzentrieren wird uns auf die Bedeutung solcher Restriktionen für die Thematik von Gespräch, Dialog und Glaubenszeugnis. Kommen wir damit zurück zu Asif: Dieser meint, dass er nicht selten mit der Behauptung konfrontiert werde, der Koran beinhalte die Wahrheit, das Evangelium jedoch sei ebenso wie auch die Thora verfälscht. Auch diese theologische Feststellung lädt nicht dazu ein, einen Wettstreit der Argumente aufzunehmen, da ja die Bestreitung der koranischen Aussage, das Evangelium sei verfälscht, bedeuten würde, die Autorität eben dieser koranischen Aussage in Zweifel zu ziehen. Damit jedoch ist der Weg einer argumentativen Replik verbaut, denn die Autorität des Koran anzuzweifeln, kann als Respektlosigkeit und damit als Schmähung des Koran gedeutet werden.

Asif jedoch kontert das Argument, indem er einerseits den Gesprächsfaden aufrechterhält, andererseits jedoch eine Verteidigung auslässt. Vielmehr versucht er eine Brücke zu bauen, indem er zurückfragt, ob denn sein Gesprächsgegenüber seinerseits das Neue Testament schon einmal gelesen habe. Denn wenn man die Aussage des Korans ernst nehme, dann könne man doch am Text des Neuen Testaments selbst prüfen, welche Passagen möglicherweise entstellt seien. Diese Replik besticht durch ihre Einfachheit, da Asif *die Autorität der koranischen Aussagen als Aufforderung an sein Gegenüber zurückgibt*, sich den Schriften des Neuen Testaments selbst zuzuwenden. *Damit gibt er jede begründende Aussage eines theologischen Dialogs quasi aus der Hand und reicht einen möglichen Dialog an die neutestamtlichen Schriften weiter. Nicht er, Asif, argumentiert, sondern er hofft, dass die Geschichten und Texte des Neuen Testament einen inneren Dialog im Gegenüber anstoßen werden*: Was auch immer sich als »Dialog« einstellen kann, das wird sich – so die Zuversicht von Asif – einstellen, wenn sein Gegenüber sich dem Neuen Testament zuwenden wird, und zwar *als innerer Dialog.* Damit vermeidet es auch Asif, das Territorium der anderen Religionsformation zu betreten. Er *spiegelt* nur *dessen Geltungsanspruch* und weist auf die Möglichkeit hin, diesen Anspruch auf Grundlage des Vergleichs zu prüfen. *Es ist hier demnach ein Muslim, die von sich aus den Vergleich anstreben* und das bedeutet, die neutestamentlichen Schriften lesen müsste. Die Aussage bzw. Aufforderung von Asif jedoch kann nicht – und das ist entscheidend – als Versuch von »Mission« diffamiert werden, *da er ja ganz in der Logik der koranischen Aussagen verbleibt,* denn die koranischen Aussagen zu den Schriften der Juden und Christen sind durchaus offen, da ja nicht behauptet wird, in den Schriften der Juden und der Christen sei *alles* entstellt, sondern es wird lediglich behauptet, es sei *einiges* verändert, sei es, dass entweder etwas an Aussagen und Texten hinzugekommen sei, anderes weggenommen worden sei oder aber bestehende Texte und Geschichten verändert worden seien. Nicht alle, sondern einige.

Auch hier also gilt: Asif hält das Gespräch aufrecht, steigt aber in einen argumentativen Dialog auf Vergleichsbasis nicht ein. Der Muslim wird vielmehr *durch seine eigene Heilige Schrift* dazu *aufgefordert*, die neutestamentlichen Schriften zu prüfen – Ergebnis ungewiss. *Das Vergleichen bleibt quasi extern, Asif hat daran keinen Anteil, was ihn vor jeder möglichen Anklage schützt.*

Eine dritte Möglichkeit des Umgangs mit dem Problem des Blasphemiegesetzes findet sich bei Asher. Er berichtet von einer Bekannten, die an ihrem Arbeitsplatz in einem an sich unverfänglichen Gespräch gefragt wurde, ob sie das islamische Zeugnis, die Shahada, auswendig auf Arabisch sprechen könne. Ahnungslos habe diese die Worte gesprochen, worauf der Gegenüber festgestellt habe, nun sei sie eine Muslima geworden und müsse sich entsprechend verhalten. Vom Gegenüber war dabei ganz offensichtlich mit Absicht außer Acht gelassen worden, dass nach traditionellem Verständnis der Übertritt zum Islam erstens *bewusst und aus freien Stücken* vor sich gehen müsste, zweitens die *dreimalige Wiederholung* der Shahada erfordert und dieses drittens *mindestens vor zwei Zeugen* zu geschehen habe. Solcher Übergriffe eingedenk, berichtet Asher von einem Gespräch, in dem er gefragt wurde, weshalb denn Christen an drei Götter glauben würden. Darauf habe er zurückgegeben, Christen würden nicht an drei Götter glauben, sondern an einen Gott in dreifacher Weise, und dies sei auch im Koran belegt in Sure 4, 171, wo es heiße: Jesus sei der »Gesandte Gottes«, er sei »ein Wort« von ihm und »Geist« von ihm.[279] Diese Bemerkung habe bei dem Gegenüber große Verblüffung hervorgerufen. Asher gibt demnach im Gespräch zu verstehen, so kann man paraphrasieren, der Koran selbst enthalte eine triadische Aussage zu Jesus, eben als Gesandter, Wort und Geist. Diese Aussage ist religionswissenschaft-

[279] Vgl. Sure 4, 171: »O ihr Leute des Buches, übertreibt nicht in eurer Religion und sagt über Gott nur die Wahrheit. [...Der Messias] Jesus, der Sohn Marias, ist doch nur der Gesandte Gottes und sein Wort, das er zu Maria hinüberbrachte, und ein Geist von Ihm. So glaubt an Gott und seine Gesandten. Und sagt nicht: Drei. Hört auf, das ist besser für euch. Gott ist doch ein einziger Gott. Gepriesen sei Er und erhaben darüber, dass Er ein Kind (arab. walad) habe.«

lich betrachtet rein assoziativ und spekulativ, sie hat mit dem, was man eine »Christologie« des Koran nennen könnte, nichts zu tun.[280]

Halten wir einen Moment inne. Aus religionswissenschaftlicher Sicht liegt hier natürlich ein Missverständnis vor, von dem unwahrscheinlich ist, dass es Asher aufgefallen ist, denn nach der Semantik koranischer Texte ist mit »Wort« eher »Befehl« gemeint (arab. *amr*), was eine Willenskundgebung bedeutet. Es ist jedoch nicht die Semantik des neutestamentlich griechischen Wortes im Blick (grch. *logos*), welches etwa im Johannesprolog (Joh. 1, 1–14) das Wort auf die Seite der göttlichen Wirklichkeit stellt. Auch das Wort »Geist« hat in der koranischen Semantik einen anderen Stellenwert als in vielen neutestamentlichen Schriften, denn unter »Geist« ist im koranischen Sinne entweder eine stärkende Wirkung Gottes zu verstehen, bei der jedoch nicht an die Präsenz göttlicher Wirklichkeit in der Schöpfung zu denken ist, oder aber es wird mit »Geist« ein Engel (der Engel Gabriel) bezeichnet, der Herabsendungen Gottes an den Propheten Muhammad vermittelt. Diese Zusammenhänge mögen weder dem Christen Asher noch seinem muslimischen Gegenüber geläufig sein, jedoch entfaltet die Bezugnahme auf solche Begriffe eine Eigendynamik, die man als *produktives Missverständnis* deuten mag.[281] Das Assoziative wirkt hier wie eine Brücke.

Wiederum handelt es sich nicht um einen Dialog, verstanden als einen durchaus kontroversen Austausch von Argumenten, sondern es handelt sich um ein Gespräch, in dem es der christliche Beteiligte vermeidet, Aussagen *über* die andere Tradition zu machen. Was hier geschieht, ist etwas ganz

---

280 Zu koranischen Aussagen über Isa (Jesus), G. C. Anawati (1978), Art. Isa, in: The Encyclopaedia of Islam, Vol. 4, New Edition, ed. by E. van Donzel et. al., Leiden/London, 81–86; M. Bauschke (2000), Jesus – Stein des Anstoßes. Die Christologie des Korans und die deutschsprachige Theologie, Köln u. a.; C. Schedl (1978), Muhammad und Jesus. Die christologisch relevanten Texte des Koran, Wien u. a.; O. Schumann (1988), Der Christus der Muslime. Christologische Aspekte in der arabisch-islamischen Literatur, 2. Aufl., Wien/Köln.

281 Sure 5, 17: »Ungläubig sind gewiss diejenigen, die sagen: ›Gott ist [...der Messias], der Sohn Marias.‹ Sprich: Wer vermag denn gegen Gott überhaupt etwas auszurichten, wenn Er [...den Messias], den Sohn Marias, und seine Mutter und diejenigen, die auf der Erde sind, allesamt verderben lassen will? Gott gehört die Königsherrschaft der Himmel und der Erde und dessen, was dazwischen ist. Er erschafft, was Er will. Und Gott hat Macht zu allen Dingen.« Vgl. Sure 5, 72: »Ungläubig sind diejenigen, die sagen: ›Gott ist [...der Messias], der Sohn Marias‹, wo doch Christus gesagt hat: ›O ihr Kinder Israels, dienet Gott, meinem Herrn und eurem Herrn.‹ Wer Gott (andere) beigesellt, dem verwehrt Gott das Paradies. Seine Heimstätte ist das Feuer. Und die, die Unrecht tun, werde keine Helfer haben. 73 Ungläubig sind diejenigen, die sagen: ›Gott ist der Dritte von dreien‹ (...)«

anderes: Asher verweist auf eine Koranstelle, deren Wahrheitsgehalt er seinerseits bestätigt, indem er meint, die Stelle könne als Anerkennung einer christlichen Lehrtradition verstanden werden. In diesem Falle wird demnach nicht der Rekurs auf die eigene Erfahrung gesucht (introspektiver Verweis, Rebecca), auch nicht eine koranische Aussage als Verweis zur Prüfung christlicher Schriften verstanden (exzentrischer Verweis, Asif), sondern eine koranische Aussage quasi als Spiegelung eigener Lehrtraditionen gewürdigt (reflexiver Verweis, Asher).[282] Asher weiß über den weiteren Verlauf des Gesprächs noch keine Auskunft zu geben. Dieser steht noch aus. Immerhin hat ihn der Hinweis aus einer potentiell gefährlichen Situation herausgeführt.

Man mag aus westlicher Sicht solche Gesprächsmanöver als naiv belächeln oder aber als hermeneutisch völlig unzureichend kritisieren. Im Rahmen akademischer Diskussionen in westlichen Gesellschaften sind solche Reaktionen verständlich. Für Millionen von Menschen in Pakistan jedoch stellen diese Rahmenbedingungen – allerdings nicht nur in Pakistan, sondern vergleichbar auch in manchen anderen mehrheitlich muslimischen Staaten – eine bedrohliche Realität dar. Dies wirft die weitergehende Frage auf: Kann es sein, dass der »interreligiöse Dialog« tatsächlich nicht in jedem Falle den Königsweg interreligiöser Verständigung darstellt? Alle pakistanischen Christen, mit denen ich gesprochen habe, lehnten einen interreligiösen Dialog ab. Ein solcher Dialog, ein Beharren auf Unterschieden, bringe nur Unfrieden mit sich. Überhaupt führe der Versuch rationaler Überzeugungsarbeit nicht weiter. Weitaus dringlicher dagegen sei das Bemühen um *social harmony*.

Das heilsame Miteinander suchen – social harmony statt interreligious dialogue

Was ist unter dem Begriff *social harmony* zu verstehen? Grundsätzlich geht es um die Bildung und das Aufrecht-erhalten von guten Beziehungen, was auch als ein »Dialog der Herzen« bezeichnet werden kann.[283] Unter *social harmony* oder auch *interfaith harmony* werden Aktivitäten gefasst, die entweder dem Engagement für ein gemeinsames soziales Engagement dienen

[282] Zu grundsätzlichen Fragen christlich-islamischer Dialogverständnisse vgl. H. Wrogemann (2006), Da'wa und die Vielschichtigkeit des Dialogbegriffs, in: ders., Missionarischer Islam und gesellschaftlicher Dialog. Eine Studie zur Begründung und Praxis des Aufrufs zum Islam im internationalen sunnitischen Diskurs, Frankfurt/M., 399–418.

[283] Ch. Amjad-Ali (2010), The Apostle Paul and other Faiths, in: al-Mushir (52), 105–117, 105.

oder aber allgemein der Aufrechterhaltung guter nachbarschaftlicher Beziehungen. Darunter fallen gemeinsame Projekte im Bereich der Arbeit von Nichtregierungsorganisationen (NGO's), Initiativen der Nachbarschaftshilfe, gemeinsames Engagement in der Katastrophenhilfe und regelmäßige Kontakte führender Persönlichkeiten verschiedener gesellschaftliche Gruppen. Gemeinsame Themenfelder sind etwa Menschrechtsfragen, Programme zum Thema *Women Empowerment*, Initiativen zu Fragen des Umweltschutzes oder Bildungsinitiativen.[284] Für alle diese Bereiche gilt, dass in der Konzentration auf konkrete Problemstellungen und deren praktische Inangriffnahme jeder Rückgriff auf religiöse Traditionen und Begründungszusammenhänge ausgeblendet wird. Das Verbindende der Praxis wird dem Trennenden in der Lehre entgegen gestellt.

Innerhalb dieser Bewegung für *social harmony* sind auch Initiativen zur Förderung eines Bewusstseins für die Bedeutung der Menschenrechte im Sinne der *Menschrechtskonvention der Vereinten Nationen* von 1948 zu verorten. Im Blick auf dieses Anliegen arbeiten Aktivisten verschiedener Weltanschauungen zusammen. Auch hier treten Fragen der religiösen Lehre als Begründungsmuster eher zurück. Fragen der religiös begründeten Rechtspraxis dagegen werden offensiv und kritisch angegangen, allerdings unter erheblichen Gefahren für Leib und Leben derer, die sich für die Menschenrechte einsetzen.

Halten wir einen Moment inne und fragen, welche Arten von Beziehungsmustern wir bisher skizziert haben. Folgende Ansätze sind erkennbar: (1) In interreligiösen Begegnungen wird seitens von Mitgliedern der christlichen Minderheit jede Stellungnahme zu muslimischen Traditionen (Koran, Hadith-Literatur) und Autoritäten (Prophet, Prophetenfrauen, Gefährten des Propheten) vermieden. Ein argumentativ-vergleichender Dialog findet nicht statt, Gespräche dagegen sehr wohl. (2) Ansätze zur Förderung von *social harmony* sind darum bemüht, Fragen religiöser Lehre bewusst auszuklammern. Es geht um das gemeinsame Engagement und das Kontakt-halten miteinander, was eine Gesprächskultur erfordert, den Austausch rationaler Argumente jedoch auf den Bereich konkreter Problemlösungen beschränkt. (3) Im Blick auf Fragen der Menschenrechte[285] jedoch ist der Bezug auf religiöse Begründungsmuster im Sinne einer Kritik bestehender Rechtspraxis nicht zu vermeiden. Dabei

---

284 Vgl. als Beispiel: Justice and Peace Commission, Newsletter 2011, Serial No. 14, Multan.

285 Zu Menschenrechtsdiskursen in Pakistan: Ch. Stahmann (2005), Islamische Menschenrechtskonzepte. Islamische Menschenrechtskonzepte und das Problem sogenannter »islamischer« Menschenrechtsverletzungen in Pakistan seit 1977, Würzburg.

geht es zwar nicht um die direkte Kritik an religiösen Begründungszusammenhängen und den mit ihnen verbundenen Autoritäten, es geht jedoch um eine Praxis, die von manchen Konservativen oder aber Islamisten als genuiner Bestandteil islamischer Identität gedeutet und entsprechend verteidigt wird, mit teilweise radikalen Konsequenzen, wie im Folgenden zu zeigen sein wird.

Menschenrechtsdiskurse – interreligiöser Dialog in kritischer Absicht

Dass die »Rechts«-praxis in Pakistan vielfach nicht nur dem geltenden pakistanischen Recht nicht entspricht, sondern darüber hinaus Teile des pakistanischen Rechts in eklatantem Widerspruch zu den Menschenrechten von 1948 stehen, wird von verschiedenen Seiten, darunter gerade auch von moderaten Muslimen, immer wieder betont. Die öffentlich ausgesprochene Forderung jedoch, etwa das Blasphemiegesetz abzuschaffen, ist ein sehr gefährlicher Akt. Insbesondere zwei Fälle haben die pakistanische Öffentlichkeit erschüttert. Am 4. Januar 2011 wurde der Politiker *Salman Taseer* von einem seiner Leibwächter erschossen. Taseer hatte nach einer längeren politischen Laufbahn seit dem Jahr 2008 den Posten als Gouverneur des pakistanischen Bundesstaates Punjab inne. Nachdem er sich Ende des Jahres 2010 in einem Fernsehinterview für eine *Reform* des Blasphemiegesetzes ebenso wie für die Freilassung der zu Unrecht inhaftierten Christin *Asia Bibi* ausgesprochen hatte, wurde er bedroht. Der Mörder mit Namen *Malik Mumtaz Hussain Qadris* gab nach seiner Inhaftierung an, durch die Tötung *Taseers* den Islam verteidigt zu haben. Führende Mitglieder der *Jamaat Ahl-e Sunnat* verteidigten *Hussein Qadris* kurze Zeit darauf als einen »Held des Islam« und forderten bei Demonstrationen der Bewegung, dass die Regierung ihn sofort aus der Haft entlassen solle.

Wenige Monate später kam es zu einer zweiten Gewalttat. So wurde am 2. März 2011 der römisch-katholische Christ *Shabaz Bhatti* in seinem Dienstfahrzeug mit einer Salve aus einer Maschinenpistole niedergestreckt. *Bhatti* war seit 2008 Mitglied des Parlaments und wurde noch im selben Jahr unter der Regierung *Musharraf* als erster Minister des auf nationaler Ebene neu eingerichteten Minsteriums für Minoritätenangelegenheiten berufen. In diesem Amt setzte er sich für *interfaith harmony* ein, startete Initiativen zur Bestrafung von Hasspredigern und gegen die Verbreitung entsprechender Literatur, er forderte neue Quoten von Parlamentssitzen für die Vertretung von religiösen Minderheiten und trat für eine Reform des Blasphemiegesetzes ein. Sehr bald kam es zu Morddrohungen. Von diesen Drohungen ließ sich *Bhatti* jedoch nicht einschüchtern, obwohl er damit rechnete, jeder Zeit getötet werden zu können. Angesichts der gefährlichen Situation verließ *Bhatti* nicht – wie manche andere Politiker – das Land. Er rechnete vielmehr mit seinem Tod. Nach seiner Ermordung fand sich in seinem Nachlass eine Videobotschaft, in der er seinen – damals noch erwarteten – Tod als Martyrium zum Schutz der Minderheitenrechte deutete.

Es liegt nahe, die sich bei Bhatti äußernde Geisteshaltung als die eines Zeugen zu verstehen, der mit seinem Leben für eine Sache einsteht. Dies lenkt die Aufmerksamkeit auf eine Dimension des kritischen Dialogs, die mitunter übersehen wird. Es geht in diesem Zusammenhang nicht um die logische Folgerichtigkeit eines Arguments, es geht auch nicht um die Position als solche, sondern es geht um die Frage, *welche Person* eine Wahrheit an *welchem Ort* und in *welcher Situation* ausspricht. Die Feststellung, das Blasphemiegesetz sei zu ändern, mag zwar an sich als richtig anerkannt oder als falsch abgelehnt werden, die Aussage erhält jedoch erst dadurch ein gesellschaftliches *Gewicht*, dass sie ausgesprochen wird nicht etwa in London oder New York, sondern in Pakistan selbst, angesichts einer real existierenden Bedrohung durch Extremisten. *Shabaz Bhatti* wurde getötet durch Anhänger der *Tehrik-i-Taliban*, die die Tötung damit rechtfertigten, *Bhatti* habe mit der Forderung nach einer Reform des Blasphemiegesetzes sowohl den Koran als auch den Propheten beleidigt.

Die Beispiele zeigen, dass der Einsatz für die Menschenrechte im Sinne der UN-Charta von 1948 in Pakistan gegenwärtig lebensgefährlich ist, da dieser Einsatz notwendig verknüpft ist mit der Kritik an religiös begründeter Gesetzgebung. *Hier handelt es sich auf Grundlage eines an sich säkularen Wertekanons dennoch um einen interreligiösen Dialog*, da zumindest die eine Seite der an der Kontroverse beteiligten Parteien sich *als dezidiert religiös versteht* und damit die Kritik an der eigenen Position als potentielle Beleidigung *deutet*. Damit geht dieser Diskurs deutlich über Ansätze von *social harmony* hinaus. So sehr der Ansatz von *social harmony* der Interaktion von Menschen verschiedener Zugehörigkeit dienen soll, bleibt festzuhalten, dass die Rede von *harmony* leicht dazu missbraucht werden kann und realpolitisch auch immer wieder missbraucht wurde, um jede Form der Kritik auszuschließen, da Kritik als Störung der – hegemonial aufrecht erhaltenen – Harmonie diskreditiert werden konnte.

Dialogtheoretische Konsequenzen – ein Ausblick

Die Beispiele mögen gezeigt haben, dass die Thematik des interreligiösen Dialogs vielfältiger Präzisierungen und Einbettungen bedarf. Kurz gesagt geht es darum, dass tatsächlich gefragt werden muss, in welchen Zusammenhängen Dialoge, verstanden als der Austausch rational nachvollziehbarer Argumente, sinnvoll erscheinen. In Pakistan jedenfalls zeigen die »Strategien« der genannten Personen, dass es einerseits wichtig ist, das Gespräch aufrecht zu erhalten, um das andersreligiöse Gegenüber nicht sein/ihr Gesicht verlieren zu lassen und selbst der Gefahr zu entgehen, zukünftig durch erfundene Anklagen in Bedrängnis zu geraten. Andererseits wird in diesen *lebensweltlichen Kontexten* ein Dialog im oben genannten Sinne, und zudem ein theologischer Dialog, vermieden. Anders liegen die Dinge in *Initiativen von social harmony*, wo Dialoge als Austausch rationaler Argumente lediglich im Blick auf konkrete praktische Fragen beschränkt werden und damit möglichst ohne expliziten Bezug auf weltanschauliche Muster geführt werden. In den *Menschenrechtsdebatten* schließlich, in denen es um aus »westlicher« Sicht *säkulare* Fragestellungen geht, sind indes Konflikte nicht zu vermeiden, da es um konkrete Rechtsfragen geht, die in diesem Falle von islamistischen Aktivisten als religiös *gedeutet* werden, insofern ihnen widersprechende Rechtstraditionen als Angriff auf den Islam verstanden werden. Für westliche Gesellschaften bedeuten diese Beobachtungen meines Erachtens einen Erkenntnisgewinn, zeigen sie doch, dass im Raum zivilgesellschaftlicher Öffentlichkeiten die Fokussierung auf nur ein Verständnis von Dialog nicht hilfreich ist. Vielmehr wäre ein gestaffeltes Verständnis von interreligiösen kommunikativen Handlungen zu entwickeln, welches verschiedene Muster – wie etwa Gespräche oder Dialoge – in ihrer jeweiligen Besonderheit und Kontextualität würdigen.

Andere Religionen verstehen?

Thema inter-religiöse/kulturelle Hermeneutik

Die Welt wandelt sich stetig, auch im Bereich des Religiösen. Nachdem es in den 1960er Jahren in Europa merklich stiller um das Thema Religion und Religionen geworden war und sich manche sogar anschickten, schon das Ende der Religion vorherzusagen[286], scheint es seit den späten 1970er Jahren zu einem Wiedererwachen der Religionen gekommen zu sein. Zu nennen ist etwa die *Neue Religiöse Rechte* in den USA der 1980er Jahre oder die Islamische Revolution im Iran im Jahr 1979, an deren Ende die Herrschaft eines religiösen Establishments stand. Die 1980er Jahre waren durch eine Flut fundamentalistischer Angriffe in verschiedenen Ländern bestimmt, besonders in Nordafrika.[287] Doch die Welt ist auch seither im Wandel. Der Fall der Berliner Mauer 1989, das Aufkommen großer und immer größerer Migrationsströme, die Anschläge auf die Twin-Towers in New York im Jahr 2001. Es wurde von der nervösen Öffentlichkeit in vielen Ländern gefragt: Fördern oder gefährden Religionen den Frieden?[288] Welchen Stellenwert dürfen Religionen in der Öffentlichkeit verlangen? Wie viel Religion darf sein? Wie steht es mit Veränderungen der religiösen Landschaft in einer Gesellschaft? Wo kommen Parallelgesellschaften auf? Wo entstehen Konflikte? Und in alledem: Wie können wir fremde Religionen und Kulturen besser verstehen?

---

[286] K. Gabriel; C. Gärtner; D. Pollack (Hg.) (2012), Umstrittene Säkularisierung. Soziologische und historische Analysen von Religion und Politik, Berlin.

[287] R. Schulze (2002), Geschichte der Islamischen Welt im 20. Jahrhundert, München.

[288] Vgl. H. Wrogemann (2011), Von Religionskriegern und Friedensstiftern – Welche Religion ist am friedfertigsten?, in: ders., Das schöne Evangelium inmitten der Kulturen und Religionen. Streifzüge im Bereich der Missions- und Religionswissenschaft, Erlangen, 66–84. Vgl. C. Abbt u. a. (Hg.) (2008), Im Zeichen der Religion. Gewalt und Friedfertigkeit in Christentum und Islam, Frankfurt/M. u. a.; M. Brocker u. a. (Hg.) (2008), Friedensstiftende Religionen?, Wiesbaden; A. Käuflein u. a. (Hg.) (2008), Religion und Gewalt, Würzburg; B. Oberndorfer u. a. (Hg.) (2008), Die Ambivalenz des Religiösen, Freiburg i.Br. u. a.; F. Schweitzer (Hg.) (2006), Religion, Politik und Gewalt, Gütersloh.

Aber was hieße das eigentlich, fremde Religionen und Kulturen zu verstehen? Und was wären Grundlagen einer interkulturellen und dann auch einer interreligiösen Hermeneutik?[289] Im Folgenden kann es lediglich um einige skizzenhafte Bemerkungen zum Thema gehen. (1.) Zunächst wird der eigene – in diesem Falle bundesdeutsche – Fragehorizont etwas aufzuhellen sein. (2.) Danach sollen zwei grundsätzliche Versuche, ein Verstehen anderer/fremder Kulturen und Religionen durch dialogische Annäherung zu erreichen, diskutiert werden. (3.) Umgekehrt sind auch Versuche zu bedenken, dem Anderen und Fremden durch Abgrenzung zu begegnen. (4.) Vor dem Hintergrund dieses Problemaufrisses wird die Thematik einer Interkulturellen und Interreligiösen Hermeneutik als Aufgabe des Faches Interkulturelle Theologie/Missionswissenschaft umrissen, dessen Aufgabe im Besonderen darin gesehen wird, allzu naive hermeneutische Zugänge zu hinterfragen. (5.) Es wird die These vertreten, dass für interkulturelles wie interreligiöses Verstehen insbesondere fünf Dimensionen von Bedeutung sind, um einen multidimensionalen hermeneutischen Zugang zu entwickeln. (6.) Abschließend sind zukünftige Aufgaben anzudeuten.

Den eigenen Fragehorizont bedenken

Beginnen wir unsere hermeneutischen Erwägungen mit der scheinbar selbstverständlichen Voraussetzung, dass jeder Mensch, der eine Frage stellt, dies als Kind seiner Zeit und als Mitglied einer bestimmten menschlichen Gemeinschaft tut. Für die Thematik des Verstehens bedeutet dies, dass der Prozess des Verstehens nicht eigentlich mit dem Fremden einsetzt, sondern mit der Reflexion der eigenen Verstehensvoraussetzungen. Für das Verstehen von Kulturen und Religionen ist dies nicht anders. Einige dieser für den deutschen Bereich typischen Voraussetzungen seien im Folgenden kurz skizziert. Es geht um Hintergrundannahmen, also jene Selbstverständlichkeiten, die zwar intuitiv vorausgesetzt werden, die man jedoch kaum mehr wahrnimmt. Solche Hintergrundannahmen sind jedoch für das Verstehen, zumal für interkulturelles und interreligiöses Verstehen, von großer Tragweite. So ist es etwa von Bedeutung, dass Deutschland noch um das Jahr 1900 ein religiös

---

[289] Vgl. dazu: H. Wrogemann (2015), Theologie Interreligiöser Beziehungen. Religionstheologische Denkwege, kulturwissenschaftliche Anfragen und ein methodischer Neuansatz. Lehrbuch Interkulturelle Theologie/Missionswissenschaft, Band 3, Gütersloh; ders. (2012), Interkulturelle Theologie und Hermeneutik. Grundfragen, aktuelle Beispiele, theoretische Perspektiven. Lehrbuch Interkulturelle Theologie/Missionswissenschaft, Band 1, Gütersloh.

gesehen weitgehend homogenes Land war. Bei einer Kirchenmitgliedschaft von 98 % gehörten die meisten Menschen entweder den protestantischen Landeskirchen oder der Römisch-katholischen Kirche an. Diese prägten das Bild von *offizieller Religion* mit ihrer langen Tradition staatskirchlicher Geschichte. Die damit verbundenen Schemata sind weitreichend, etwas das Bild von »Kirche« als Religion, was sich daran zeigt, dass lange Jahre von muslimischen Gemeinden als »islamischer Kirche« gesprochen wurde, oder aber im Blick auf die islamische Religionsgeschichte – selbst in wissenschaftlichen, etwa politikwissenschaftlichen, Abhandlungen – etwa vom Verhältnis von »Staat und Kirche« in islamischen Ländern die Rede war. Doch der Gebrauch einer solche unpräzisen Nomenklatur ist keine Kleinigkeit, da unbewusst Schemata des Eigenen auf das Fremde übertragen werden, mit hermeneutisch gesehen gravierenden Folgen, da es damit in der Regel zu Missverständnissen und massiven Fehlwahrnehmungen kommt.

In den 1960er Jahren änderte sich die Landschaft merklich, was sich einerseits an vermehrten Kirchenaustritten zeigte. Andererseits kam es mit der Anwerbung ausländischer Arbeitskräfte zu einer Pluralisierung der religiösen Landschaft. Bis 1973 etwa kamen weit über eine Millionen Menschen muslimischen Glaubens ins Land, was durch Familienzuzug Ende der 1970er Jahre zu einer muslimischen Bevölkerung von etwa 3 Millionen Menschen führte.[290] Zudem wurden, um nur ein zweites Beispiel zu nennen, eine Reihe buddhistischer Meditationszentren begründet, die Anleitung zu meditativer Erfahrung aus erster Hand ermöglichten.[291] Auch kann auf die seither boomende Esoterikszene hingewiesen werden. Diese Pluralisierung führte für viele Deutsche zu der Notwendigkeit, sich mit nichtchristlichen Religionen stärker auseinander zu setzen. Dies wurde, etwa in Gestalt des Religions-

---

290 Vgl. zur Vielfalt damit gegebene Thematiken: U. SPULER-STEGEMANN (1998), Muslime in Deutschland, Freiburg u. a.; S. NÖKEL (2002), Die Töchter der Gastarbeiter und der Islam, Bielefeld; S. KRAFT (2002), Islamische Sakralarchitektur in Deutschland, Münster u. a.; L. SCHLESSMANN (2003), Sufismus in Deutschland, Köln u. a.; SOPHIA TIEMANN (2004), Die Integration islamischer Migranten in Deutschland und Frankreich – ein Situationsvergleich ausgewählter Bevölkerungsgruppen, Berlin; U. DEHN (Hg.) (2005), Islam in Deutschland – quo vadis?, EZW-Texte 180, Berlin; J. GERLACH (2006), Zwischen Pop und Dschihad. Muslimische Jugendliche in Deutschland, Berlin; H. WROGEMANN (2007), Hat sich der Islam in Deutschland verändert? Eine Spurensuche, in: M. KOCH (Hg.), Verändert der Dialog die Religionen?, Frankfurt/M., 21–32.

291 Vgl. M. BAUMANN (1995), Deutsche Buddhisten. Geschichte und Gemeinschaften, 2. Aufl., Marburg; DERS. (2000), Migration - Religion - Integration. Buddhistische Vietnamesen und hinduistische Tamilen in Deutschland, Marburg.

unterrichtes und verschiedener Medien in zunehmendem Maße geleistet. Damit wurden etliche Hintergrundannahmen graduell modifiziert.

Offensichtlich war im Blick auf die Zunahme religiöser Pluralität über etliche Jahre kaum ein Problem zu konstatieren, außer etwa bei dem seit den 1990er Jahren verstärkt einsetzenden Neubau von Moscheegebäuden nicht nur in deutschen Städten und Dörfern, sondern auch in anderen europäischen Ländern.[292] In Gestalt der neuen Gebäude wurde und wird eine gesellschaftliche Veränderung nun auch öffentlich wahrnehmbar. Konflikte, etwa auch die Größe der neuen Bauobjekte betreffend, waren die Folge. Dies führt neben dem bereits gegebenen Hinweis auf die Bedeutung von Hintergrundannahmen zu einer zweiten Beobachtung: Interkulturelles und interreligiöses Verstehen ist offensichtlich besonders dazu aufgefordert, die *körperlich wahrnehmbaren Zeichen* religiösen Lebens zu berücksichtigen. Anders gesagt: Andersreligiöse Gedanken mögen einen Menschen stören oder nicht, wenn es jedoch um Räume leiblicher Begegnung geht, noch dazu in der Sphäre der gesellschaftlichen Öffentlichkeit, dann liegen die Dinge anders. Hermeneutisch ist dies aufzuschlüsseln. Gerade im Bereich der gesellschaftlichen Öffentlichkeit werden religiöse Präsenzen, etwa in Gebäuden oder in Gestalt von Kleidung anders wahrgenommen.

Interessant ist, dass sich mit dieser *Anpassung an religiöse Pluralität und der Präsenz des religiös Anderen und Fremden in westlichen Gesellschaften* ein Prozess vollzog, der in vielen Ländern Afrikas und Asiens bereits ein bis zwei Jahrhunderte vorher stattgefunden hatte. Religiöse Traditionen wie die buddhistische, islamische oder Hindu-Traditionen mussten sich gegenüber der Präsenz von europäischen Kolonialmächten wie Großbritannien oder Frankreich neu positionieren, sie hatten sich zu neuen Institutionen wie Schulen, Handwerksschulen, Missionsgesellschaften, Druckereien und Druckerzeugnissen, philologischer Forschung und vielem anderen in Beziehung setzen müssen und waren durch diese Prozesse herausgefordert, neue Akzente zu setzen. Die Entstehung von Formen eines Reformhinduismus, eines Neobuddhismus und islamischer Revitalisierungsbewegungen besonders im ausgehenden 19. und dann im 20. Jahrhundert waren die Folge. Eine ähnliche Entwicklung lässt sich nun in westlichen Ländern seit den 1960er Jahren beobachten. Westliche Gesellschaften sind seither zu bedeutenden Anpassungsleistungen herausgefordert. Es wurde beispielsweise in vielen

---

[292] Zu dieser Thematik vgl. als Beispiel jüngst den Minarett-Streit in der Schweiz. Vgl. etwa: M. Tanner u. a. (Hg.) (2009), Streit um das Minarett. Zusammenleben in der religiös-pluralistischen Gesellschaft, Zürich.

Ländern Meditationszentren begründet, oft durch buddhistische Mönche, die sich als Boten der buddhistischen Lehre verstanden. In Deutschland etwa konnte man eine Zen-Welle in den 1960 und 1970er Jahren beobachten, derzeit steht besonders Tibetanischer Buddhismus hoch im Kurs. Die Präsenz solcher Zentren führte zu interreligiösen Austausch- und Adaptionsprozessen. Wurde seit dem 19. Jahrhundert von Buddhisten in Asien die Idee und Praxis christlicher Sonntagsschulen übernommen, sodass es nun sehr viele buddhistische Sonntagsschulen (mit durchaus ähnlichem Gepräge) gibt, so wurde von Christen in westlichen, aber auch in asiatischen Ländern die Idee und Praxis von Meditationskursen und Meditationszentren übernommen. Etliche christliche Akteure ließen sich in buddhistische Meditations-Schulen initiieren und es wurde eine Reihe christlicher Missionszentren begründet, in denen etwa Techniken des Zen angewendet wurden und werden.[293]

Viel wesentlicher für den deutschen Bereich sollte indes die muslimische Präsenz werden, und dies allein schon zahlenmäßig. Nicht selten wurde von Kritikern religiöser Pluralität politisch vor einer Balkanisierung Deutschlands gewarnt. Multikulturalität erscheint in dieser Perspektive weniger als Vision, sondern als Bedrohung. Aus der Sicht einer Gesellschaft, die in der geschichtlichen Tradition einer über Jahrhunderte andauernden weitgehenden religiösen Homogenität steht, ist diese Wahrnehmung jedoch durchaus nachvollziehbar.

Da nun jedoch die religiöse Pluralität ein gesellschaftliches Faktum ist, ist damit auch die Frage nach interkultureller und interreligiöser Koexistenz gestellt. Wie aber kann interkulturelles und interreligiöses Verstehen gelingen? Im Folgenden seien mehrere Strategien vor Augen geführt. Begonnen sei mit der Option von Verstehen als dem Versuch, eine dialogische Annäherung zu erreichen.

Interkulturelles Verstehen durch dialogische Annäherung?

Ist dialogische Annäherung also der Königsweg interkulturellen und interreligiösen Verstehens? Mit *Verstehen* ist hier zunächst ganz allgemein das Bemühen gemeint, den religiös oder kulturellen Anderen oder Fremden so weit als möglich von dessen eigenen Voraussetzungen her wahrzunehmen und zu deuten. Dazu ist dialogische Offenheit notwendig und die Bereitschaft, eigene Vorurteile zu hinterfragen. Dies kann idealerweise zu einem wechsel-

[293] Doch auch andere Bewegungen verbreiteten sich, wenn auch in geringerem Umfang und oft mit nur zeitweiligem Erfolg, wie etwa die neohinduistische Hare-Krishna-Bewegung.

seitiges Lernen vom Anderen und zur Suche nach dem Verbindenden führen. Dialogische Annäherung kann jedoch (ob bewusst oder unbewusst) in zwei Richtungen gedacht werden. *Die eine Richtung lautet: Wir selbst suchen die Annäherung. Die andere Richtung lautet: Wir erwarten, dass sich die Anderen uns anpassen.* Für beide Richtungen wird anhand von Beispielen auf Ambivalenzen hinzuweisen sein.

Annäherung suchen

Wie kann interkulturelles und interreligiöses Verstehen durch dialogische Annäherung erreicht werden? Betrachten wir ein Beispiel aus dem indischen Kontext. Von dialogorientierten Christen in Indien wurden seit den 1960er Jahren eine Reihe christlicher Ashrams begründet, die in ihrer äußeren Gestalt, das heißt ihrer Architektonik, der Symbolik und dem Lebensstil den in Hindu-Traditionen gängigen Ashrams ähneln. Auf den ersten Bildern ist ein solcher christlicher Ashram (Abb. 1) zu sehen, dessen Eingangstor an den Gopuram eines Hindu-Tempels erinnert (Abb. 2). Es werden aus den Hindu-Traditionen stammende Symbole wie das der Lotos-Blüte verwendet. Christliche Meditationsmeister sitzen auf dem Boden (Abb. 3), Gruppen von Meditierenden werden unterwiesen. Man geht barfuß, man ernährt sich vegetarisch

Abb. 1 Christlicher Ashram, Indien

Abb. 2 Hindu-Tempel, Indien

Abb. 3 Christlicher Meditationslehrer

Abb. 4 Ikonographie, christlicher Ashram

Abb. 5 Hinduistische Trimurti-Darstellung

und liest neben den christlichen Schriften auch solche aus den Hindu-Traditionen, aus der islamischen Tradition, dem Sikhismus, dem Buddhismus oder der indischen Dichtung. Auch in der Ikonographie wird Annäherung gesucht. (Abb. 4–5)

Hier wird ganz offensichtlich Nähe hergestellt, Berührungsängste sind kaum feststellbar, interkulturelles Verstehen wird durch interreligiöse Zugänge gesucht, durch spirituelle Erfahrung und durch gemeinsames Leben, denn auch nicht-christliche Meditierende sind Teil des alltäglichen Lebens. Dies erscheint auf den ersten Blick als ein geradezu ideales Beispiel interreligiöser Praxis im Bemühen um gegenseitiges Verstehen und dialogische Annäherung. Und doch sind solche Aktivitäten nicht unumstritten.

Während derartige interreligiöse Interaktionen von nicht wenigen Menschen in Indien als hilfreich angesehen werden, betrachten andere – wie etwa Hindu-Aktivisten des *Rashtriya Swayamsevak Sangh* (RSS) – sie als Angriff auf die Hindu-Identität und als einen neuen christlichen Versuch, Angehörige von Hindu-Traditionen auf die Seite der Christen hinüberzuziehen.[294] Zum

[294] Vgl. dazu: H. Wrogemann (2012), Interkulturelle Theologie und Hermeneutik, o. a., 98–119.

Beispiel heißt es auf der homepage einer Gruppe von Hindu-Aktivisten mit Namen *christianaggression.org* dazu, Christen würden zwar Hindu-Schriften zitieren, diese aber missinterpretieren, Christen würden ihre Kirchen den Formen von Hindu-Tempeln angleichen, sich selbst als Swami bezeichnen und so die Hindu-Traditionen zu unterwandern trachten. Die Ambivalenz wird deutlich: Was den einen als Zeichen von Verstehen im Modus dialogischer Annäherung gilt, ist anderen ein Hinweis auf die versteckte Intention von Christen, die Hindu-Traditionen zu unterwandern. Mit dieser Kritik aber werden Hindu-Schriften und Hindu-Symbole als allein für Hindus erlaubte Inhalte reklamiert. Die Grenzen zwischen Religionstraditionen werden damit von solchen Hindu-Aktivisten scharf gezogen. Letztlich wird von nicht wenigen Hindu-Aktivisten eine indische Hindu-Identität behauptet und beschworen[295], die politisch dazu dienen soll, andere Religionen, allen voran Islam und Christentum, aus Indien zu verbannen. Demnach seien die Hindu-Traditionen die ursprüngliche indische Religionsformation, womit andere Religionstraditionen als Fremde ausgegrenzt werden. Fazit: Dialogische Annäherung der einen muss nicht unbedingt auf die Gegenliebe der anderen stoßen. Vorgänge interreligiöser Annäherung bleiben ambivalent, denn sie können auch (ob zu Recht oder zu Unrecht – wer entscheidet dies?) als Bedrohung aufgefasst werden.

Das Beschwören einer Hindu-Identität, die von einer christlichen abgegrenzt werden soll, ist jedoch religionsgeschichtlich gesehen so einfach nicht möglich. Der Grund liegt darin, dass die Hindu-Traditionen weder eine verbindende Lehre noch auch einheitliche Riten kennen, keine übergreifenden Lehrautoritäten, keinen abgegrenzten Kanon heiliger Schriften, keine festen (Religions-)Zugehörigkeiten, keine religiösen Stifterpersönlichkeiten.[296] So entbehrt die Behauptung einer übergreifenden Hindu-Identität religionswissenschaftlich betrachtet jeglicher Grundlage. Hindu-Aktivisten reduzieren indes die Vielfalt der Hindu-Traditionen auf ein nur *kleines Ensemble von Identitätsmerkmalen*, etwa die Verehrung des Gottes Ram, die Bedeutung der Bhaghavadgita oder das Symbol der Heiligen Kuh.[297] Aus ihrer Perspek-

---

[295] Vgl. dazu: M. Bergunder (2002), Umkämpfte Vergangenheit. Anti-brahmanische und hindu-nationalistische Rekonstruktionen der frühen indischen Religionsgeschichte, in: M. Bergunder/R.P. Das (Hg.), Arier und Draviden, Halle, 135–180.

[296] A. Michaels (1998), Der Hinduismus. Geschichte und Gegenwart, München.

[297] Vgl. C. Six (2001), Hindu-Nationalismus und Globalisierung. Die zwei Gesichter Indiens: Symbole der Identität und des Anderen, Frankfurt/M./Wien; ders. (2008), Hinduisierung als nationale Emanzipation. Ein historischer Abriss zu den Ursprüngen einer »indischen« Moderne im 19. Jahrhundert, in: H. Wrogemann (Hg.), Indien- Schmelztiegel der Religionen oder Konkurrenz der Missionen, Berlin/Münster, 121–146.

tive sind dies die Zeichen des Eigenen und gleichzeitig ein Mittel, um die Fremdheit der religiös Anderen zu belegen. Einige wenige Symboliken reichen dazu offensichtlich aus. Strukturell gesehen werden damit bestimmte religiöse Symbole zu Distinktionszeichen im Dienste der Grenzziehung funktionalisiert. Religionsgeschichtlich gesehen ist die damit gegebene Identitätsbehauptung allerdings eine Fiktion. Es ist eine erfundene Identität (*invented tradition*), was aber der auch politischen Wirksamkeit solcher Initiativen keinen Abbruch tut.

Halten wir an dieser Stelle fest, dass der Weg der dialogischen Annäherung einen Erfolg interkulturellen und interreligiösen Verstehens nicht an sich verbürgen kann. Die religionspraktische wie symbolische Annäherung ruft vielmehr mitunter (aber natürlich nicht immer) Abwehrreaktionen hervor. Man stelle sich vor, buddhistische Zentren in Deutschland würden damit beginnen, ein Abendmahl zu feiern. Auch dies würde bei Christen vermutlich auf wenig Akzeptanz stoßen.

In europäischen Gesellschaften (und nicht nur dort) finden weiterhin Meditationskurse wie Yoga in Bildungsstätten und auch in Kirchengemeinden weite Verbreitung, es werden Mandalas in Schulen gemalt, Buddha-Statuen sind in vielen Wellness-Tempeln zu finden, als Symbol eines relaxten Lebensstil – oder zumindest der Sehnsucht danach. Man kann hier von quasi *technischen oder aber funktionalen Übernahmen* sprechen, die ihres religiösen Hintergrundes weitgehend entkleidet sind. Dies ist auch eine Form von Annäherung, aber, ist sie das wirklich? Wird interkulturelles Verstehen durch solche Übernahmen von Techniken und Symbolen gefördert oder eher behindert, da ja die Andersartigkeit des Anderen aus dem Blick gerät, wenn etwa ein Mandala dann nicht mehr ein Meditationsmedium ist, sondern nur noch als ein geometrisches Bild verstanden wird? Die religiöse Pluralisierung von Gesellschaften führt demnach nicht von selbst zu einem vertieften interkulturellen oder interreligiösen Verstehen.

Annäherung einfordern

Bleiben wir zunächst beim Thema Annäherung und verändern den Blickwinkel. Eine zweite Richtung der dialogischen Annäherung ist die an andere gerichtete Forderung, sich zu öffnen, und das heißt nur allzu oft: sich anzupassen. Der Gestus ist, dass Minderheiten sich den Gepflogenheiten der Mehrheitsgesellschaft anpassen mögen, was von der Mehrheit als ein Zeichen interkultureller Verstehensbemühungen seitens der Minderheit gedeutet wird. Nehmen wir das Beispiel muslimischer Präsenz in Deutschland, so steht die Frage im Raum, ob eine muslimische Theologie in Deutschland entwickelt werden wird, die ebenso wie die christlich-jüdischen Theologien historische Kritik zulässt und damit einer ausschließlich religiösen Deutung des Eigenen entsagt. Kritische Distanz im Blick auf religiöse Quellentexte (wie die Bibel und dann auch der Koran) ist gefordert, um neben der religiösen Optik auch eine andere, eine eben historische und damit selbstkritische Optik zumindest respektieren zu können. Die deutsche Gesellschaft und die in ihr wirkenden (hier: aufklärerischen) Traditionen zu verstehen, erfordert aus dieser Sicht, die eigenen Traditionen wenigstens graduell zu revidieren, oder aber, positiv formuliert, weiter zu entwickeln. Wer also hat wann wen richtig verstanden? Und weiter gefragt: Kann und darf man einen solchen »Euro-Islam« einfordern?

Verstehen bedeutet hier bis zu einem gewissen Grade Anpassung. Wie aber steht es, wenn bestimmte Aktivitäten – in diesem Falle von Menschen muslimischen Glaubens – von anderen Akteuren oder aber der Mehrheitsgesellschaft allgemein nicht eindeutig de-chiffriert werden können? Ganz konkret gefragt: Sind moderne und ihrer Größe nach imposante Moscheebauten ein Zeichen, dass »der Islam« in Deutschland »angekommen« ist, wie es in der Politik und den Medien oft heißt? Bilden diese Bauten demnach ein entspanntes Verhältnis zwischen geschichtlich betrachtet relativ jungen Migrantenkulturen im Blick auf die Mehrheitsgesellschaft ab? Ist nicht das Bedürfnis vieler Muslime verständlich, neben den großen und ehrwürdigen christlichen Domen, Klöstern und Kirchen auch entsprechend repräsentative Moscheen im Stadt- und Landschaftsbild Deutschlands sehen zu wollen? Oder aber wird diese architektonische Symbolik umgekehrt als ein *politisches Statement gelesen*, das heißt als Anspruch auf eine immer umfassendere öffentliche Geltung? Pointierter gefragt: Soll die Größe der Bauten also sagen ›Hier bestimmen wir, was öffentliches Leben ist!‹? Ankommen und Heimat finden oder herausfordern und Dominanz anstreben, das ist hier die Frage. Wohlgemerkt: Eine Frage der Deutung. Die geforderten Anpassungsleistungen als Erweis von so etwas wie interkulturellem oder interreligiösem Verstehen bleiben also auch in dieser Hinsicht ambivalent.

Interkulturelles Verstehen ist, so lässt sich an diesen Beispielen zeigen, niemals harmlos, da es in den symbolischen Repräsentationen von gesellschaftlichen Akteuren wie Gebäuden, Kleidung oder bestimmten Regeln und Verhaltensweisen immer auch um die Frage von Macht und Geltung geht. Symboliken können verschieden gedeutet werden, wie die Fragen des Kopftuches oder jüngst der Beschneidung von muslimischen Jungen zeigen: Kulturell oder religiös, apolitisch oder politisch, alltagsweltlich oder offensiv, das ist die Frage.

Interkulturelle Verstehensbemühungen sind damit allerdings nicht nur im Rahmen symbolisch ausgetragener Statuskämpfe von gesellschaftlichen Wir-Gruppen zu verorten, sondern ebenso – und dies ist ein weiterer wichtiger Aspekt – in komplexen international-interkulturellen Machtkonstellationen. Wie eine Gruppe in einem bestimmten Land agiert, das hängt auch von ihren internationalen Beziehungen und Loyalitäten ab. Kurz gesagt: *Interkulturelles Verstehen greift zu kurz, wenn es nur für die Kontexte einer einzigen Gesellschaft verortet wird.* Im Zeitalter der Globalisierung, des Internet und der Migrationsströme liegt es auf der Hand, dass internationale Vernetzung mitunter bedeutende Wirkungen entfalten. Türkische und deutsche Gesellschafts-Diskurse wirken aufeinander ein, afrikanische christliche Migrantengemeinden stehen etwa mit ghanaischen Mutterkirchen in vielfältigem Kontakt, internationale Bewegungen bilden transnationale Netzwerke.

So wirken Wahrnehmungen anderer nationaler Kontexte als Regulativ oder als Verstärker von Vorurteilen, etwa in der Forderung, Moscheen sollten in Deutschland nur erlaubt werden, wenn in den Herkunftsländern der jeweiligen Migrantengruppe entsprechend neue Kirchen errichtet werden dürfen. Hier wird die Forderung nach Anpassung im Blick auf eine Gesellschaft als Begründung gesellschaftlichen Wandels andernorts eingeführt. Gesellschaftliche Diskurse wirken also international aufeinander ein. Damit werden Fragen interkultureller und interreligiöser Hermeneutik in mehrfacher Hinsicht »verortet«, denn es geht nicht nur um das unmittelbare Begegnungsgeschehen vor Ort, sondern es geht um gesellschaftliche Hintergrundannahmen, es geht um durch Symboliken ausgetragene Statuskämpfe, es geht um internationale Vernetzungen, in denen ebenso Anerkennungsverhältnisse wirksam sind als auch Geltungsansprüche erhoben werden. Diese Dimensionen sind gleichzeitig zu beachten, wenn sich interkulturelle und interreligiöse Hermeneutik nicht dem Vorwurf aussetzen will, ein reduktionistisches Bild zu zeichnen. Und in der Tat lesen sich Symboliken, etwa im Ägypten der letzten dreißig Jahre, durchaus anders, als in säkularen Gesellschaften Europas, da hier der Machtkampf zwischen nominell muslimischer Regierung und islamistischer Opposition auch im Medium großer Moscheebauten ausgetragen wurde. Jedenfalls ist dies eine belegbare Interpretation. Indes erlaubt eine solche Beobachtung noch keine Rückschlüsse auf etwa im deutschen Bereich wirkende Akteure. Jeder Fall wäre unter Beachtung verschiedener Dimensionen einzeln zu prüfen.

Interkulturelles Verstehen durch offensive Abgrenzung?

Kommen wir nach diesen Bemerkungen zum Modell der Abgrenzung. Hier wird darauf verwiesen, dass verschiedene Kulturen und Religionen sich nun einmal grundsätzlich unterscheiden. Das sei unvermeidbar und anzuerkennen, so die These. Beispiele gibt es zuhauf, so etwa in gesellschaftlichen Diskursen. Es gebe eine *Deutsche Leitkultur*, so meinen die einen, was von anderen indes bezweifelt wird. Und was wären die Kennzeichen einer solchen Leit-Kultur? In Asien war eine Zeit lang die Rede von der Überlegenheit der *Asiatischen Werte*, welche, so die These, die wirtschaftlich aufstrebenden so genannten Tigerstaaten wie Malaysia, Thailand oder Süd-Korea dazu befähige, langfristig den Westen wirtschaftlich zu überflügeln. Nach der asiatischen Wirtschaftskrise wurde indes diese Diskussion nicht weiterverfolgt. Ein weiteres Beispiel ist die Rede von einem angeblich typischen islamischen *Way of Life*, der von verschiedenen Gruppen und Bewegungen gefordert wird. Identität wird, so kann man erkennen, in allen Fällen durch Abgrenzung (allerdings in durchaus unterschiedlicher Intensität) definiert. Hier werden oft starke Identitäten geradezu gefordert. Verstehen meint hier insbesondere das Wahrnehmen des Differenten. Dieses Differente indes ist niemals »unschuldig«, denn es handelt sich um eine von spezifischen Wir-Gruppen *behauptete* Identität, die nicht selten interessengeleitet stilisiert wird. Vorausgesetzt wird dabei häufig ein ganz bestimmtes Verständnis von Kultur oder Religion. Es wird unterstellt, Kulturen und Religionen eigne ein überzeitliches Wesen, ein innerer Kern, der die reine Ausdrucksgestalt der betreffenden Kultur oder Religion darstelle. Viele Akteure geben sich dann als Hüter dieses Wesens einer Religion oder Kultur und begründen damit ihre gesellschaftlichen, politischen oder intrareligiösen Geltungsansprüche.

Doch auch dieses Kultur- und Religionsverständnis ist geschichtlich bedingt. Die Verdinglichung (Reifizierung) von »Kultur« oder »Religion« hat eine etwa zweihundertjährige Tradition. Wie kam es dazu? Im Zuge der Kolonialphase (frühes 19. Jahrhundert bis in die 1960er Jahre) wurde mehr und mehr die These vertreten, dass verschiedenen Kulturen und Religionen ein »Wesen« zugrunde liege, ein Kern von Anschauungen, Werten und Handlungen also, der über lange Zeiträume der gleiche bleibe, eine Art genetischer Code eines Volkes, einer Kultur oder Religion.[298] Dieses Denken wirkt bis heute vielfach nach. Noch immer ist vielfach vom Wesen *des* Islam die Rede, bei dem angeblich Religion und *Staat* eins sind. Man mag dann fragen: Habe ich erst dann richtig

---

[298] Vgl. H. Wrogemann (2012), Interkulturelle Theologie und Hermeneutik, o. a., 120–160.

verstanden, wenn ich die Fremdheit erkenne, die uns trennt? Ist interkulturelles Verstehen vor allem das Verstehen von Differenzen, da ja die Kulturen und Religionen ihrem Wesen nach grundlegend verschieden sind?

Es ist hier leicht zu erkennen, dass interkulturelles Verstehen davon abhängig ist, was jemand unter Kultur oder Religion versteht, denn wenn es ein solches überzeitliches Wesen einer Kultur gibt, das das Leben und Denken der Menschen beeinflusst, wie kann dann ein Mensch aus der einen Kultur oder Religion einen Menschen aus einer anderen Kultur oder Religion wirklich verstehen? Zu lernen ist also, dass ein spezifisches Verständnis von Kultur oder Religion auf das zurückwirkt, was jemand unter »Verstehen« versteht. Eine interkulturelle und interreligiöse Hermeneutik ist daher herausgefordert, auch diese Thematik in den Reflexionsprozess einzubeziehen.[299]

Es lässt sich historisch zeigen, dass die Anschauung vom *Wesen* der Kulturen, Nationen und Religionen modernen Ursprungs ist. Es ist ein Wahrnehmungsschema des 19. Jahrhunderts. Erinnern wir uns: Das Osmanische Reich war seit seinem Bestehen ein Vielvölkerstaat, zusammengehalten durch eine Dynastie (die Osmanen), ebenso das Kaiserreich Österreich-Ungarn (die Dynastie der Habsburger) und viele andere politische Gebilde. Religiöse Zugehörigkeit wurde hier *regional* verortet, nicht »national« oder gar »global«, es gab allerorten Allianzen, die quer zu so etwas wie Religionszugehörigkeit verliefen. Menschen nahmen sich im 19. Jahrhundert noch als Bewohner etwa der Stadt Aleppo wahr, wo viele Clans lebten und Verwandtschaftsbeziehungen bestanden, man nahm sich als Armenier, Syrer oder Libanese wahr, Völkerschaften innerhalb eines Reiches. In Kategorien wie »das Christentum im Osmanischen Reich« wurde nicht gedacht, da dafür kein Begriff und davon kein Wissen vorhanden war, denn feste Grenzen hatte das Reich ebenso wenig wie eine einheitliche administrative Struktur. Es war eben ein Reich, mit fließenden Grenzen, kein Nationalstaat als Territorialstaat.

Diese – eben auch politischen – Entwicklungen sind für interkulturelles Verstehen heute von großer Bedeutung, denn: Wie jemand über Kultur denkt, oder aber was er unter Religion fasst, ist für interkulturelles Verstehen grundlegend. Je stärker Kulturen und Religionen als selbständige Wesen verstanden werden, desto schwieriger erscheint interkulturelles Verstehen, da ja die

---

[299] Ein reizvolles Beispiel ist hier die Frage nach dem Religionsbegriff. Vgl. dazu: C. Kleine (2012), Wozu außereuropäische Religionsgeschichte? Überlegungen zu ihrem Nutzen für die religionswissenschaftliche Theorie- und Identitätsbildung, in: Th. Hase/ C. Espig (Hg.), 100 Jahre Leipziger Religionswissenschaft: Ausgewählte Texte, Leipzig, 223–265.

Grenzen dadurch sehr scharf gezogen werden. Zudem ist eine solche Sicht politisch durchaus gefährlich, da die Behauptung eines zeitübergreifend gleichen Wesens die Möglichkeit von Entwicklungspotential einschränkt oder gar verneint. An einem weiteren Beispiel illustriert: Wenn liberale Muslime von westlichen Beobachtern (und islamischen Fundamentalisten) als »keine richtigen Muslime« eingestuft werden, weil man schon im vornherein weiß, dass für alle Muslime Religion und »Staat« eins sein *müssen*, dann *verunmöglicht* dieser Religionsbegriff das Verstehen dessen, was an Menschen begegnet. Anders formuliert: Wenn ich immer schon weiß, was ein »richtiger Muslim« ist, dann kann ein liberaler Muslim eben kein richtiger Muslim mehr sein: Das Wesensbild (und Vor-Urteil) lautet: ›Im Islam sind Religion und Staat eins ...‹. Ein solcher Wesens-Begriff ist jedoch nicht nur hochgradig ideologisch, sondern hermeneutisch völlig kontraproduktiv, da das individuell Begegnende eingeebnet wird durch einen Allgemeinbegriff. Mag sein, dass eine Relativierung des (westlichen) Vorurteils, dass im Islam Religion und Staat eins seien (welches durch Islamisten weltweit natürlich gefördert wird), erst durch den sogenannten Arabischen Frühling möglich wird, denn die Rebellionen zeigen auch, dass große Teile muslimischer Gesellschaften Nordafrikas und des Nahen Osten ein Mehr an Demokratie fordern und darin offensichtlich kein Problem sehen.

Die Beobachtungen zeigen, dass hier unter Verstehen gerade das Erkennen von als wesenhaft vorausgesetzten Unterschieden gefasst wird. Es wird deutlich, dass für das Verstehen damit bestimmte Hintergrundannahmen von großer Bedeutung sind, wie etwa ein ganz bestimmter Begriff von Religion oder Kultur. Deshalb ist für zukünftige hermeneutische Arbeit zu fordern, dass unterschiedliche Dimensionen von interreligiösen und interkulturellen Interaktionen in den Blick genommen werden, damit die daraus gewonnenen Erkenntnisse in den Reflexionsprozess einbezogen werden können. Innerhalb der theologischen Wissenschaft ist dies besonders die Aufgabe des Faches Interkulturelle Theologie/Missionswissenschaft.

Interkulturelle Hermeneutik als Thema des Faches Interkulturelle Theologie

Bisher war von Verstehen durch dialogische Annäherung oder durch offensive Abgrenzung die Rede. Beide Wege sind mit Problemen behaftet. Beide Wege bleiben ambivalent. Wie also kann interkulturelles und interreligiöses Verstehen gelingen? Und weiter gefragt: Wie eigentlich kann ich sicher sein, den anderen wirklich verstanden zu haben? Diesen Fragen geht innerhalb der wissenschaftlichen Theologie das Fach Interkulturelle Theologie/Missionswissenschaft nach. In den letzten Jahren hat der Begriff Interkulturelle Theologie im deutschsprachigen Raum mehr und mehr Zustimmung gefunden.[300] Damit wird aktuellen religionsgeschichtlichen Entwicklungen Rechnung getragen. Worum geht es? Die Polyzentrik der globalen christlichen Religionsformation in ihren regionalen Varianten ist seit Jahrzehnten eine Realität, wenn auch das Selbstverständnis westlicher Theologie in Forschung und Lehre dadurch noch nicht wirklich berührt zu sein scheint. Schärfer formuliert: Dass die westliche Christenheit, insbesondere in westeuropäischen Ländern, nicht mehr die Norm, sondern im Gegenteil eher die Ausnahme ist, wird, wenn überhaupt, dann nur marginal wahrgenommen. Zudem wird von westlichen Beobachtern die Bedeutung des Religiösen in nichteuropäischen Gesellschaften nicht selten unterschätzt. Dies jedoch bedeutet, dass unrealistische Selbsteinschätzungen schwer vermeidbar sind. Wenn es nämlich eine zentrale Aufgabe der Theologie ist, der Selbstvergewisserung des christlichen Glaubens im Horizont des biblischen Zeugnisses (und der christlichen Religions-, Kultur- und Theologiegeschichte) zu dienen, und zwar im Blick auf die aktuellen gesellschaftlichen Rahmenbedingungen, national wie international, kulturell wie interkulturell, dann gehört im Zeitalter der Globalisierung die Vergewisserung der eigenen christlichen Identitätsmuster im Gespräch mit kulturell-kontextuell anders geprägten Christentumsvarianten ebenso wie im Gespräch mit anderen Religionsformationen zu den notwendigen Aufgaben von Theologie.

Gleichzeitig geht es um die Beziehungen von Christen zu Angehörigen anderer Religionsformationen und wiederum um die Vielgestaltigkeit, in die diese Religionsformationen sich mehr und mehr ausdifferenzieren. Zum Gegenstandsbereich des Faches Interkulturelle Theologie/Missionswissenschaft gehören die interreligiösen Beziehungen ebenso wie etwa auch die in vielen Religionen zu beobachtenden grenzüberschreitenden Aktivitäten, wenn versucht wird, den eigenen religiösen Geltungsanspruch gegenüber Menschen zu kommunizieren, die dieser Religionsformation nicht angehören. Die Themen der Interkulturalität und der Interreligiosität überschneiden und durchdringen einander, sie gehen indes nicht ineinander auf. An

---

300 Als Positionsbestimmung vgl. »Missionswissenschaft als Interkulturelle Theologie und ihr Verhältnis zur Religionswissenschaft«, Papier der Fachgruppe Religions- und Missionswissenschaft der Gesellschaft für Wissenschaftliche Theologie und Vorstand der Deutschen Gesellschaft für Missionswissenschaft, in: Zeitschrift für Mission (2005), 376–382. – Vgl. als Übersicht: K. Hock (2011), Einführung in die Interkulturelle Theologie, Darmstadt.

dieser Stelle muss der Hinweis genügen, dass die Einsicht in die kulturell-kontextuelle Pluriformität etwa der christlichen Religionsformation in vielen lokalen Varianten weltweit die Herausforderung mit sich bringt, auch die sich daraus ergebenden unterschiedlichen Zugänge und Interaktionsmuster im Bereich interreligiöser Beziehungen zu reflektieren. Dies kann bedeuten, dass, was für Christen in einem Kontext für die Art und Weise, interreligiöse Beziehungen zu leben, selbstverständlich sein mag (etwa in Ägypten, in Sri Lanka oder Pakistan), von Christen anderer Kontexte (etwa den USA, Brasiliens oder Deutschlands) als durchaus anstößig empfunden wird. So gesehen sind lokale interreligiöse Zugänge immer auch in ihrer interkulturellen Bedingtheit wahrzunehmen. Dies lässt es als zweifelhaft erscheinen, ob einfache religionstheologische Deuteschemata der Komplexität solcher Zusammenhänge gerecht werden können.

Im Folgenden seien zunächst einige der Tendenzen zur kulturell-kontextuellen Diversifizierung der christlichen Religionsformation angedeutet, wie sie sich in den letzten etwa 100 Jahren verstärkt haben. Danach werden fünf Dimensionen zu benennen sein, denen im Blick auf eine zukünftige interkulturelle wie interreligiöse Hermeneutik mehr Beachtung zu schenken ist.

Wie sich die religiöse Landkarte der Welt im 20. Jahrhundert verändert hat

Das Christentum ist spätestens seit den 1960er Jahren zu einer globalen Religionsformation mit vielen kulturellen Varianten geworden. Während in Westeuropa ein Prozess zunehmender Säkularisierung besondere wissenschaftliche Aufmerksamkeit fand, vollzogen sich in anderen Gebieten der Erde (von westlichen Beobachtern fast unbemerkt) *religiöse Umbruchsprozesse größten Ausmaßes*. So stieg der Anteil von Christen in vielen Gesellschaften Schwarzafrikas südlich der Sahara von unter zehn Prozent im Jahr 1900 auf im Schnitt 50 bis 80 Prozent im Jahr 2000 an. Dabei handelt es sich religionsgeschichtlich gesehen um eine der größten Konversionsbewegungen überhaupt. Gleichzeitig nahm der Anteil von Christen in Asien von etwa 2,3 auf über 8 Prozent zu, bedingt durch Wachstumsprozesse etwa in Ländern wie Süd-Korea, China oder Indonesien. Die christliche Religionsformation ist damit alles andere als eine alt gewordene Weltreligion. Sie ist im Gegenteil in vielen Kontinenten der Erde ausgesprochen vital. Es sei an dieser Stelle wenigstens angemerkt, dass viele dieser Wachstumsprozesse ohne nennenswerte Spannungen verliefen. Die insbesondere von pluralistischen Religionstheologen ins Feld geführte pauschale Behauptung, religiöse Letztbegründungsansprüche würden quasi eo ipso zu interreligiösen Konflikten führen, ist haltlos.[301]

Das Bild ist demnach sehr vielfältig und facettenreich. Bedeutsam ist neben diesen quantitativen Aspekten die *interne Ausdifferenzierung* der globalen Christentumsformation, wie sie am Beispiel Afrikas gut zu veranschaulichen ist, denn es entstehen dort immer neue christliche Gemeinschaften und Kirchen. In Schwarzafrika sind die *African Initiated Churches* ein bedeutendes Phänomen, von denen viele durch afrikanische »Propheten« begründet wurden, die sich dazu berufen sehen, ein afrikanisches Christentum zu leben.[302] Die in diesen Bewegungen und Kirchen befolgten Riten und Gebräuche weichen im Einzelnen weit von den Traditionen der so genannten *Missionskirchen* ab, Kirchen also, die aus Mission der anglikanischen und römisch-katholischen Kirche, der lutherischen, reformierten, baptistischen, methodistischen und sonstigen Kirchen hervorgegangen sind und nach wie vor in intensivem ökumenischen Kontakt mit den Geschwisterkirchen in aller Welt stehen. Derzeit gibt es zum Beispiel weit über 15.000 verschiedene sogenannte *African Initiated Churches*, die von unterschiedlicher Größe und Verbreitung sind, manche nur einige hundert Menschen umfassend, andere mehrere Millionen Anhänger zählend. Mit Migranten aus Afrika und Asien sind diese Formen christlicher Praxis auch etwa in europäischen Ländern in nennenswerten Umfang präsent. Tendenz steigend.

Darüber hinaus stellt die *globale Pfingstbewegung* eine neue Art von Christentum dar.[303] Binnen eines Jahrhunderts ist diese Bewegung auf mittlerweile mehr als 500 Millionen Anhänger weltweit angewachsen, wobei es sich um eine ausgesprochen große Bandbreite spiritueller Praxis handelt.

---

[301] Natürlich gibt es immer wieder auch interreligiöse Konflikte. Hier wäre indes genau und für jeden Einzelfall zu prüfen, wodurch diese veranlasst wurden und wo die tieferen Ursachen liegen. Pluralistische Pauschalisierungen dienen erkennbar vor allem dem Zweck, die Bedeutung der eigenen Position zu unterstreichen.

[302] Als Übersicht: B. Meyer, (2004), Christianity in Africa. From African Independent Churches to Pentecostal-Charismatic Churches, in: Annual Review of Anthropology (33), 447–474.

[303] A. Anderson; M. Bergunder u. a. (Hg.) (2010), Studying Global Pentecostalism. Theories and Methods, Berkeley u. a.; A. Anderson; E. Tang (Hg.) (2005), Asian and the Pentecostal: The Charismatic Face of Christianity in Asia, London/Baguio City; A. Corten; R. Marshall-Fratani (Hg.) (2001), Between Babel and Pentecost: Transnational Pentecostalism in Africa and Latin America, Bloomington; W. J. Hollenweger (1997), Charismatisch-pfingstliches Christentum, Göttingen. Als Nachschlagewerk unentbehrlich: S. M. Burgess; E. M. van der Maas (Hg.) (2002), The New International Dictionary of Pentecostal and Charismatic Movements, Grand Rapids (MI).

Die spürbare Präsenz des Heiligen Geistes hat in diesen Bewegungen und Kirchen eine hohen Stellenwert, was sich in verschiedenen Gaben zeigt, etwa der Zungenrede, der prophetischen Rede, Heilungswundern oder Exorzismen. Es handelt sich bei der Pfingstbewegung um ein sehr komplexes Phänomen, welches jeweils nach lokalen Gegebenheiten eine große Vielfalt an Formen ausbildet und in Gestalt *transnationaler Netzwerke* in etlichen Zusammenhängen sowohl Produkt als auch Wirkkraft von Globalisierungsprozessen ist.[304]

Dass für solche Globalisierungsprozesse gerade missionarische Bewegungen von großer Bedeutung sind, mag nicht verwundern.[305] Daher eignen sich solche Bewegungen auch besonders gut als Untersuchungsgegenstände für Globalisierungsprozesse. In anderen Religionstraditionen sind solche Bewegungen ebenfalls als transnationale Netzwerke Phänomene von nicht zu unterschätzender Ausstrahlungskraft.[306] Es wird eine wichtige Aufgabe des Faches Interkulturelle Theologie/Missionswissenschaft auch in Zukunft sein, solche missionarisch grenzüberschreitenden Bewegungen zu untersuchen.

Neben dem Entstehen dieser neuen Kirchen und Bewegungen hat sich seit den 1960er Jahren ein weiterer wichtiger Prozess vollzogen, der im Gefolge der Dekolonisierung zum Tragen kam. Als die Kolonialmächte seit Ende der 1940er Jahre mehr und mehr Gebiete in die Unabhängigkeit entließen, wurden in den jungen Nationalstaaten *Prozesse der kulturell-religiösen Rückbesinnung* angestoßen. Es ging um die Frage, auf welcher kulturell-religiös-

---

304 A. D. Quaas (2011), Transnationale Pfingstkirchen. Christ Apostolic Church und Redeemed Christian Church of God, Frankfurt/M.

305 M. A. Ojo (2011), Transnational Religious Networks and Indigenous Pentecostal Missionary Enterprises in the West African Coastal region, in: A. Adogame u. a. (Hg.), Christianity in Africa and the African Diaspora, London u. a., 167–179.

306 Man denke etwa an die etliche Millionen von Mitgliedern zählenden islamische Bewegungen wie *Dawat-e Islami, Tablighi Ǧamaat* und andere, die als transnationale Netzwerke zu verstehen sind. Vgl. etwa: Th. Gugler (2011), Mission Medina: Da'wat-e Islami und Tabligi Gama'at, Würzburg; ders. (2010), The New Religiosity of Tablighi Jama'at and Da'wat-e Islami and the Transformation of Islam in Europe, in: Anthropos (105), 121–136; ders. (2010a), Public Religiosity, Parrots of Paradise and the Symbols of the Super-Muslim, in: M. Hasan (Hg.), Islam in a Globalized World: Negotiating Faultlines, Gurgaon:ImprintOne, 99–122; ders. (2010b), Moderne Standardisierung und traditionelle Frömmigkeit: Die pakistanische Missionsbewegung Da'wat-e Islami, in. D. Reetz (Hg.), Islam in Europa: Religiöses Leben heute, Münster, 53–78; D. Reetz (2007), Islamische Missionsbewegungen in Europa, in: R. Heidrich-Blaha (Hg.), Islam in Europa, Wien, 117–136; B. D. Metcalf (1996), New Medinas. The Tablighi Jama'at in America and Europe, in: B.D. Metcalf (Hg.), Making Muslim Space in North America and Europe, Berkeley, 110–127.

weltanschaulichen Basis diese Gesellschaften zukünftig würden aufbauen können. Stichworte wie *African Renaissance* oder *Asiatische Werte* oder die Frage nach einer *islamischen Gesellschaft bzw. einem islamischen Staat* bezeichnen diese Suchbewegungen. Die jungen christlichen Kirchen in diesen Gebieten waren vor diesem Hintergrund gefordert, ihren Beitrag zur Gesamtgesellschaft aufzuzeigen, sich zivilgesellschaftlich einzubringen und ihre kulturell-europäische Herkunftsprägung graduell zu überwinden.

Gleichzeitig führten diese Entwicklungen zur Ausbildung von Reformbewegungen in verschiedenen Religionstraditionen, die nun mit neuen Identitätszuschreibungen und damit verbundenen Geltungsansprüchen auftraten und auftreten. Was aber bedeutet dies alles für die Frage einer interkulturellen und interreligiösen Hermeneutik?

Multikulturelle Gesellschaften und das Problem mörderischer Identitäten

In vielen Staaten der Erde verändern sich gesellschaftliche Profile zunehmend in Richtung auf ein *höheres Maß an Interkulturalität und Interreligiosität.* Diese Entwicklungen sind verschiedenen Faktoren geschuldet, etwa massiven Migrationsbewegungen, Internationalisierung der Arbeitswelt, Tourismus, die Ausbreitung einer globalen *Hyper-Kultur* (R. Schreiter), die zunehmende mediale Vernetzung und vieles mehr. Für westeuropäische Gesellschaften mit einer sehr geringen Geburtenrate ist für die nächsten Jahrzehnte mit einer deutlichen Veränderung der Einwanderungspolitik zu rechnen, andere Länder (wie etwa die USA oder Australien) verfolgen eine aktive Einwanderungspolitik schon seit Jahren. Dies bedeutet, dass die ethnische, kulturelle und religiöse Pluralisierung auch in Zukunft deutlich zunehmen wird. Gleichzeitig ist deutlich erkennbar, dass gerade religiöse Akteure wie Organisationen oder Bewegungen als *transnationale und als transkontinentale Netzwerke* von erheblichem Einfluss für viele Menschen sind. Christliche Kirchen, Gemeinden und Initiativen werden diesen Rahmenbedingungen Beachtung schenken und die damit gegebenen Herausforderungen und Fragen reflektieren müssen, um glaubwürdige christliche Präsenz in diesen Zusammenhängen leben zu können. *Die Konzentration auf die eigenen Traditionen, so wichtig diese zunächst einmal ist, reicht nicht mehr aus, um eine Selbstvergewisserung christlicher Identität in den komplexen Konstellationen einer globalisierten und kulturell fragmentierten Lebenswelt zu leisten.* Doch auch allgemein gesellschaftlich werden diese Formen von religiös-weltanschaulicher Pluralität zu beachten sein.

Ganz konkret zugespitzt: Unter den jungen Leuten in einer Stadt wie Wuppertal weisen mittlerweile etwa 50 % einen familiären Migrationshintergrund auf. Damit kommen ganz praktische Fragen in Kindergärten, Schulen, Gemeinden und Initiativen auf, die sehr oft die Identität derjenigen Menschen betreffen, um die es hier geht. Viele Fragen des sozialen Umgangs miteinander werden nicht nur nach pragmatischen, sondern eben auch nach kulturellen Wertmaßstäben anzugehen versucht. Genau an dieser Stelle jedoch stellt sich dann das Problem, wer hier welche Aspekte von Identität ins Spiel bringt: Was gehört zu einer iranischen, türkischen, serbischen oder indischen Herkunftsidentität und welche Ansprüche lassen sich von wem im Blick auf was und wiederum im Blick auf wen daraus ableiten? Wie verändern sich diese Identitäten, gerade dann, wenn die jeweils jüngere Generation ein ganz anderes Lebensgefühl entwickelt, als die jeweils ältere? Nicht selten werden in verschiedenen Ländern »mörderische Identitäten« (Maalouf) stilisiert, um damit innerhalb einer ethnischen oder kulturellen Wir-Gruppe Macht auszuüben, oft mit repressiven Mitteln. Für interkulturelles und interreligiöses Verstehen bedeutet dies, eine hohe Sensibilität für Fragen von Identität im Blick auf die damit erhobenen Geltungs- und Machtansprüche zu entwickeln. Identitäten sind umstritten, zwischen älteren und jüngeren Menschen, zwischen Frauen und Männern, zwischen Konservativen und Liberalen, zwischen städtisch oder ländlich geprägten Menschengruppen usw. Aus diesem Grunde gilt es, sich vor Naivitäten zu hüten und verschiedene Dimensionen im hermeneutischen Prozess im Blick zu behalten.

Fünf Dimensionen einer Interkulturellen Hermeneutik

Im Folgenden soll von fünf solchen Dimensionen die Rede sein, von der kultursemiotischen Dimension, der diskurstheoretischen, der konnektiven, der kommunikativen und der missionarischen Dimension.[307] Es geht für eine zukünftige interkulturelle wie interreligiöse Hermeneutik darum, Phänomene im Blick auf diese Dimensionen immer wieder neu wahrzunehmen, um einen multidimensionalen hermeneutischen Zugang zu entwickeln, in dem die unvermeidbaren blinden Flecken so weit als möglich minimiert werden. Gegenüber der Fiktion eines endgültigen Verstehens geht es – viel bescheidener – um das stetige und immer wieder neue Einüben einer hermeneutischen Sensibilisierung.

---

[307] Vgl. auch: H. Wrogemann (2013), Dimensionen und Aufgaben des Faches *Interkulturelle Theologie/Missionswissenschaft* im Kanon theologischer Wissenschaft, in: Evangelische Theologie (73), 437–449.

Die semiotische Dimension

Beginnen wir mit der kultursemiotischen Dimension und wählen ein Beispiel aus einem außereuropäischen Kontext. Schon seit etwa 30 Jahren ist die Region des östlichen Kongo (der heutigen Demokratischen Republik Kongo) von Krisen heimgesucht und Kriegen erschüttert. Nach Schätzungen der Vereinten Nationen haben im Bürgerkrieg zwischen verschiedenen Rebellenorganisationen, der Armee und anderen Akteuren mehrere Millionen Menschen ihr Leben verloren. Die Infrastruktur des östlichen Kongo (besonders die Provinzen Nord- und Süd-Kivu) ist in einem völlig desolaten Zustand, es gibt Tausende von Kindersoldaten und viele Tausende von Kriegswaisen, Menschen ganzer Regionen sind traumatisiert, medizinische Dienste, Beschulung und sonstige Versorgung ist kaum vorhanden. Innerhalb dieses Gebietes finden sich viele sogenannte »Erweckungskirchen«, das heißt Bewegungen, die sich religiösen Prophetengestalten (Männern wie Frauen) verdanken, es gibt viele und verschiedenste Pfingstkirchen, in denen nicht selten Riten praktiziert werden, die mit den klassischen Kirchen wenig gemeinsam haben. Innerhalb dieser Bewegungen spielen Heilungsriten und Exorzismen eine herausragende Rolle. Wie aber sind diese Phänomene zu verstehen? Und welche Dimensionen einer Interkulturellen Hermeneutik sind hier in Anschlag zu bringen?

Zunächst geht es bei dem Phänomen wie Exorzismen weniger um die Frage, ob diese theologisch legitim oder illegitim sind, es geht auch nicht um die Frage, ob es sich hier um einen Rückfall in eine »mittelalterliche Weltsicht« handelt. Vielmehr lautet die Frage, welche Phänomene *im kulturell-religiösen Deutehorizont der Menschen* im Ost-Kongo *als Zeichen wahrgenommen* werden? Ein Pfingstpastor in Goma durchschreitet eine Menge von etwa 3000 Menschen, die sich täglich auf dem großen Platz seiner Pfingstkirche versammelt. Mit einem Mikrophon vor dem Mund »predigt« er (Abb. 6–7), geht herum, sieht Menschen in die Augen, einer Frau, einem Mann, wieder eine Frau, die seinem Blick nach kurzer Zeit ausweicht, der Prediger pustet sie an, pustet ihr ins Gesicht, die Frau fängt an zu kreischen, um sich zu schlagen, zappelt, fällt nach hinten, ist kaum mehr zu bändigen, Schaum vor dem Mund.

Sie wird weit nach vorne auf die Bühne getragen und nun etwa ein bis zwei Stunden durch Gebetsteams exorziert. Dutzende werden folgen. Aus der Perspektive einer Interkulturellen Hermeneutik stellt sich die Frage: Was ist hier geschehen? Was *deutet* der Prediger als ein Zeichen von Besessenheit? Was wird von der Frau als Wirken von Dämonen oder anderen bösen Geistern wahrgenommen? Was ist ihr widerfahren, dass sie sich von Geistern besessen glaubt? Welche Rolle spielen kulturell-religiöse Versatzstücke der traditiona-

Abb. 6 & 7 Pfingstkirche, Goma (DR Kongo)

len Religionsformationen dieses Gebietes? Wie werden Ahnen, Geister und Kräfte hier gedeutet? Welche Schemata haben sich mit christlichen Motiven etwa aus dem Neuen Testament verbunden? Welche Traumata oder Krankheitssymptome mögen hier eine Rolle spielen? Welche Deutungsmuster sind in der örtlichen Bevölkerung verbreitet? Und weiter: Welche Fernseh- oder Kinofilme (etwa Harry Potter, Stichwort mediale Globalisierung) werden von Kongolesen als Hinweise auf die Existenz und das Wirken böser Geister gedeutet?

Interkulturelle Theologie geht davon aus, dass sich »Theologie« nicht nur in Büchern oder Aufsätzen manifestiert, nicht nur in Predigen, sondern eben auch in rituellen Vollzügen wie Exorzismen, in Liedern, in Formen von Vergemeinschaftung, in Symboliken von verschiedensten Dingen wie der Bedeutung von Träumen, Visionen, von Tieren und Pflanzen, von Orten und Räumen, von bestimmten Zeiten (etwa dem Mittag, wenn Menschen keine Schatten werfen, was in vielen Stammestraditionen als besonders gefährliche Zeit gilt). Mit einem Wort: Alles kann zu einem Zeichen werden, und Interkulturelle Theologie fragt danach, was möglicherweise in einem lokalkulturell-religiösen Kontext als Zeichen gelesen werden kann.[308] – Handelt es sich um einen Obskurantismus einiger weniger Menschen in Afrika? Neuere Forschungen zeigen eindeutig, dass es sich innerhalb der Weltchristenheit um Phänomene handelt, die für Hunderte von Millionen Menschen von Bedeutung sind, und zwar in allen Erdteilen. In Europa sind diese Phänomene zwar eher selten, in Migrantenmilieus jedoch inzwischen regelmäßig anzutreffen.[309]

Nun mag man dieses Beispiel aus europäischer Perspektive als allzu abständig empfinden: Wo kommen solche Phänomene etwa in der bundesdeutschen Alltagswelt vor? Indes ging es bei dem Beispiel um die Veranschaulichung einer Dimension: In interreligiösen Dialoginitiativen etwa geht es seitens deutscher Teilnehmender nur allzu oft um das Vergleichen von Texten, von Lehrtraditionen und allgemein um rationale Deutungsschemata. Dass jedoch die gesamte »Welt« einer anderen Kultur- oder Religionsformation Bedeutung an ganz anderen Orten »sieht«, wird dabei nicht wahrgenom-

---

[308] Vgl. dazu ausführlich: H. Wrogemann (2012), Interkulturelle Theologie und Hermeneutik. Grundfragen, aktuelle Beispiele, theoretische Perspektiven, Gütersloh.

[309] Vgl. etwa: J. La Fontaine (2009), Child Witches in London: Tradition and Change in Religious Practice and Belief, in: dies. (Hg.) (2009), The Devil's Children. From Spirit Possession to Witchcraft: New Allegations that Affect Children, Franham (UK)/Burlington (USA), 117–128.

men. So ist es ein intuitives und kaum bewusstes gerade protestantisches Vor-Urteil, dass es bei Religion um »Glaube« und »Innerlichkeit« gehe. Dies ist jedoch in anderen Religionsformationen oft nicht der Fall, wenn es dort um rituelle Handlungen geht oder um das Außen, das zählt, etwa bei bestimmten Reinheitsvorstellungen. Solche Fehleinschätzungen sind häufig zu finden, nicht zuletzt in etlichen religionstheologischen Entwürfen.

Die diskurstheoretische Dimension

Dies leitet zur zweiten Dimension über, der *diskurstheoretischen Dimension*. Methodisch fragt Interkulturelle Theologie nicht nur nach dem, was als Zeichen gedeutet wird, sondern auch danach, *wer* durch seine Interpretation kulturell-religiöser Identität Macht ausübt. Um ein Beispiel zu geben: Männer in afrikanischen Kontexten geben in der Regel andere kulturelle Muster als wichtige Aspekte der eigenen »afrikanischen Identität« aus, als etwa afrikanische Frauen. Mögen Männer die Traditionen von Häuptlingsschaft besonders positiv sehen, so nehmen Frauen oft nur kritisch Bezug auf Traditionen, in denen sie nur allzu oft patriarchalische Machtinteressen wahrnehmen. Dies aber bedeutet, dass ohne den Aspekt der Macht und der Deutungshoheit die Frage nach kultureller und religiöser Identität gar nicht angegangen werden kann. Identität von Menschengruppen – und darum geht es hier – sind immer umstritten. Was aber bedeutet das für das interkulturelle und interreligiöse Miteinander? Interkulturelle Theologie und eine Theologie Interreligiöser Beziehungen würde naiv agieren, wenn sie innerhalb einer Kultur- oder Religionsformation lediglich die Auskunft von *nur einer* Gruppe als maßgeblich betrachten würde. Hier geht es um mehr: Es müssen die Diskursformationen aufgezeigt werden, es muss gezeigt werden, warum aus welcher Position heraus mit welchem Interesse welcher Inhalt als bedeutsam für die kulturell-religiöse Identität behauptet wird – und: von wem.

Es geht darum, zu verstehen, was bei *den Anderen* strittig ist. Oft leidet interkulturelles und interreligiöses Verstehen daran, dass Menschen sich durch Erstbegegnungen beeindrucken lassen oder denjenigen der anderen Seite besondere Autorität zusprechen, die besonders laut über die eigene Identität sprechen. Anders gewendet: Jede religiöse Wir-Gruppe besteht aus verschiedenen Untergruppen von Menschen mit ganz unterschiedlichen Interessen. Wenn etwa afrikanische männliche Christen meinen, es gehöre zum unwandelbaren Wesen des Christentums, dass die Frau in der Gemeinde keine Leitungsverantwortung übernehmen dürfe, so wird man ihnen aus der Perspektive deutscher protestantischer Kirchen lebhaft widersprechen. Wie aber, wenn uns jemand erklärt, was wesentlich zu den Hindu-Traditionen gehöre? Wer also stilisiert die eigene religiöse Identität mit welchen Interessen in welcher Weise? Wo sind konkurrierende Deutungen zu finden? Wo liegen die Konfliktlinien in der Bestimmung dessen, was eine Identität ausmacht?

Interkulturelles und interreligiöses Verstehen darf nicht bedeuten, sich in der Ehrfurcht und dem Bemühen, Respekt zu zollen, vor einer anderen kulturell-religiösen Tradition – und das heißt bestimmten Vertreter derselben – einschüchtern zu lassen und keine kritischen Fragen mehr zu stellen. Für interkulturelles/interreligiöses Verstehen sollte daher gelten, dass der Blick auf fremde Kulturen und Religionen einfühlsam nach deren Zeichenordnungen fahnden sollte, dass dieser Blick jedoch gleichzeitig darauf gerichtet sein sollte, die Brüche und Spannungen innerhalb der anderen religiös-kulturellen Wir-Gruppe zu erkennen. Christliche Werte verbieten die Abtreibung, sagen die einen, wohingegen die anderen ganz andere Auffassungen vertreten. Die Scharia ist ein universales Gesetz für jeden Lebensbereich, sagen die einen, Scharia ist ein Way of Life, sagen die anderen, Scharia ist eine spirituelle Haltung, sagen die dritten, Scharia ist Straf- und Erbrecht meinen die vierten, Scharia bedeutet lediglich ethisch zu handeln, meinen die fünften. Angesichts dieser Pluralität verwandelt sich die Wesensfrage ›Was ist Scharia?‹ in die Frage einer Interkulturellen Hermeneutik: ›Wer behauptet von welcher Position aus mit welchem Interesse, was Scharia eigentlich sei?‹.[310]

Die konnektive Dimension

Da sich das Christentum als eine globale Religionsformation in immer mehr lokale Varianten ausdifferenziert, ist die *konnektive Dimension* von besonderer Bedeutung. Es geht um die Frage, in welchem Verhältnis die Praxis, Symbolik und Lehre der verschiedenen christlichen Bewegungen, Gruppen, Gemeinden und Kirchen zur christlichen und speziell biblischen Traditionsgeschichte stehen. Wie steht es um die Verbindung zu neutestamentlichen Christologien und Pneumatologien und dem folgend zu Lehren wie etwa den altkirchlichen Dogmen zur Christologie und Trinitätslehre? Wenn etwa, um nur ein Beispiel herauszugreifen, in *African Initiated Churches* wie der Kimbanguisten-Kirche der Gründerprophet, Simon Kimbangu, mittlerweile von vielen als *Inkarnation* (!) des Heiligen Geistes und damit als dritte Person der Gottheit verstanden wird? Zu den Aufgaben Interkultureller Theologie gehört es, die Frage nach der Vereinbarkeit neuer Christentumsvarianten mit der

---

310 Als Übersicht zu aktuellen Entwicklungen: R. W. Hefner (Hg.) (2011), Sharica Politics. Islamic Law and Society in the Modern World, Bloomington/Indianapolis.

biblisch-christlichen Traditionsgeschichte zu stellen. Interreligiös und interkulturell wird ebenso auf die konnektive Dimension zu achten sein.

Doch auch für andere Religionsformationen ist die konnektive Dimension von herausragender Bedeutung. So ist in religionswissenschaftlicher Perspektive zu analysieren, wie sich verschiedene Identitätsbehauptungen religiöser Gruppen und Bewegungen innerhalb etwa der buddhistischen oder der islamischen Religionsformation zu alternativen Identitätsbehauptungen verhalten. Auf welche Traditionen wird Bezug genommen? Welche Abweichungen gegenüber vorherigen Phasen religiöser Praxis lassen sich feststellen? Welche Verbindungen sind zwischen verschiedenen Identitätsbehauptungen und ihren Trägergruppen nachweisbar? Wie werden verschiedene Formen von Autorität herangezogen, um die eigene Sicht zu stützen oder die Sicht anderer zu hinterfragen?

Die kommunikative Dimension

Dies kann aber nur gelingen, wenn die Bedeutung der vierten, der *kommunikativen Dimension* gesehen wird, nämlich der gegenseitigen Wahrnehmung divergenter Christentumstraditionen oder eben die gegenseitige Wahrnehmung von religiösen Varianten innerhalb anderer Religionsformationen. Bleiben wir zunächst beim Christentum: Wenn zwischen verschiedenen Inkulturationen des Evangeliums in Gestalt verschiedener Bewegungen, Gemeinden und Kirchen als Entscheidungsinstanz letztlich nur die biblischen Traditionen übrig bleiben, dann geht es darum, *interkulturell miteinander im Gespräch zu bleiben*. Interkulturelle Theologie trägt dazu bei, kulturell (und in verschiedenem Grade auch religiös) fremde Geschwister besser zu verstehen, indem unter Verwendung kultur- und religionswissenschaftlicher Methodik deren Ausdrucksgestalten des Christlichen aufgeschlüsselt werden. Interkulturelle Ökumene geht damit weit über das hinaus, was bisher unter Konfessionsökumene in den Blick kam. Wenn sich in kongolesischen Gemeinden Leiter heute nicht mehr nur Bischof oder gar Erzbischof nennen, sondern im Drang um stetige Steigerung mittlerweile sich selbst sogar mitunter als Erzengel bezeichnen, was ist damit genau gemeint, welche Implikationen hat dies (etwa, was religiöse Autoritätsfragen angeht, Fragen von Heilungspraktiken, für Geschlechterbeziehungen und nicht zuletzt theologische Fragen wie der Gotteslehre), und: Wie ist damit im interkulturellen Verhältnis umzugehen?

Für andere Religionsformationen fragt sich, wie etwa für den islamischen Bereich über den Rückbezug auf Traditionen gedacht wird und welche Kontroversen zu beobachten sind. Wer nimmt mit Bezug auf was Autorität für sich in Anspruch? Reformislamische Denker etwa entwickeln Hermeneutiken, die sich oft direkt auf den koranischen Text beziehen, was zur Folge hat, dass der Rekurs auf andere Traditionen als entbehrlich verstanden wird. Damit wird aber die Autorität der traditionellen Gelehrsamkeit unterminiert. Nun werden solche Positionierungen in vielfältigen Diskursen ausgehandelt, wobei sich erst im Verlauf und jeweils kontextuell sehr verschieden herausstellen wird, welche Kräfte (etwa in Ägypten oder in Indonesien) an Einfluss gewinnen werden. Welche kommunikativen Strategien werden gewählt? Und was bedeuten solche Kommunikationsprozesse für den Bereich der Gesellschaft und damit auch interreligiöser Beziehungen?

Die missionarische Dimension

Ein weiterer Aspekt Interkultureller Hermeneutik betrifft die Frage, was dialogische Offenheit im Prozess des Verstehens bedeuten kann. Nach dem bisher Gesagten dürfte deutlich sein, dass ein Begriff von Dialog im Sinne eines »interesselosen Austausches« nicht ausreicht, da ja im Verhandeln von Identitäten Status- und Machtinteressen eine bedeutende Rolle spielen. Menschen wollen andere von der Richtigkeit ihrer jeweiligen Sicht vom *Guten Leben* überzeugen. Daher auch ist der Frage des Missionarischen in interkulturellen und interreligiösen Beziehungen ebenso wie in zivilgesellschaftlichen Zusammenhängen nachzugehen. Eine pluralistische Sicht, die meint, diese Frage beseitigen zu können, führt nicht weiter. Wer Geltungsansprüche vertritt, der will meist auch andere dafür gewinnen, etwa für eine Soziale Marktwirtschaft, für Ökologisches Wirtschaften oder eine Energiewende, für Menschenrechte, die Gleichberechtigung der Geschlechter oder eine religiöse Orientierung des Lebens. Daher wird Interkulturelle Hermeneutik, das Verstehen des Fremden, auch diesem Aspekt Aufmerksamkeit schenken müssen.

Interkulturelle Theologie hat es, wie gesehen, mit einem überaus dynamischen Gegenstandsbereich zu tun. Deshalb wird Interkulturelle Theologie bleibend die *missionarische Dimension* zu beachten haben. Das Christentum ist weiterhin in vielen Erdteilen eine ausgesprochen vitale Religionsformation. Noch niemals gab es in der Christentumsgeschichte mehr Missionare als heute, die Zahl von Missionsinitiativen und -gesellschaften aus Ländern des Südens haben sich in den letzten Jahrzehnten vervielfacht.[311] Christen-

---

[311] Für christliche Missionstheologien vgl.: H. Wrogemann (2013), Missionstheologien der Gegenwart. Globale Entwicklungen, lokale Profile und ökumenische Herausforderungen, Gütersloh. Zu verschiedenen islamischen Ansätzen der *Einladung zum Islam* (arab. *daʿwa*) vgl.: ders. (2006), Missionarischer Islam und gesellschaftlicher Dialog. Der Aufruf zum Islam im internationalen sunnitischen Diskurs, Frankfurt/M.

tumsvarianten aus anderen Erdteilen sind in Gestalt von Migrantengemeinden längst in Nordamerika und Europa aktiv. Dies alles gilt es wahrzunehmen, sensibel aufzuschlüsseln und zu begleiten. Das Gleiche gilt für viele Bewegungen innerhalb anderer Religionsformationen. Dazu leistet das Fach Interkulturelle Theologie/Missionswissenschaft innerhalb deutscher Theologischer Fakultäten einen unverzichtbaren Beitrag nicht nur für Kirchen und Gemeinden, sondern auch für die Zivilgesellschaft, in der Fragen nach religiöser Identität und deren Konsequenzen in den letzten Jahren deutlich an Bedeutung gewonnen haben.[312]

Ausblick

Es wurden in diesem Beitrag etliche Aspekte benannt, die für eine zukünftige interkulturelle wie interreligiöse Hermeneutik von Bedeutung sein dürften. Dabei geht es grundsätzlich darum, verschiedene Dimensionen wahrzunehmen, um die in Rede stehenden Phänomene möglichst in ihrer Vielschichtigkeit zu deuten. Bei der semiotischen Dimension geht es um das *sensible Aufspüren von Bedeutsamkeiten*, die einem selbst kulturell-religiös normalerweise nicht auffallen würden, die jedoch für das kulturell-religiöse Gegenüber bedeutsam sind. Da grundsätzlich alles zu einem Zeichen werden kann, gilt es, herauszufinden, wo Bedeutsamkeiten zu entdecken sind. Bei der diskurstheoretischen Dimension geht es demgegenüber nicht um das lebensweltlich Selbstverständliche in kulturell-religiösen Zusammenhängen, sondern es geht um das Umstrittene, es geht um *Identitätsbehauptungen, damit verbundene Machtansprüche und vorgenommene Stilisierungen*. Damit wird darauf hingewiesen, dass es interkulturell wie interreligiös eben *nicht* um das angebliche Wesen einer Kultur oder Religion geht, sondern um kollektive wie individuell ebenso komplexe wie umstrittene Identitäten, um fragmentarische und sich überlappende Identitäten und um verschiedene Grade von Loyalitätsbekundungen. Dies muss angesichts immer noch weit verbreiteter unterkomplexer bis hin zu geradezu naiver Hermeneutiken hervorgehoben werden.

Die konnektive Dimension bezieht sich *eher diachron auf ältere und oft auch regional andere Identitätsbehauptungen*. Es geht um Abgrenzungspro-

---

312 Es bleibt zu hoffen, dass angesichts dieser dringenden Aufgaben neben den bestehenden Lehrstühlen für das Fach *Interkulturelle Theologie/Missionswissenschaft und Religionswissenschaft* an Universitäten wie Hamburg, Berlin oder Heidelberg weitere Theologische Fakultäten daran gehen, solche Lehrstühle einzurichten und damit das Fach als sechstes Fach der Theologischen Wissenschaft zu implementieren.

zesse, um Neuakzentuierungen, um Aktualisierungen und um das Revidieren oder Überschreiben älterer Muster. Die kommunikative Dimension bezieht sich demgegenüber *eher synchron auf die Interpretationsgemeinschaften und deren kommunikative Aushandlungsprozesse.* Diachron geht es um Motive, Handlungen, Werte oder Lehren, für die zeitübergreifend Gültigkeit eingefordert wird, synchron geht es um Strategien, die in komplexen Aushandlungsprozessen zum Zuge kommen. Im Blick auf die missionarische Dimension schließlich geht es um die *die jeweils eigene Religionsformation (oder Gruppen/Bewegungen innerhalb derselben) überschreitenden Geltungsansprüche*, und es geht um die Frage, wie diese Ansprüche kommuniziert oder allgemein umgesetzt werden. Religionsgeschichtlich gilt zwar, dass durchaus nicht alle Religionsformationen ausdrücklich universale Geltungsansprüche erheben, es lässt sich indes in den letzten Jahrzehnten beobachten, dass solche universalen Geltungsansprüche immer mehr auch von bisher lokal ausgerichteten Formationen erhoben werden, worin sicherlich eine Reaktion auf und Adaption von religiösen Geltungsansprüchen der quantitativ am weitesten verbreiteten Religionsformationen zu sehen ist, allen voran Christentum, Islam und Buddhismus.

Eine in diesem Sinne multidimensionale Hermeneutik kann einen wichtigen Beitrag nicht nur zur Verständigung zwischen verschiedenen Religionsformationen leisten, sondern auch dazu verhelfen, religiöse und quasireligiöse Geltungsansprüche innerhalb der Zivilgesellschaft genauer aufzuschlüsseln. Anerkannt ist dabei die Legitimität solcher universaler Geltungsansprüche, wie sie auch in der *Allgemeinen Erklärung der Menschenrechte* der *Vereinten Nationen* von 1948 vorausgesetzt wird. Durch ihren multidimensionalen Ansatz indes leistet eine solche interkulturelle wie interreligiöse Hermeneutik gerade einen Beitrag zur kritischen Wahrnehmung von Geltungsbehauptungen, da diese immer tendenziell in der Gefahr stehen, auf Kosten anderer erhoben zu werden. In diesem Sinne kann interkulturelle wie interreligiöse Hermeneutik dazu beitragen, Unterscheidungen vorzunehmen, die klärend dazu verhelfen können, gerade in der Ambivalenz menschlichen Handelns nicht nur dem gegenseitigen Verstehen, sondern darin auch dem gesellschaftlichen Frieden zu dienen

Was bedeutet Respekt?

Auf dem Wege zu einem Code of Conduct on Conversion

Im Blick auf den sogenannten *Arabischen Frühling* fragen sich derzeit viele Menschen, wie es in den mehrheitlich muslimischen Ländern Nordafrikas und des Nahen Ostens weiter gehen wird. Welche Formen demokratischer Willensbildung werden sich entwickeln? In welcher Weise werden bestehende Rechtssysteme verändert werden? Wie wird es in Zukunft um die *gleichen* Rechte für *alle* Bürger bestellt sein im Blick auf Freiheitsrechte, Teilhaberechte und Selbstbestimmungsrechte? Was wird sich für verschiedene Minderheiten ändern? Konzentriert man sich auf das Thema Religionsfreiheit, so zeigt sich, dass es in den letzten Jahren in verschiedenen Ländern der Erde manche Rückschläge gegeben hat. Dies sei an einigen wenigen Beispielen aufgezeigt. In Sri Lanka etwa wurde im Jahr 2005 eine Gesetzesinitiative gestartet, die zum Ziel hat, ein Verbot religiöser Konversion durchzusetzen. Ähnliche Anti-Konversions-Gesetze gibt es bereits in etlichen indischen Bundesstaaten. In anderen Ländern ist es nach wie vor für viele Menschen, die sich einem anderen Glauben zuwenden wollen, äußerst schwer, dies unbeschadet an Leib und Leben zu tun.

Beispiel Katastrophenhilfe und Konversionsthematik

Diese Entwicklungen sind jedoch nicht nur Folge von Animositäten gegenüber Angehörigen anderer Religionen. So kann man für Sri Lanka nachweisen, dass sich die Anti-Konversions-Initiative als Folge der Ereignisse nach dem Tsunami im Dezember 2004 verstehen lässt. Damals kam eine große Anzahl ausländischer Helfer ins Land, unter ihnen auch Menschen, die sich als Missionare verstanden. Wenigstens einige dieser ausländischen Helfer müssen versucht haben, Menschen durch Hilfsangebote gleichzeitig und kurzfristig für den christlichen Glauben zu gewinnen. Als angebliche Fälle publik wurden, löste dies eine Kettenreaktion aus, als deren Folge die oben genannte Gesetzesinitiative zu verstehen ist. Anhand dieses Beispiels seien drei Aspekte hervorgehoben: (a) Wir haben es hier mit dem Phänomen von Kurzzeitmissionaren zu tun, Menschen also, die für eine Zeit von mehreren Wochen bis hin zu einigen Monaten in ein anderes Land reisen, um dort

»Mission« zu betreiben. Allein aus den USA unternehmen jedes Jahr etwa 1,5 Millionen Menschen solche Einsätze, wenn auch in unterschiedlichsten Formen, die von der Mitarbeit in einer Krankenstation bis hin zum Verteilen von Traktaten und Bibeln reichen können. (b) Diese Form des Einsatzes schafft indes das Problem, dass Kurzzeitmissionare wieder »gehen können«, wohingegen die einheimischen Kirchen vor Ort mit den Folgen dessen leben müssen, was die Kurzzeitmissionare schlimmstenfalls »angerichtet haben«. (c) Die ökumenische Frage ist hier demnach die Frage nach einer innerchristlichen aber transkontinentalen Zusammenarbeit, sodass die örtlichen Kirchen und Gemeinden nicht gefährdet werden, insbesondere in sensiblen Kontexten. Sind Missionare demnach bereit, eine solche Zusammenarbeit zu suchen? Und müsste nicht gemeinsam ein Verständnis davon entwickelt werden, welche Art des christlichen Glaubenszeugnisses für einen bestimmten Kontext *angemessen* ist? In der Praxis jedenfalls gibt es viele Initiativen, die eine solche Zusammenarbeit nicht anstreben.

Zum Papier Christian Witness in a Multi-Religious World

Ereignisse dieser Art und Fragen nach Religionsfreiheit, dem Recht auf den Wechsel der Religionszugehörigkeit, Probleme von Unterdrückung und Verfolgung religiöser Minderheiten und unangemessenen Methoden religiöser Propaganda haben den *Ökumenischen Rat der Kirchen dazu* veranlasst, eine besondere Initiative zu starten.[313] Zur Frage nach einem *Code of Conduct on Conversion* kam es zu einer Zusammenarbeit des *Programms für Interreligiösen Dialog und Zusammenarbeit* des ÖRK mit dem *Päpstlichen Rat für den Interreligiösen Dialog*, Institutionen, die schon in der Vergangenheit mehrfach zusammengearbeitet hatten, so etwa in Studienprozessen zu Themen wie interreligiöser Ehe (1994–1997) oder interreligiösem Gebet (1997–1998). Im Vorfeld der neuen Initiative wurden auch Repräsentanten der *World Evangelical Alliance* zur Mitarbeit eingeladen. Unter Teilnahme dieser drei Institutionen wurden insgesamt drei Konsultationen abgehalten, so im Mai 2006 in Lariano (Italien), im August 2007 in Toulouse (Frankreich) sowie im Januar

---

[313] *Christian Witness in a Multi-Religious World. Recommendations for Conduct*, unter: www.oikoumene.org/fileadmin/files/wcc-main/2011pdfs/ ChristianWitness_ recommendations.pdf (abgerufen am 01.12.2011); R. J. Priest (2010), Short Term Missions as a New Paradigm, in: O.L. Kalu u. a. (Hg.), Mission After Christendom: Emergent Themes in Contemporary Mission, Westminster Press, 84–99; H. Wrogemann (2011), Wer ›führt‹ hier einen Dialog? Anmerkungen zum Brief der 138 Gelehrten, in: ders., Das schöne Evangelium inmitten der Kulturen und Religionen. Streifzüge durch das Gebiet der Missions- und Religionswissenschaft, Erlangen, 174–190.

2011 in Bangkok (Thailand). Die – innerchristlichen – Diskussionen drehten sich um Fragen interreligiöser Beziehungen im Blick auf das Zusammenleben in Familie und Gesellschaft sowie deren Einbettung in politische, wirtschaftliche, soziale oder mediale Kontexte.

Im Jahr 2011 wurde ein gemeinsamer Entwurf mit dem Titel *Christian Witness in a Multi-Religious World. Recommendations for Conduct* zur Diskussion gestellt. Der Text ist mit vier Seiten recht kurz gehalten und umfasst nach einer Präambel drei Abschnitte, nämlich (1) »Eine Basis für christliches Zeugnis«, (2) »Leitlinien« sowie (3) »Empfehlungen«. In der *Präambel* wird festgehalten, dass Mission zum Wesen der Kirche gehört, was die Verkündigung des Wortes Gottes und seine Bezeugung in Wort und Tat einschließt. Als Ziel des Papiers wird angegeben, dass dieses Kirchen, Kirchenräte und Missionsorganisationen ermutigen soll, ebenfalls Leitlinien ihres Handelns zu entwickeln. Als *Basis für christliches Zeugnis* werden sieben Punkte genannt, wobei darauf abgehoben wird, dass dieses Zeugnis in Respekt zu geschehen habe; dass man Jesus als dem höchsten Zeugen in Verkündigung, Dienst an den Menschen und Selbsthingabe folgen müsse; dass das Zeugnis auch den Dialog einschließe und sich auch in schwierigen Situationen durchhalte. Ausdrücklich werden unangemessene Methoden (*unappropriate methods*) abgelehnt, wenn etwa Druck – welcher Art auch immer – ausgeübt werde, was einem Verrat am Evangelium gleichkomme. Die Bekehrung eines Menschen (*conversion*) sei, so wird hervorgehoben, letztgültig die Arbeit des Heiligen Geistes.

Als Leitlinien werden 12 Aspekte genannt, von denen im Folgenden nur einige wenige herausgehoben seien: Christliches Zeugnis gründet in der Liebe Gottes (1.) und im Vorbild Jesu (2.), es soll gelebt werden in christlichen Tugenden wie Integrität, Mitgefühl, Nächstenliebe und Demut (3.). Das Zeugnis geschieht auch in Taten des Dienstes und der Gerechtigkeit. Der Dienst schließt Aspekte wie Katastrophendienst, Bildung, medizinische Angebote und den Einsatz für Gerechtigkeit und Advocacy ein, wobei Christen sich von jeder Form des Engagements enthalten sollen, die als Verführung von Menschen durch finanzielle Anreize oder sonstige Vorteile verstanden werden können. (4.) Weiter sei eine »Unterscheidung« (*discernment*) im Blick auf Heilungsdienste notwendig, sodass Notsituationen von Menschen nicht ausgenutzt werden. (5.) Die weiteren Aspekte betreffen die Zurückweisung von Formen der Gewalt (6.), die Freiheit von Religion und Glaube (7.), gegenseitigen Respekt und Solidarität (8.), Respekt vor allen Menschen (9.), den Verzicht auf falsches Zeugnis (10.), die Sicherstellung persönlicher Entscheidung (11.) sowie die Bildung interreligiöser Beziehungen (12.).

Hervorgehoben seien nur zwei Aspekte: Unter Punkt 11 geht es um das Thema Konversion. Es sei sicherzustellen, dass Menschen für diesen gewichtigen Schritt genug Zeit für Reflexion und Vorbereitung bleibe, sodass die volle persönliche Freiheit des Menschen gewährleistet sei. Dem korrespondiert unter Punkt 7 die Forderung nach einem kritisch-prophetischen Zeugnis dort, wo die religiöse Freiheit, den eigenen Glauben öffentlich zu bezeugen, zu praktizieren und zu propagieren, eingeschränkt und es Menschen verwehrt werde, die eigene Religionszugehörigkeit zu wechseln.

Religiöse Statements und globale Medienöffentlichkeit

Man mag fragen: Welche Bedeutung mag ein solches Papier haben? Der Blick auf eine muslimische Initiative mag bei der Beurteilung dieser Frage helfen. Die These lautet, dass solche Statements eine nicht geringe Bedeutung für die globale Medienöffentlichkeit haben, als Zeichen einer Selbstverständigung und eines »good will«. Die Bedeutung der globalen Medienvernetzung ist – als Negativbeispiel – leicht ablesbar an den Reaktionen auf die Muhammad-Karikaturen in den Jahren 2005 und 2006: Weltweit kam es zu zum Teil gewalttätigen Protesten. Umgekehrt fand im Jahr 2007 eine muslimische Initiative – der sogenannte ›Brief der 138 Gelehrten‹ – als Signal für Dialogbereitschaft weltweit ein positives Echo. Ebenso könnte die Initiative aus dem Bereich des *ÖRK*, der *Römisch-katholischen Kirche* und der *World Evangelical Alliance* mit ihrem Papier eine positive Medienwirkung erzielen. Einesteils wird eine Mission in Demut gefordert, ebenso eine sehr bedachtsame Weise, mit dem Thema Konversion umzugehen, andererseits wird daran festgehalten, dass jeder Mensch das Recht habe, seine Religionszugehörigkeit zu wechseln.

Vielleicht kann ein solches Papier eine gewisse Hilfe sein in Ländern, in denen das Thema Konversion nach wie vor ein gesellschaftliches Tabu ist, wie etwa in Ägypten. Bis in die Gegenwart kommt es hier zu Inhaftierungen von Menschen, die aus dem Islam heraus konvertiert (und etwa Christen geworden) sind. Wenn auch Dr. Ali Goma'a, Großmufti von Ägypten, unlängst vorgeschlagen hat, eine solche Konversion könne geduldet werden, wenn der Konvertit dies nicht öffentlich kenntlich mache, so bedeutet dies jedoch keinen wirklichen Fortschritt in der Sache, denn Konvertiten können damit ihren neuen Glauben auch weiterhin nicht frei leben, von einem christlichen Zeugnis ganz zu schweigen. Vielleicht kann der Verweis auf ein Papier wie *Christian Witness in a Multi-Religious World* in interreligiösen Diskussionen dazu beitragen, allmählich Vorurteile und Ängste abzubauen, vielleicht kann der Verweis auf das Papier dazu helfen, dass Menschen nicht-christlicher

Religionszugehörigkeit zu unterscheiden lernen zwischen Christen, die sich diesem *Code of Conduct* verbunden fühlen und solchen, die dessen ungeachtet ihren vehementen Formen christlicher Glaubensverbreitung weiterhin nachgehen.

Thesen zum Thema Code of Conduct on Conversion

Abschließend sei thetisch auf einige Zusammenhänge hingewiesen, die meiner Ansicht nach für die Thematik grundlegend sind:

(1) Das Thema *Code of Conduct* betrifft sowohl *inter*religiöse wie *intra*religiöse Beziehungen, denn auch innerchristlich sind Fragen von Konversion unter Stichworten wie *steeling sheep* oder *Proselytismus* akut.

(2) Es ist meines Erachtens ein Gewinn, dass das Papier sich nicht auf das Thema Konversion konzentriert hat, sondern unter dem Titel *Christian Witness in a Multi-Religious World. Recommendations for Conduct* das Thema Mission als Zeugnis (*witness*) fasst. Die Verankerung der Konversionsthematik im Missionsbegriff zeigt die vielen Dimensionen auf, in denen Mission als christliches Zeugnis in Worten, Taten, Lebensäußerungen und Ausstrahlungen geschieht.

(3) Das Bekenntnis zu einem in dieser Weise *erläuterten* Missionsverständnis ist zu begrüßen, weil die von manchen Christen bevorzugte Alternative »Mission: Nein ! – sozialer Dienst: Ja !« ins Leere läuft, da zum Beispiel viele muslimische Aktivisten wie auch Hindu-Aktivisten (um nur zwei Beispiele zu nennen) *jegliche Form christlicher Präsenz* (inklusive christlicher sozialer und medizinischer Dienste sowie Bildungsarbeit) ablehnen. Die Verabschiedung der Missionsthematik bringt damit nicht die erhoffte »Entspannung«, abgesehen davon, dass natürlich auch der soziale und medizinische Dienst als *Zeugnis* verstanden werden kann.

(4) Zudem ist zu beachten, dass es in den letzten einhundert Jahren in den verschiedensten Religionsformationen weltweit zur Ausbildung von Ausbreitungsaktivitäten gekommen ist, die über die eigene Religion hinausgehen. So gesehen ist die Frage eines *Code of Conduct* auch eine Rückfrage an diese Religionsformationen, ob es zu einer Annäherung im Blick auf die Standards interreligiösen Handelns kommen kann.

(5) Der Text jedenfalls ermuntert nicht nur zum respektvollen Umgang in interreligiösen Beziehungen, sondern auch zur bewussten Anerkenntnis religiös-weltanschaulich pluraler Gesellschaften. Damit kann das Papier auch in *politischen, rechtlichen und zivilgesellschaftlichen Diskursen* eine Hilfe sein auf der Suche nach Rechtssystemen und der Pflege einer Rechtspraxis, die diesen Anliegen Geltung verschafft.

IV. Christliches Zeugnis im Kontext pluraler Gesellschaften

Verborgener oder offenbarer Gott?

Trinitarische Missionstheologie und religiöse Pluralität

Seit etwa 20 Jahren wird dem Thema Mission in kirchlichen Kontexten Deutschlands und Europas wieder größere Aufmerksamkeit zuteil. Viele Kirchen leiden an stetigem Mitgliederverlust, die religiöse Pluralität in der Gesellschaft nimmt zu, christliche Gemeinden mit Migrationshintergrund bereichern das Bild christlicher Präsenz. Mögen Mainline Churches in Europa auch abnehmen, so gilt doch, dass global betrachtet das Christentum weiterhin eine ausgesprochen vitale und missionarische Religionsformation ist.[314] Für Europa wie für alle anderen Kontinente jedoch gilt, dass ein großes Thema des 21. Jahrhunderts die Frage nach der Wertschätzung kultureller und religiöser Pluralität sein wird. Daran schließt sich auch die Frage an, wie sich der missionarische Auftrag von Christen und Kirchen weltweit zu dieser Pluralität verhält. Es wird zu zeigen sein, dass insbesondere trinitätstheologische Begründungsmuster einen wichtigen Beitrag für eine zeitgemäße Theologie der Mission im Kontext kultureller und religiöser Pluralität zu leisten vermögen.[315]

Zur Vielfalt christlicher Missionsbegründungen

In der Geschichte des Christentums sind zu verschiedenen Zeiten völlig unterschiedliche Motive für missionarisches Wirken leitend gewesen. So war etwa im Frühmittelalter in der Arbeit der iro-schottischen Mönche der Gedanke der *Pilgerschaft* zentral. Pilger wanderten durch die Welt und begründeten an abgelegenen Orten neue Klöster, die zu Zentren der Mission wurden. Dass für

---

[314] H. Wrogemann (2013), Missionstheologien der Gegenwart. Globale Entwicklungen, kontextuelle Profile und ökumenische Herausforderungen, Gütersloh.

[315] Zu trinitätstheologischen Ansätzen und Themenfeldern vgl. etwa: M. Welker/M. Volf (Hg.) (2006), Der lebendige Gott als Trinität. Jürgen Moltmann zum 80. Geburtstag; B. Groen; B. Kranemann (Hg.) (2008), Liturgie und Trinität, Freiburg u. a.

die christliche Sendung ausdrücklich auf den sogenannten *Missionsbefehl* in Mt. 28, 18–20 verwiesen wurde, ist missionsgeschichtlich betrachtet ein eher jüngeres Phänomen. Für das 19. Jahrhundert als das »Große Jahrhundert der (protestantischen) Mission« (K. Latourette) ist bezeichnend, dass verschiedene Begründungen der Mission herangezogen wurden. So listet etwa Gustav Warneck, Vater der deutschen Missionswissenschaft, nicht weniger als fünf Punkte auf: Mission sei erstens neutestamentlich begründet (dogmatisch), sie ergebe sich zweitens aus der ethischen Universalität des Evangeliums (ethisch), drittens aus dem völkerübergreifenden Charakter der Kirche (ekklesiologisch), viertens aus der göttlichen Vorhersehung der Weltgeschichte (providentiell) und fünftens aus der feststellbaren Heilssehnsucht der Völker (ethnisch).[316] Andere argumentierten demgegenüber mit der Überlegenheit der *christlichen Zivilisation*, eine Sicht, die in gefährlicher Nähe zu westlichen Kolonialbegründungen zu stehen kam.

Nach den beiden Weltkriegen wurde indes nach einer anderen und tieferen Begründung der christlichen Mission gefragt, denn der mehrheitlich christliche Westen hatte sich gründlich diskreditiert, das kulturell-religiöse Wiedererwachen in Ländern Afrikas und Asiens stellte den christlichen Sendungsanspruch in Frage ebenso wie die kämpferisch-säkularistischen Ideologien. Seit der Weltmissionskonferenz von Willingen im Jahre 1952 wurde ökumenisch von der *Missio Dei*, der Mission Gottes, als der einzigen wirklich tragfähigen Missionsbegründung gesprochen: Weil Gott seinem Wesen nach ein missionarischer Gott ist, ist es damit auch die Gemeinde und Kirche, deren Wesen im Handeln dieses Gottes begründet ist und von ihm her ihre Ausrichtung erhält.[317] So, wie der Vater den Sohn in der Kraft des Geistes sendet und damit in die Welt hineinwirkt, was systematisch-theologisch als (heils-)*ökonomische Trinität* bezeichnet wurde, so ist Gott in sich selbst, was durch den Begriff der *immanenten Trinität* ausgedrückt wurde. Dahinter steht der Gedanke, dass, wenn Gott sich selbst offenbart, er sich nach außen nicht anders offenbart, als er in seinem Inneren von Ewigkeit her ist. Gott kann sich nicht selbst widersprechen. Gott ist demnach von Ewigkeit her in sich selbst ein missionarischer Gott, denn sein innerstes Wesen ist die Liebe, die nicht bei sich selbst bleibt, sondern dazu drängt, über sich auf das Andere hin hinauszugehen.

---

[316] G. Warneck (1892), Evangelische Missionslehre, Bd. I, Teilband 1, Gotha, 91–295. Vgl. H. Wrogemann (2013), Missionstheologien der Gegenwart, o. a., 48–58.

[317] Quellentexte zu Willingen (1952) in: H.J. Margull (Hg.) (1963), Zur Sendung der Kirche, München, 95–107.

Damit haben seit den 1950er Jahren trinitätstheologische Missionsbegründungen eine so vorher nie dagewesene Bedeutung und Breitenwirkung erlangt. Man findet sie in protestantischen Entwürfen, innerhalb der Arbeit des Ökumenischen Rates der Kirchen (ÖRK), in den Konzilstexten des II. Vaticanums der Römisch-katholischen Kirche und natürlich besonders in Erklärungen der Orthodoxen Kirchen.[318] Indes konnte die trinitätstheologische Diktion dabei sehr unterschiedlich ausfallen.

Trinitätstheologische Missionstheologie und die Vielfalt der Religionen

Im Folgenden seien aus der Fülle der verschiedenen Verhältnisbestimmungen idealtypisch nur drei Modelle herausgegriffen, und zwar die missionstheologische Deutung der Trinitätslehre erstens als *apologetische Abgrenzungstheorie,* zweitens als *religionstheologische Basistheorie* und drittens als *missionstheologische Unterscheidungstheorie.*

Apologetische Abgrenzungstheorien

Manche theologischen Entwürfe begründen die christliche Mission, indem sie die Trinitätslehre als *apologetische Abgrenzungstheorie* gegen andere Religionstraditionen in Anschlag bringen, so etwa in den 1960er Jahren der deutsche Systematiker Hermann Diem.[319] Mission hat das christlich-trinitarische Gottesbild in Auseinandersetzung mit Islam einerseits und Hindu-Traditionen andererseits zur Geltung zu bringen. Die missionarische Verkündigung wird damit in einem trinitätstheologischen Koordinatensystem verortet. Selbst wenn man die Ansicht teilt, dass dogmatisches Unterscheidungsvermögen unabdingbar gerade für den Bereich interreligiöser Beziehungen ist, so wird man meines Erachtens jedoch zögern, die mit der Trinitätslehre verbundenen Deutungspotentiale auf diese Funktion einzuengen. Völlig anders argumentieren seit den 1980er Jahren etwa Theologen wie *Mark Heim* aus den USA oder der deutsche Vergleichende Theologe und Religionswissen-

---

318 Als Übersicht: H. Wrogemann (2013), Missionstheologien der Gegenwart, o. a., 173–211. Zum Missionsverständnis des II. Vaticanum vgl. auch: G. Collet (1984), Das Missionsverständnis der Kirche in der gegenwärtigen Diskussion, Mainz, 107–117; A. Bünker (2004), Missionarisch Kirche sein? Eine missionswissenschaftliche Analyse von Konzepten zur Sendung der Kirche in Deutschland, Münster, 125–142.

319 H. Diem (1966), Der Ort der Mission in der Systematischen Theologie, in: ThLZ (91), 161–172. Vgl. H. Wrogemann (1997), Mission und Religion in der Systematischen Theologie der Gegenwart. Das Missionsverständnis deutschsprachiger protestantischer Dogmatiker im 20. Jahrhundert, Göttingen, 142–143.

schaftler *Michael von Brück*. Bei beiden wird die Trinitätslehre zu so etwas wie einer religionstheologischen Basistheorie erhoben, wenn auch jeweils in sehr unterschiedlicher Diktion.

Religionstheologische Basistheorien

Bei Mark Heim ebenso wie bei Michael von Brück wird der Gedanke der göttlichen *Perichorese* hervorgehoben, der Gedanke also, dass die göttlichen Personen von Vater, Sohn und Heiligem Geist einander *gegenseitig durchdringen*, dass also jede Person das, was sie ist, nur in Beziehung zu den jeweils anderen Personen ist. Im Geschehen der Schöpfung, der Versöhnung und der Erlösung sind jeweils alle drei Personen beteiligt, denn Gott ist einer. Gleichzeitig aber wird jedes Handeln einer der Personen in besonderer Weise zugeordnet (appropriiert). So wird die Schöpfung besonders dem Vater zugeordnet, aber nicht ausschließlich, denn Jesus Christus ist als Schöpfungsmittler daran beteiligt und ebenso der Geist Gottes. Die Versöhnung wird besonders (aber wiederum nicht nur) dem Sohn zugeordnet und die Erlösung und Vollendung besonders (aber nicht nur) dem Heiligen Geist.

Mark Heim nun argumentiert, dass der dreieinige Gott als Schöpfer auch in einer Beziehung zu nicht-christlichen Religionen stehe.[320] In Gott seien *drei Dimensionen von Interaktion* zu unterscheiden, nämlich die Dimension der *personalen Interaktion*, die Dimension der *im-personalen Interaktion* sowie die Dimension der *gemeinschaftlichen Interaktion*. Diesen drei Interaktionsformen ordnet Heim nun ganz bestimmte Religionsformationen zu, deren *Grunderfahrungen* jeweils einer der Dimensionen von Interaktion besonders entsprechen. Judentum und Islam werden der personalen Interaktion zugeordnet, Buddhismus und Hindu-Religionen der im-personalen Interaktion und das Christentum der gemeinschaftlichen Interaktion. So versucht Heim einerseits eine Wertschätzung anderer Religionen zu begründen, andererseits die Besonderheit der christlichen Glaubenserfahrung festzuhalten. Die Trinitätslehre ist damit zum Interpretationsrahmen *aller* Religionen erhoben. Die Religionen antworten je auf ihre Weise auf verschiedene Dimensionen der göttlichen Interaktion.

---

320 M. Heim (2001), The Depth of the Riches: Trinity and Religious Ends, in: Modern Theology (17), 21–55. Zum Ansatz von Heim vgl. auch: J. G. Flett (2008), In the Name of the Father, the Son, and the Holy Spirit: A Critical Reflection on the Trinitarian Theologies of Religion of S. Mark Heim and Gavin D'Costa., in: International Journal of Systematic Theology (10), 73–90.

Kritisch anzumerken bleibt indes, dass Mark Heim unter *Heil* verschiedene *Formen von Interaktion mit dem Göttlichen* versteht, sodass damit alle Religionen als mehr oder weniger heilshaft gedeutet werden können. Ist Heil nach neutestamentlichem Zeugnis jedoch wirklich nur ganz allgemein als Beziehungsmodus zu verstehen? Wie steht es mit wichtigen theologischen Konzepten wie etwa der (Heils-)Mittlerschaft Jesu Christi oder der Stellvertretung? Auf diese Frage wird zurückzukommen sein.

Wenden wir uns dem Ansatz von *Michael von Brück* zu. Dieser geht einen anderen Weg, indem er im Dialog mit der hinduistischen Traditionslinie des *Advaita Vedanta* (Philosophie und meditative Praxis der Nicht-Zweiheit) die Trinitätslehre advaitisch deutet.[321] Die *interreligiös (christlich-hinduistischer Dialog) erworbene Erfahrung* wird damit zum Interpretationsschlüssel eines *neuen Verständnisses* der christlichen Trinitätslehre. Kurz gesagt geht es darum, dass tiefe spirituelle Erkenntnis zur Aufhebung des Ich-Bewusstseins und damit zur Aufhebung von Subjekt-Objekt-Schemata führt. Wo es aber keine Subjekt-Objekt-Schemata mehr gibt, da gibt es auch keine Grenzen mehr. Das, was in den Hindu-Traditionen die *transpersonale Erfahrung* des Transzendenten sei, werde, so von Brück, christlich mit der Trinitätslehre ausgedrückt: Der Vater sei die Sistenz, er trete im Sohne aus sich heraus in die Ex-Sistenz, sei im Geist die In-Sistenz und in der *drei-einigen Erfahrung* des Glaubenden schließlich die Erfahrung der *transpersonalen In-Ex-Sistenz Gottes.*

Die Einheit des dreieinigen Gottes liegt nicht im Vater, auch nicht in der Dreiheit der Personen, sondern *in der Bewegung* der gegenseitigen Durchdringung als Aus-sich-herausgehen und als Sich-identifizieren von Vater, Sohn und Geist. Für Christen heißt das: Der Glaubende, der mit Christus eins wird, wird zugleich über sich selbst und über Christus quasi hinausgehoben, was *von Brück* am Philipperhymnus (Phil. 2, 5–11) festmacht: Letztlich sei es der Name *über alle* Namen, der Christus gegeben sei. Dies versteht von Brück als Hinweis auf das *transpersonale Namenlose.*

Aus interreligiösen Dialogerfahrungen heraus wird hier demnach eine Deutung der Trinitätslehre vorgenommen, die beides ermöglichen soll: Einerseits völlige Einigung mit Jesus Christus, die als trinitarische Erfahrung indes andererseits in die Tiefe der Wahrheit führt, *die nun aber die Partikulari-*

---

[321] M. v. Brück (21987), Einheit der Wirklichkeit. Gott, Gotteserfahrung und Meditation im hinduistisch- christlichen Dialog, München, bes. 213–246. Vgl. auch: ders. (1988), Müssen Wahrheiten sich ausschließen? Christlich-buddhistische Begegnung und Annäherung, in: LM (27), 554–557.

tät Jesu Christi übersteigt und damit die Grenzen zwischen Religionstraditionen als unerheblich hinter sich zurücklässt. Mit einem Wort: *Je tiefer jemand in die Erfahrung des dreieinigen Gottes hingelangt, desto mehr wird er aus der Partikularität der Vorstellung herausgelöst: Religionsgrenzen werden damit letztlich bedeutungslos.*

Halten wir einen Moment inne: Während Hermann Diem die Trinitätslehre als missionstheologische Matrix zur *Abgrenzung* gegenüber anderen Religionstraditionen verwendet, wird bei Mark Heim und Michael von Brück die Trinitätslehre umgekehrt zur *Begründung der Wertschätzung* anderer Religionstraditionen in Anspruch genommen.[322] Mission würde bei beiden letztgenannten Ansätzen damit lediglich in einem *interreligiösen Austausch* bestehen, da es einer Konversion im Sinne eines Religionswechsels nicht mehr bedarf. Mag es auch zu solchen Konversionen kommen, aktiv gesucht werden müssen sie aus christlicher Sicht nicht. Denn Konversion bezeichnet hier den Weg zur Tiefe der Wahrheit, der jeweils der eigene religiöse Weg (buddhistisch, islamisch, christlich usw.) *bleiben kann.* Mission dient damit der Einkehr in die Tiefe der Wahrheit, sie erfolgt als Dialog und zielt nicht mehr auf den Wechsel von einer Religionstradition zu einer anderen. Damit kommt indes ein Sprachgebrauch zum Zuge, der mit weiten Teilen des globalen missionstheologischen Diskurses nicht mehr vereinbar ist.

Missionstheologische Unterscheidungstheorien

Wenigstens kurz soll noch von einer dritten Option die Rede sein. Einen wiederum anderen Weg gehen *missionstheologische Unterscheidungstheorien,* wie etwa von Dietrich Werner und mir selbst formuliert.[323] Eine Würdigung anderer Religionstraditionen kann so gedacht werden, dass der Geist Gottes sich sowohl auf den Vater als auch auf den Sohn bezieht, und zwar in *graduell je eigener Weise.* Dietrich Werner will das *filioque,* den westkirchlichen Bekenntniszusatz also, dass der Heilige Geist nicht nur vom Vater, sondern vom Vater *und dem Sohn* (lat. filioque) ausgeht, gestrichen sehen. Damit werde eine relative Eigenständigkeit des Handelns des Heiligen Geistes gegenüber dem Handeln des dreieinigen Gottes im Sohn denkbar. Mit dem

---

322 Entweder sind diese als *Antworten auf jeweils eine Dimension göttlich-trinitarischer Interaktion* zu würdigen, so Heim, oder aber sie sind aus *trinitarisch-advaitischer Erfahrung* mögliche Zugänge zur transzendenten Wirklichkeit, so Michael von Brück.

323 D. Werner (1993), Mission für das Leben – Mission im Kontext. Ökumenische Perspektiven missionarischer Präsenz in der Diskussion des ÖRK 1961–1991, Rothenburg, 449ff.

altkirchlichen Bild von den »zwei Händen Gottes« sieht Werner Gott auch in den Religionen in gewissem Sinne am Werk, und sei es als Anfrage an die Christen und Kirchen. Die eine Hand Gottes ist sein Heilshandeln im Sohn, die andere Hand ist Gottes geheimnisvolles Handeln im Heiligen Geist und in der Welt.

Ich selbst habe mit einer Unterscheidung *Jürgen Moltmanns* das *filioque* nicht aufgegeben, sondern *interpretiert*, und zwar als Wirken des Heiligen Geistes, welches sich auf den ***Sohn** des Vaters* bezieht, was das *Rettungshandeln* Gottes in Jesus Christus bezeichnet.[324] Umgekehrt kann aber auch vom Wirken des Heiligen Geistes die Rede sein, das sich auf den ***Vater** des Sohnes* bezieht, was Gottes *Segenshandeln* in der Welt – auch in den Religionen – bezeichnen kann.[325] Dieses Segenshandeln des Geistes, bezogen auf den *Vater des Sohnes* wird außerhalb der christlichen Religionsformation eben *nicht im Namen Jesu Christi* erfahren, es kann aber dennoch aus christlicher Sicht als ein Wirken des dreieinigen Gottes in gewissen, je nach Ort und Zeit begrenzten Geschehnissen (also nicht flächendeckend!) *gedeutet* werden. Mag es partiell *Gottes Segenshandeln* auch in anderen Religionsformationen geben, so führt dies neben der Würdigung immer zugleich zum missionarischen Christuszeugnis zurück, denn dabei geht es um das ausdrücklich offenbare Wirken Gottes in der Geschichte seines *Rettungshandelns* in Jesus Christus. Beides, Segenshandeln (auch) außerhalb und Rettungshandeln innerhalb der christlichen Gemeinde, steht in einer *bleibenden und nicht aufzuhebenden Spannung* zueinander. Für Christen wird damit das Bekenntnis zum letztgültigen Heilshandeln Gottes in Jesus Christus festgehalten, festgehalten wird andererseits aber auch das Geheimnis des göttlichen Wirkens in der Welt, welches in Ehrfurcht anzuerkennen ist: Christen »wissen« – selbst im Glauben – *nicht* »alles«, sondern sie bleiben verwiesen auf den Gott, der sich ihrer erbarmt hat. Gott hat sich zwar offenbart, in gewisser Weise bleibt er jedoch weiterhin auch verborgen. Dieser Spannung wird im Folgenden nachzugehen sein.

---

324 H. Wrogemann (1997), Mission als Hermeneutik des Fremden, in: ders., Mission und Religion in der systematischen Theologie der Gegenwart, Göttingen, 291–318; ders. (1997), Überlegungen zu Notwendigkeit und Problematik einer trinitarischen Begründung der Mission, in: Zeitschrift für Mission (23), 151–165.

325 Dabei wird die m. E. bis heute grundlegende Unterscheidung von Rettung und Segen unterlegt, wie sie in den Arbeiten des Alttestamentlers Claus Westermann herausgearbeitet worden ist. Vgl. C. Westermann (1968), Der Segen in der Bibel und im Handeln der Kirche, München; ders. (1978), Theologie des Alten Testaments in Grundzügen, Göttingen.

Zur Frage von Verborgenheit und Offenbarsein des Dreieinigen Gottes

Die christliche Trinitätslehre, wie sie ihren Niederschlag in den altkirchlichen Bekenntnissen gefunden hat, ist auch aus Sicht der heutigen Exegese als sachgemäße Interpretation neutestamentlicher Aussagen zu verstehen.[326] Die Trinitätslehre kann mit Michael Meyer-Blanck als der Versuch gesehen werden, »die Geschichtlichkeit und Lebendigkeit von Gottes Liebe nachzubuchstabieren«.[327] Das aber bedeutet, dass es hier *nicht* um ein trinitarisches *Prinzip* geht, sondern um die Einheit und Einzigkeit Gottes, die in der *Geschichte* und in dem *Namen* des Jesus von Nazareth zugänglich wird. Schon alttestamentlich kann man im Blick auf den Namen Gottes von einem *doxologischen Erwartungsraum* Israels sprechen.[328] Alle Völker werden, so die Erwartung, dereinst in das Lob des Namens Gottes einstimmen. Im Neuen Testament dann werden Charakteristika des Jahwe-Namens auf Jesus Christus übertragen. Der Exeget *Manfred Oeming* sieht darin eine »Zwei-Naturen-Lehre in nuce« gegeben.[329] Die duadischen Formeln (Vater/Sohn; Gott/Chris-

---

[326] H.-J. Eckstein (2009), So haben wir doch nur einen Gott. Die Anfänge trinitarischer Rede von Gott im Neuen Testament, in: ders., Kyrios Jesus. Perspektiven einer christologischen Theologie, Neukirchen-Vluyn, 3–33; Th. Söding (2008), Ein Gott – ein Herr – ein Geist. Die neutestamentliche Basis der Trinitätstheologie und ihre liturgische Bedeutung, in: B. Groen/B. Kranemann (Hg.), Liturgie und Trinität (QD 229), Freiburg u. a., 12–57.

[327] M. Meyer-Blanck (2008), Das trinitarische Bekenntnis im Spiegel des ›Evangelischen Gottesdienstbuches‹, in: B. Groen/B. Kranemann (Hg.), Liturgie und Trinität, Freiburg u. a., 231–245, 235.

[328] »Bei aller Unausgeglichenheit der eschatologischen Erwartungen im Alten Testament kann man doch ein Element als breit bezeugt ansehen: die Anrufung des Namens Gottes durch den Rest Israels und durch die Heiden. Israel erwartet, dass die Völker in die Verehrung seines Gottes endlich einstimmen werden.« Das »im Namen« Gottes kann dabei auch »lokal aufgefasst werden [...] In der Tat gibt es an mehrere Stellen die Vorstellung, dass der Name ein Raum ist, in den hinein man eintreten kann und in dem man sich bergen kann: ›Der Name des Herrn ist eine feste Burg; der Gerechte läuft dorthin und wird beschirmt.‹ (Prov. 18,10) Man hat sogar die These vertreten, dass die signifikante Hochschätzung des Namens in dtn-dtr Bereich eine theologische Reaktion auf den Verlust des real existierenden Tempels war: Nachdem das Heiligtum aus Steinen zerstört war, nahm Israel Zuflucht in das Heiligtum des Wortes, d.h. des ausgesprochenen Namens.« M. Oeming (2001), ›Im Namen des Vaters und des Sohnes und des Heiligen Geistes‹. Beiträge zur Traditionsgeschichte und Bedeutungstiefe der trinitarischen Formel, in: R. Mokrosch/H. Merkel (Hg.), Humanismus und Reformation. Historische, theologische und pädagogische Beiträge zu deren Wechselwirkung (FS F. Krüger), Münster, 254–264, 260.

[329] »Die weitgehende Überlappung der alttestamentlichen Vorstellungen vom Namens JHWHs und der neutestamentlichen Aussagen über den Namen des Herrn Jesus Christus lässt fragen, ob darin nicht schon eine Zwei-Naturen-Lehre in nuce liegt. Gegenüber dem

tus) werden an verschiedenen Stellen zu triadischen Formeln erweitert. *Der in Jesus Christus sich in einem Namen und einer Geschichte offenbarende Gott kann damit in Anbetung und Gottesdienst verherrlicht werden, verherrlicht in einem Namen,* der nicht eine dürre Bezeichnung ist, sondern der selbst wie *ein Raum des Heils* verstanden werden kann.[330]

Rückblickend kann man festhalten, dass die *apologetische Interpretation* der Trinitätslehre die Dynamik des christlich-trinitarischen Gottesverständnisses aus den Augen verliert. Die *religionstheologisch-basistheoretische Interpretation* dagegen tendiert entweder dazu, die Trinitätslehre in eine abstrakte Theorie umzudeuten (Mark Heim) oder aber deren geschichtliche Basis und die Bedeutung des Namens auszublenden (Michael von Brück). Wie aber kann, so die Rückfrage, theologisch legitim gerade derjenige Name ausgeblendet werden, in dem der dreieinige Gott *sich selbst* zu offenbaren *bestimmt hat*?

Die Grundfrage indes bleibt dann bestehen: Wie kann missionstheologisch die Vielfalt von Religionen und Kulturen gewürdigt werden, wenn mit der Geschichtlichkeit und dem Namen Jesu Christi die trinitarische Gotteslehre in etwas *Partikularem* begründet wird? Wo bleibt Raum für das Andere, das Fremde, das Widersprechende, das Faszinierende, das Anstößige, das Verstörende? Wird Gottes Sein und wird die Weltgeschichte durch dieses Gottesbild so ausgeleuchtet, dass es keine Seiten von Verborgenheit mehr gibt? Meine These lautet, dass eine trinitarisch-missionstheologische Besinnung nicht nur dem Offenbarsein Gottes, sondern *auch der bleibenden Verborgenheit von Gottes Wirken in der Welt Aufmerksamkeit schenken muss,* um im Gravitationsfeld der lebensförderlichen Kraft dieses Gottes und seiner Offenbarung zu bleiben. *Theologische Theorie ist damit nicht eine solche, die eindeutige Lösungen anbietet, sondern eine solche, die bleibende Ambivalenzen zu deuten hilft.*[331]

Nach biblischem Zeugnis ist und bleibt Gott trotz seines Offenbarwerdens immer auch in mehrfacher Weise verborgen.[332] So ist Gott zunächst *ver-*

---

eher subordinatianischen ›genealogischen‹ Modell, nach welchem Gott der Vater, Jesus Christus sein (Adoptiv-)Sohn ist, impliziert die Gleichheit der Namen alttestamentlich eine Gleichheit des Wesens, also eine *Homousie.*« M. Oeming (2001), ›Im Namen...‹, 262.

330 So jedenfalls kann man Aussagen wie 1. Kor. 6, 11 deuten, wo es im Zusammenhang der Taufe heißt: »Ihr seid aber abgewaschen, ihr seid geheiligt, ihr seid gerecht geworden durch den Namen des Herrn Jesus Christus und durch den Geist unseres Gottes.«

331 Ich nehme hier eine gedankliche Linie auf, der ich schon sehr früh gefolgt bin (s. Anm. 11), verändere im Folgenden allerdings den Duktus.

332 Vgl. dazu: E. Jüngel (1990), Die Offenbarung der Verborgenheit Gottes. Ein Beitrag zum evangelischen Verständnis der Verborgenheit des göttlichen Wirkens, in: ders., Wert-

borgen gerade in seiner unermesslichen Herrlichkeit, deren volles Offenbarsein den Menschen vernichten würde. Mose kann nur Gottes Rückseite gewahren, sonst würde er vergehen. Ist die Herrlichkeit Gottes anwesend, so kann er die Stiftshütte nicht betreten.[333] In seiner majestätischen Herrlichkeit bleibt Gott dem Menschen verborgen, dies ist das Erste. Das Zweite ist, dass gerade Gottes Offenbarungshandeln in der Geschichte als Verborgenheit *sub specie contraria* verstanden werden muss: In der Niedrigkeit des Kreuzestodes des Jesus von Nazareth offenbart sich Gott im Gegenteil dessen, was Menschen von ihm erwarten würden. Ohne dieses anstößige kreuzestheologische Verborgen-bleiben ist Gottes Offenbar-sein nicht zu haben. Hier wird mit Eberhart Jüngel gesprochen die »primäre Verborgenheit Gottes [...] identifizierbar. Aber [...] nur in der sekundären, in der weltlichen Verborgenheit eines ganz bestimmten Menschenlebens.«[334]

Doch gibt es darüber hinaus eine dritte Form des Verborgen-seins des dreieinigen Gottes: So sehr der dreieinige Gott in seiner Offenbarung als ein Gott der Liebe erkennbar wird, so sehr bleibt der Glaube, der sich auf diesen Gott einlässt, *angefochten* durch die Erfahrungen in der Welt: Die Erfahrungen von Krankheiten, Ungerechtigkeiten und Schicksalsschläge wie Todesfälle, Kriege oder Naturkatastrophen wiegen schwer. All dies scheint gegen das Bild eines liebenden Gottes zu sprechen. Tritt also ein *opus Dei alienum* (in der Welterfahrung) neben das *opus Dei proprium* (im Heilsgeschehen)?[335] Religionstheologisch gesehen wird jedoch nicht nur das Negative, sondern *auch das Positive zur Anfechtung des Glaubens*: Wie ist das Schöne, das Ehrfurchtgebietende und Faszinierende in anderen Religionen zu verstehen? Sind nicht viele Muslime beeindruckend in ihrer religiösen Ernsthaftigkeit? Faszinieren nicht buddhistische Meditationspraktiken, die den Stress des Alltagslebens abzubauen helfen?[336] Wie steht es mit mystischen Erfahrungen und oft atemberaubenden Leistungen im medizinischen, künstlerischen oder sportlichen Bereich in anderen Religionstraditionen? Soll das alles menschlicher Verkehrtheit geschuldet sein und auf Irrglauben, Sünde oder gar dämonische Verführung zurückzuführen sein?

---

lose Wahrheit. Zur Identität und Relevanz des christlichen Glaubens. Theologische Erörterungen III, Tübingen, 163–182.

333 Vgl. Ex 33, 18–23; Ex. 40, 34–35 sowie 1. Kö. 8, 10–11.

334 E. Jüngel (1990), Die Offenbarung der Verborgenheit Gottes, 170.

335 Martin Luther verweist für diese Unterscheidung auf Stellen wie Jes. 28, 7ff.; 1. Sam. 2,6 oder Dtn. 32, 39. Vgl. E. Jüngel (1990), Die Offenbarung, 172f.

336 Vgl. H. Wrogemann (2011), Das schöne Evangelium inmitten der Kulturen und Religionen – Streifzüge im Bereich der Missions- und Religionswissenschaft, Erlangen.

Wie also ist Gottes Anwesenheit oder Abwesenheit gerade in den attraktiven und lebensförderlichen Ausformungen anderer religiöser Traditionen zu verstehen? Es ist dem Systematiker *Eberhard Jüngel* darin zuzustimmen, dass ein Rückschluss von der Welterfahrung auf Gottes Wesen theologisch nicht zulässig ist. Es geht nicht um einen *Deus absconditus*, sondern es geht um ein *opus Dei absconditum*. Welterfahrungen im Guten wie im Negativen führen zu Anfechtungen, die jedoch auf Gott als den zurückweisen, der sich in Christus offenbart *hat*.[337] Der Satz *Gott ist Liebe* (1. Joh. 4, 8) ist keine bloße Sachaussage, sondern er wird zu einer *Entscheidungsinstanz* (Jüngel). Im Glauben an diesen Gott der Liebe können die Anfechtungen der Welterfahrung ertragen werden, kann Gottes Wirken, dass in allen Dingen mächtig ist, bejaht werden.

Mission als Teilhabe und Teilgabe an der Herrlichkeit Gottes

Wie sehen nun die Umrisse eines trinitarisch-doxologischen Missionsverständnisses aus, das von der Herrlichkeit und der Verherrlichung des dreieinigen Gottes her denkt, dessen Herrlichkeit in seinem Offenbarsein gepriesen und in seiner Verborgenheit anerkannt wird? Und wie kann ein solches Missionsverständnis dazu verhelfen, sich den Herausforderungen pluralistischer Gesellschaften zu stellen? Einige Grundlinien seien im Folgenden angedeutet.[338] Dabei sind zunächst wichtige Herausforderungen insbesondere im Blick auf deutsche Kontexte zu benennen: Neben den Anfechtungen des christlichen Glaubens durch die Präsenz verschiedener Religionsformationen und Weltanschauungen ist meines Erachtens in vielen Gemeinden eine *spirituelle Blockade* zu konstatieren: Die Grundlagen des eigenen Glaubens werden unklar, Mission wird als Überforderung empfunden, wenn nicht als etwas, das es zu vermeiden gilt, um des interreligiösen Friedens willen. Die Frage, ob eine pluralistische Gesellschaft nicht zum Verzicht auf Mission füh-

---

[337] »Gottes opus proprium, sein gnädiges Handeln, offenbart das göttliche Subjekt, das göttliche Wesen, ihn selbst. Nicht *Gott selbst* ist verborgen, sondern allein sein opus alienum, sein das Böse zulassendes und sich des Bösen bedienendes Handeln. Es gibt keinen *grausamen deus absconditus*, sondern nur ein *Grauen erregendes opus dei absconditum*, von dem uns das lumen gratiae des Evangeliums zwar ablenken (zu Jesus Christus hin ablenken) kann, das aber auch im Licht der Gnade ein opus dei absconditum bleibt.« Dieses Verhältnis wird nicht aufgelöst, sondern es wird erst im Eschaton zur Klarheit geführt werden. E. Jüngel (1990), Die Offenbarung der Verborgenheit Gottes, 176f.

[338] Ich reiße damit nur an und führe weiter, was ich an anderer Stelle ausführlich dargelegt habe. Vgl. H. Wrogemann (2012), Den Glanz widerspiegeln – vom Sinn der christlichen Mission, ihren Kraftquellen und Ausdrucksgestalten. Interkulturelle Impulse für deutsche Kontexte, zweite erweiterte Auflage, Münster.

ren müsste, kann man als *intellektuelle Blockade* bezeichnen. Dazu kommt die *expressionale Blockade*, da es in vielen christlichen Kontexten schwer erscheint, angemessene Formen einer ebenso modernen wie traditionsbewussten Praxis zu finden.[339] Welche Impulse also vermag ein trinitarisch-doxologisches Missionsverständnis hier zu geben?

Doxologie als performatives Geschehen – Anbetung als Kraftquelle

Ein doxologisches Missionsverständnis geht davon aus, dass die Herrlichkeit Gottes, wie sie Israel im Tempel und das rabbinische Judentum später in der Thora als gegenwärtig sah, vom frühen Christentum *in* Jesus Christus bezeugt wird, in dessen Angesicht sich die Herrlichkeit Gottes, seine *doxa*, spiegelt, wie es bei Paulus heißt (2. Kor. 4,6).[340] Im Gotteslob der Gemeinde wird diese Herrlichkeit des dreieinigen Gottes bezeugt und besungen. Dieses Gotteslob ist ein *verwandelndes Wirken des Heiligen Geistes.* Paulus: »Der Herr ist der Geist; wo aber der Geist des Herrn ist, da ist Freiheit. Nun aber schauen wir alle mit aufgedecktem Angesicht die Herrlichkeit des Herr wie in einem Spiegel, und wir werden verklärt in sein Bild von einer Herrlichkeit zur anderen von dem Herrn, der der Geist ist.« (2. Kor. 3, 17–18) *Wichtig ist nun, dass das Geschehen der gegenseitigen Verherrlichung als trinitarisches Geschehen zu verstehen ist*: Jesus Christus, der Sohn Gottes, verherrlicht in der Kraft des Geistes durch sein Leben und Sterben den Vater. Umgekehrt erweckt der Vater durch den Geist Jesus Christus von den Toten auf und verherrlicht ihn darin. Der auferstandene Gekreuzigte wiederum sendet den Geist, damit durch das Geist-Wirken in der Gemeinschaft der Glaubenden Gottes Heilswirken bezeugt und auch darin verherrlicht werde. Die dynamische Wirklichkeit des dreieinigen Gottes wird darin als Beziehungsgeschehen verstehbar, welches Menschen in sich hineinnimmt, damit diese verwandelt werden.

Dem entspricht Mission als christlicher Lebensstil: Mission als oikoumenische Doxologie ist begründet im *performativen Geschehen* der *gemeinschaftlichen Anbetung des dreieinigen Gottes.* Es sind nicht theologische Sachaussagen, die hier den Sprachmodus darstellen, sondern es ist das *hymnische Gotteslob* sowohl in Anbetung als auch in Bitte und Klage. Es gilt, gegen Ten-

---

[339] H. Wrogemann (2012), Den Glanz widerspiegeln, 14–22.

[340] Vgl. Joh. 1, 14; 17, 24. In Hebr. 1, 3 ist von Christus als dem »Abglanz der Herrlichkeit« die Rede. Vgl. Lk. 9, 32 in der Verklärung präsentisch, in Mt. 16,27 eschatologisch. Vgl. R. Messner (2008), Was ist eine Doxologie?, in: B. Groen/B. Kranemann (Hg.), Liturgie und Trinität, Freiburg i.Br., 129–160, hier: 151ff.

denzen einer Selbstsäkularisierung (W. Huber) in vielen Kirchen eben diesen trinitarischen Raum des christlichen Gotteslobes als Ausdrucksform und Kraftquelle wiederzugewinnen. Hilfreich dazu ist meines Erachtens die Besinnung auf die *trinitarischen liturgischen Wendungen* im Gottesdienst, etwa die kleine Doxologie (»Ehre sei dem Vater und dem Sohn und dem heiligen Geist«) und die große Doxologie oder das Glaubensbekenntnis.[341] Es geht in der Predigt um ein Verständnis des Evangeliums, welches der Verwiesenheit des Wirkens von Gott dem Vater, dem Sohn und dem Heiligen Geist mehr Aufmerksamkeit schenkt. Denn das Geheimnis der Offenbarung, dass Gott Liebe ist, kann nur trinitarisch recht verstanden werden.

Gotteslob wirkt damit als geistliche und gemeinschaftliche Kraftquelle und als Ort der Vergewisserung des Glaubens. In landeskirchlichen Zusammenhängen bedeutet dies, dass in der täglichen Arbeit *Zeit und Raum offengehalten* werden sollte, eine *Kultur der Sorgsamkeit* in Gebet und Gottesdienst neu eingeübt werden, eine *Kultur der liturgischen Achtsamkeit* neu zu entdecken und eine *Kultur symbolischer Ausdrucksformen* neu zu erlernen ist. Dies alles kann hier nur angedeutet werden.

Doxologie als ex-zentrisches Geschehen – geistliche Einstellung als Entlastung

Das christliche Gotteslob eröffnet den Raum einer ganz spezifischen missionarischen Einstellung, denn es de-zentriert den Betenden, es verweist ihn auf den dreieinigen Gott als denjenigen, von dem her er seinen Sinn und seine Identität empfängt. Sprachlich etwa ist die Doxologie »Ehre sei dem Vater und dem Sohn und dem Heiligen Geist« in *nominaler Form* gehalten, sie hat also kein ausdrückliches Subjekt. Das aber bedeutet: Der ganz auf Gott ausgerichtete Mensch tritt selbst ganz zurück. Mit Reinhard Meßner kann man sagen, dass »die Doxologie [...] in Sprache gefasste reine Hingabe« ist.[342] Indem jedoch diese doxologische Ex-zentrizität vergegenwärtigt wird, kann sie zu einer *heilsamen* (und in diesem Sinne auch missionarischen) *Selbstdistanz* führen, zu einem *Los-lassen von übersteigerten Ansprüchen* an sich selbst und die Gemeinde, einem *Gewähren-lassen anderer Menschen* und einem *Laufen-*

---

341 Gegen eine Entchristologisierung der gottesdienstlichen Sprache ist meines Erachtens an der *parataktischen Form* des *Gloria Patri* festzuhalten (entgegen Vorschlägen aus der Richtung des christlich-jüdischen Dialogs). Vgl. D. Käbisch (2011), Praktische Theologie, in: V.H. Drecoll (Hg.), Trinität, Tübingen, 195–220, hier: 199–200.

342 R. Messner (2008), Was ist eine Doxologie?, 146.

lassen des Wortes Gottes.[343] In vielen Gemeinden greift das burn-out-Syndrom in bedenklichem Ausmaß um sich. Als heilsames Gegengewicht eröffnet damit das Gotteslob Raum für einen anderen Blick und neue Zugänge. Es entlastet und kann gerade so neue Kräfte freisetzen.

In religionstheologischer Perspektive bedeutet diese Ex-zentrizität ausdrücklich *das Eingestehen des Nichtwissens* und das *Aushalten des Geheimnisses göttlichen Welthandelns.* Die Wirklichkeit anderer Religionstraditionen muss dann nicht mehr in eine systematisch-kohärente Weltdeutung eingepasst werden, sondern die ebenso faszinierende wie verstörende Differenzerfahrung kann einmal mehr Gott selbst anheimgestellt werden. Das trinitarisch verstandene Christusgeschehen weist gerade ein in die Ausweglosigkeit menschlicher Verstehensbemühungen. *Paradigmatisch ist die unauflösbare Aporie,* die im Widerspruch zwischen dem Tode Jesu einerseits und dem Bekenntnis seiner Jünger andererseits besteht, Jesus von Nazareth sei der Christus Gottes gewesen: Wie kann es sein, dass der Sohn Gottes getötet wurde? Diese Aporie wird aufgehoben durch Gottes Wirken in der Auferweckung Jesu Christi von den Toten. *Damit hat das religionstheologische Nichtwissen von Christen ein Vorbild, welches jedoch zugleich die Hoffnung begründet, dass der Schleier des Nichtverstehens im Eschaton durch Gott selbst gelüftet werde.* Anders formuliert: Christen müssen nicht alles wissen, sie können Geheimnisse göttlichen Waltens stehen lassen, denn sie haben Hoffnung auch gegen den Augenschein ihrer eigenen Wertungen und Vorstellungen. Gott kann Neues entstehen lassen, so wie es auch am Ostermorgen geschah. Diese Einsicht macht das Beharren auf dem Christuszeugnis gleichzeitig belastbar und lebensförderlich. Menschliches Wissen-wollen um die letzten Geheimnisse von Gottes Handeln in der Welt – auch in den Religionen – wird quasi »gekreuzigt« und wartet, dass der auferstandene Gekreuzigte am Ende aller Zeit unserem Erkennen aufhelfen wird. Bis dahin bleiben das Christusbekenntnis, die Suche nach verbindenden Wahrheiten und das (heilsame) Eingeständnis des Nichtwissens im anbetenden Anerkennen dessen, dass Gottes Ratschlüsse uns in manchem verborgen bleiben.

Doxologie als gemeinschaftlich-leibliches Geschehen – attraktive Lebensformen

Auch christliche Gemeinschaftsformen sind von einem doxologisch-trinitarischen Verständnis her zu deuten. Wichtige Impulse vermag hier der 1. Petrus-

---

[343] Vgl. H. Wrogemann (2012), Den Glanz widerspiegeln, darin: »Doxologische Mission und eine Theologie der Gelassenheit«, ebd. 193–205.

brief geben. Christen wird im 1. Petrusbegriff zugesprochen: »Selig seid ihr, wenn ihr geschmäht werdet um des Namens Christi willen, denn der Geist, der ein Geist der Herrlichkeit und Gottes ist, ruht auf euch.« (1. Petr. 4,14) Man kann die Gemeinde demnach als »Freiheitsraum des Geistes« verstehen.[344] Die Theologie des 1. Petrusbriefes ist zugleich eine doxologische, eine trinitarische und eine missionarische Theologie. Gott erschließt sich als Vater in Jesus Christus und die »als ›Kinder‹ (1,14) anerkannten Glaubenden erkennen im Lobpreis [...] Gott als Vater Jesu Christi an, der sich ihnen als freies Gegenüber erwählend und erbarmend zuwendet (1,3; vgl. 1,23; 2,2).«[345] Die Theologie des 1. Petrusbriefes ist triadisch strukturiert, wie aus 1. Petr. 1,1–2 und 3,18–4,6 leicht erkennbar ist. Christen sind auserwählt. Sie leben als Fremde (1.1) und sind »durch den Geist geheiligt, um Jesus Christus gehorsam zu sein und mit seinem Blut besprengt zu werden« (1,2). Deshalb ist ihre Fremdheit in der Welt eschatologisch und nicht soziologisch bestimmt. Der »Geist Christi« bezeugte bereits in den Propheten »die Leiden Christi und die darauf folgende Herrlichkeit« (1,11). Deshalb widerfährt Christen in Anfechtungen und Trübsal nichts ihnen Fremdes: »Liebe Brüder, lasst euch durch die Feuersglut, die zu eurer Prüfung über euch gekommen ist, nicht verwirren, als ob euch etwas Ungewöhnliches zustoße. (13) Statt dessen freut euch, dass ihr Anteil an den Leiden Christi habt; denn so könnt ich auch bei der Offenbarung seiner Herrlichkeit voll Freude jubeln. (14) Wenn ihr wegen des Namens Christi beschimpft werdet, seid ihr seligzupreisen; denn der Geist der Herrlichkeit, der Geist Gottes ruht auf euch.« (1. Petr. 4, 12–14)

In diesen Zusammenhängen ist die Verwiesenheit des göttlichen Wirkens gut zu erkennen: Der Heilige Geist führt in die Nachfolge, die ein Ähnlichwerden mit Christus einschließt und damit ins Leiden führt, so, wie Christus selbst ins Leiden geführt wurde. Die Gemeinschaft von Christen wird damit zu einem *Resonanzraum des Geistwirkens*, denn der »Geist Gottes ruht *auf euch*«. Die Fremdheit von Christen mag vielfach einen ersten Aufmerksamkeitsgewinn mit sich bringen, indessen wird von der Gemeinschaft erwartet, dabei nicht stehen zu bleiben, sondern als »geistliches Haus« aus »lebendigen Steinen« dem »Eckstein« Christus entgegenzuwachsen. Ein kühnes Bild! Das »rechtschaffene Leben« der Christen soll als Zeugnis wirken, damit die Völker »durch eure guten Taten zur Einsicht kommen und Gott preisen am

---

344 TH. POPP (2010), Die Kunst der Konvivenz. Theologie der Anerkennung im 1. Petrusbrief, Leipzig, 468.

345 TH. POPP (2010), Die Kunst der Konvivenz, 461.

Tag der Heimsuchung« (1. Petr. 2,12).[346] Zu diesen Taten gehört, ebenso wie im Christusgeschehen, ein radikaler Gewaltverzicht: »Vergeltet nicht Böses mit Bösem noch Kränkung mit Kränkung! Stattdessen segnet; denn ihr seid dazu berufen, Segen zu erlangen.« (1. Petr. 3,9; 3, 18ff.)

In diesen Zusammenhängen lässt sich eine gedankliche Linie erkennen: Die Glaubenden sind durch Gott erwählt, sie werden durch den Heiligen Geist zur Nachfolge Christis befähigt und damit in das Christusereignisses hineingestellt, in die Geschichte Jesu Christi nämlich, die selbst von leidenschaftlicher Liebe durchdrungen und durch die Führung des Geistes bestimmt war. Jesus von Nazareth wurde in Gemeinschaften geführt (etwa von Zöllnern, Sündern, Prostituierten, Ausgegrenzten) und in Situationen hineingestellt, in denen er die *ausstrahlende und zurecht bringende Heiligkeit Gottes* lebte, zum Ausdruck brachte und bezeugte und *zugleich sich ganz an Gott den Vater in der Kraft des Geistes hingab.*

Jesus von Nazareth lebte damit radikal die Letztgültigkeit seiner Sohnesbeziehung zum Vater in der Kraft des Geistes. Und eben diese Letztgültigkeit (nicht: Absolutheit!) ist es, die Christen als Gemeinschaften, Gemeinden und Kirchen den geistlichen Grund radikaler Hingabe ermöglicht, als Gegengewicht zu jeder Form menschlicher Vorstellung von Macht und Ehre, Erfolg und Ansehen. Wenn etwas ganz besonders von Christen gerade in Minderheitssituationen zu lernen ist, dann dieses, dass die Gewissheit der Letztgültigkeit von Gottes Handeln in Jesus Christus zu radikaler Hingabe und Feindesliebe befähigt. Gegen ein verbreitetes gesellschaftliches Pluralismusverständnis, das jede Art von religiösen Letztbegründungsmustern zu diskreditieren trachtet und verdächtigt, sozialschädliches Handeln nach sich zu ziehen, bleibt festzuhalten: Es ist diese Letztgültigkeit, die nach dem 1. Petrusbrief (und nicht wenigen Erfahrungen der Christentums wie der allgemeinen Religionsgeschichte) in die Gemeinschaft mit Menschen anderen Glaubens und anderer Weltanschauung hineinführt. Sie führt damit gerade nicht in eine selbstgerechte Los-Lösung, eine Absolutheit. Genau deshalb sollte man den zutiefst missverständlichen (und sachlich unfruchtbaren) Begriff der Absolutheit endlich aufgeben.

Ein attraktiver Lebensstil als Hinausgehen zu Menschen anderer kultureller, religiöser und sonstiger Prägung ist in dieser theologischen Basis begründet. Das Moment der Feindesliebe kann anziehend wirken. Von dieser

[346] 1. Petr. 2, 15 ergänzt: »Denn es ist der Wille Gottes, dass ihr durch eure guten Taten die Unwissenheit unverständiger Menschen zum Schweigen bringt.«

Basis her können Impulse für kreative neue Formen von Vergemeinschaft ausgehen.

Ausblick

Die wenigen Andeutungen mögen gezeigt haben, dass ein trinitarisch-doxologisches Missionsverständnis im Kontext religiöser Pluralität einige Deutungspotentiale bietet. Trinitarisches Denken wird damit im Blick auf religiöse Pluralität weder als monolineare Grenzziehung konzipiert (Abgrenzungstheorien), noch auch als eher nivellierendes Deuteschema (Basistheorien), sondern als spannungsreiche Verwiesenheit zwischen Gewissheiten und Anfragen (doxologische Vertiefung von Unterscheidungstheorien). Es wurde argumentiert, dass es gerade Letztbegründungsmuster sind, die beachtliche Deutungspotentiale enthalten. Die wechselseitige Verherrlichung von Gott dem Vater in seinem offenbarenden Wirken im Sohn und in der Kraft des Geistes begründet christliche Glaubensexistenz individuell wie als Gemeinschaft. In der Anbetung des dreieinigen Gottes können geistliche Kraftquellen neu gefunden werden, es kommt zu einer heilsamen Selbstdistanzierung, die neue Freiräume setzt und ein gemeinschaftliches Begründetsein als erwähltes Volk, das sich in seiner durch Gottes Erwählung begründeten Fremdheit in ganz neuer Weise zu seiner Umgebung verhalten kann. Diese doxologisch-trinitarischen Potentiale sind zwar gegeben, sie werden indes ihre Kraft nur bei Menschen entfalten können, die sich auf diese Potentiale einlassen. Dieses Einlassen bedeutet indes nicht eine neue Kraftanstrengung, sondern das heilsame Los-lassen von alten Bildern und Ansprüchen und das Sich-einlassen auf diese Botschaft, indem Menschen Zeiten und Räume freihalten, die Kraft des dreieinigen Gottes auf sich wirken zu lassen.

Evangelism?

ÖRK-Missionserklärung Together Towards Life (Busan 2013)

Auf der Vollversammlung des ÖRK in Busan wurde das Thema Mission in Gestalt der Erklärung *Together Towards Life – Mission and Evangelism in Changing Landscapes* diskutiert. Die *Commission on World Mission and Evangelism* (CWME) des ÖRK hatte bereits im Sommer 2012 den Entwurf für eine neue Missionserklärung herausgebracht.[347] Dieser Entwurf löste in den folgenden Monaten ein geteiltes Echo aus, das Spektrum reichte von wertschätzender Kenntnisnahme bis hin zur Empfehlung, die Erklärung dem Papierkorb zu überantworten. Nun mag man sich an pointierten Formulierungen erfreuen oder nicht, um der intellektuellen Redlichkeit willen bleibt es unverzichtbar, die Genese, den Kontext und die Adressaten einer solchen Erklärung zu beachten, um ihr eine wohl kritische, aber gleichwohl faire Würdigung zuteilwerden zu lassen. Daher zunächst vier Hinweise zum Hintergrund der Erklärung.

Zum Hintergrund der Missionserklärung von Busan

Auf mehreren kleinere Tagungen wurden seit 2009 Textbausteine zu einer Missionserklärung bearbeitet. Bei der Vorlage eines Entwurfes anlässlich einer im März 2012 in Manila ausgerichteten *Preconference* handelte es sich indes um einen über weite Strecken neuen Text. In Manila waren mehr als 200 Personen aus allen Erdteilen anwesend, darunter allein 30 missionstheologische Berater. Hier wurden Abschnitte des Textes in Kleingruppen zur Diskussion gestellt, die Anregungen aus den Gruppen wurden indes nur gesammelt, sodass es zu keinerlei Redaktionsarbeiten seitens der Konferenzteilnehmer kam. Insofern besteht eine Schwierigkeit der Erklärung darin, dass das »Wir« des Textes unbestimmt bleibt. Das »Wir« kann sich eigentlich

---

[347] Zu einer allgemeinen Charakterisierung vgl. H. Wrogemann (2013), Missionstheologien der Gegenwart. Globale Entwicklungen, kontextuelle Profile und ökumenische Herausforderungen. Lehrbuch Interkulturelle Theologie/Missionswissenschaft, Band 2, Gütersloh, 166–169.

nur auf den Redaktionskreis beziehen, da die Aufnahme der von den Teilnehmern erarbeiteten Eingaben kaum nachvollziehbar ist. Es ist jedoch fairerweise einzuräumen, dass es eine enorme Herausforderung darstellt, mit etwa 200 Personen an einem Text zu arbeiten bzw. arbeiten zu wollen.

Zweitens ist zu beachten, dass die Erklärung in der Fluchtlinie der Missionskonferenz von Athen (2005) zu sehen ist. Hier wurden prominent mindestens vier Themen auf die Agenda gesetzt, nämlich erstens die Konzentration auf die Pneumatologie, zweitens das Thema christlicher Gemeinschaften, drittens die Thematik der Heilung und viertens der Versöhnung. Es ist leicht erkennbar, dass innerhalb des ÖRK auf diese Weise versucht wird, für den Bereich der globalen Pfingstbewegung theologisch anschlussfähiger zu werden.

Drittens ist zu bedenken, dass solche Texte immer *Konsenstexte* sind, in denen einerseits viele »Richtigkeiten« zu finden sind, in denen jedoch umgekehrt vieles offen gelassen wird oder aber unbestimmt bleiben soll, um bei den aus verschiedensten christlichen Traditionen stammenden Adressaten eine möglichst breite Akzeptanz finden zu können. Das macht solche Texte nicht eben interessanter, stringenter oder tiefgründiger. Ein solches Vorgehen ist jedoch in gewisser Weise »ökumene-politischen« Rücksichtnahmen geschuldet. Wer diese Zusammenhänge entweder übersieht oder aber bewusst ausblendet, der macht sich – gerade bei harscher Kritik – die Sache ziemlich einfach, denn eine Stringenz, wie sie einem einzelnen missionstheologischen Autor möglich wäre, kann hier nicht erwartet werden. Dies bedeutet durchaus nicht, dass man nicht eine solche Erklärung kritisieren dürfte, denn in der Tat gibt es ebenso oberflächliche und geradezu inkohärente wie auch gehaltvollere und stringente Erklärungen. Ein Beispiel für letztere ist meines Erachtens die Missionserklärung des *Lutherischen Weltbundes* mit dem Titel *Mission in Context: Transformation, Reconciliation, Empowerment* aus dem Jahr 2004.[348]

Viertens sollte die Busan-Erklärung im Kontext anderer großer christlicher Missions-Akteure gesehen werden. Seitens evangelikaler Organisationen wurden im Jahr 2010 verschiedene Konferenzen zum einhundertjährigen Jubiläum der ersten Weltmissionskonferenz in Edinburgh (1910) durchgeführt. So fand vom 11.–14. Mai 2010 in Tokio eine *Global Mission Consultati-*

---

[348] Mission in Context: Transformation, Reconciliation, Empowerment. An LWF Contribution to the Understanding of Practice of Mission, Lutheran World Federation (LWF), Geneva 2004.

on statt, an der 960 Delegierte aus 73 Ländern teilnahmen.[349] Einmal mehr standen hier besonders die noch nicht erreichten Völker der Erde im Fokus, es wurde die transformierende Kraft des Evangeliums hervorgehoben, aber auch die Herausforderungen christlicher Kirchen und Gemeinden in den säkularisierten Gesellschaften westlicher Länder benannt. Den Veranstaltern war daran gelegen, gleichzeitig Kontinuität zu Edinburgh 1910 zu wahren und neue Akzente zu setzen. Es wurden daher Führungspersönlichkeiten besonders der großen protestantischen Missionsorganisationen eingeladen, es ging um Kooperationen in der Mission, um *konkrete Ziele* für die nächsten zehn Jahre, aber auch um ein vertieftes Verständnis des Auftrages. Dies zeigt sich im Motto ebenso wie in der Deklaration der Tokio-Konsultation: *Making Disciples of Every People in Our Generation.* Betont wird erstens die Jüngerschaft, zweitens die Thematik der unerreichten Völker sowie drittens die Dringlichkeit des Auftrages. Besonders das Stichwort Jüngerschaft zielt auf eine umfassende Transformation, die durch das Evangelium ermöglicht werde. In der Deklaration heißt es:

»The new believer's worldview must be adjusted to a biblical worldview; his lifestyle changed to increasingly conform to the image of Christ; and his ethical conduct progressively marked by biblical morals. Ideally, this results in individuals applying the gospel of the kingdom to every sphere and pursuit of life – from government to economics, from education to health, and from science to creation care. As a consequence whole communities, cultures and countries benefit from the transforming power of the gospel.«[350]

---

[349] Vgl. den Sammelband B. Snodderly; A. S. Moreau (Hg.) (2011), Evangelical and Frontier Mission. Perspectives on the Global Progress of the Gospel, Eugene. Zur Tokio-Konsultation: Y. Cho; D. Taylor (2011), Making Disciples of Every People in Our Generation: The Vision, Purpose and Objectives of Tokyo 2010, in: Snodderly/Moreau (Hg.), Evangelical, 201–206, bes. 201–203.

[350] Vgl. The Tokyo 2010 Declaration: Making Disciples of Every People in Our Generation, in: Snodderly/Moreau (Hg.), Evangelical and Frontier Mission, 207–211, 209. Es ist interessant, die Liste der Unterzeichner und ihre kontinentale Verteilung auf sich wirken zu lassen. Als nationale *mission structures* werden aufgeführt: Associação de Missões Transculturais Brasileiras (AMTB); Ghana Evangelical Missions Association; India Missions Association; Japan Evangelical Missionary Association; Japan Overseas Missions Association; Korean World Mission Association; Nigeria Evangelical Missions Association; Philippine Missions Association; Singapore Centre for Global Mission; Swedish Evangelical Alliance; The Mission Exchange (USA) sowie AFCM-OWM (USA). Daneben gibt es globale und regionale *mission structures* (ebd. 210f.).

Im gleichen Jahr fand in Kapstadt vom 16.–25. Oktober der *Dritte Lausanner Kongress für Weltevangelisation* unter dem Thema *God in Christ, reconciling the world to himself (2. Cor. 5:29)* statt.[351] An dem Kongress nahmen etwa 4000 Führungspersönlichkeiten protestantischer Missionsorganisationen aus 198 Ländern teil, dazu einige Tausend Besucher der verschiedenen Foren, Seminarveranstaltungen und Gebetszeiten. Die Konferenz wurde medial via Internetforen vorbereitet, begleitet und nachbereitet. Als missionstheologische Positionierung wurde *The Cape Town Commitment* veröffentlicht.[352]

Vor diesem Hintergrund wird schnell deutlich, wie anders die Akzente der Missions-Erklärung von Busan ausfallen: Hier geht es weder um die unerreichten Völker, noch auch um irgendwelche zeitlich terminierten Ziele, die anvisiert werden, es geht nicht um eine primär christologische Orientierung, auch nicht prominent um Verkündigung. Stattdessen bleibt es bei einer starken Fokussierung auf den Begriff des Lebens, der zwar eine Weite ermöglicht, dabei jedoch, so kann man schon an dieser Stelle kritisch einwenden, oft zu ziemlich schwammigen Aussagen führt. Kommen wir damit zu einer allgemeinen Charakterisierung der Erklärung.

Das Thema Evangelism innerhalb der Busan-Erklärung

Die Missionserklärung setzt mit dem Bezug auf die Sendung des dreieinigen Gottes ein, sieht christliche Gemeinschaften an Gottes lebensschaffender Mission beteiligt und benennt die Herausforderung, lebensschaffende und lebenszerstörende Kräfte zu unterscheiden (discern) (no. 1). Das Thema der Trinität wird im nächsten Abschnitt nochmals benannt (no. 2), es wird im weiteren Verlauf der Einleitung (no. 3–11) jedoch nicht weiter entfaltet. Die weiteren Abschnitte folgen einem pneumatologischen *Cantus firmus*. Zunächst geht es um *Spirit of Mission: Breath of Life* (no. 12–35), dann um *Spirit of Liberation: Mission from the Margins* (36–54); *Spirit of Community: Spirit on the Move* (55–79) sowie *Spirit of Pentecost: Good News for All* (80–100). Es werden Christologie und Pneumatologie wiederholt verbunden (etwa no. 14–16 u. ö.), wobei meines Erachtens jedoch kein spezifisches systematisch-

---

351 E. Wan (2011), Celebration, Consultation and Congress: From Edinburgh 1910 to Tokyo 2010 and Cape Town 2010, in: Snodderly/Moreau (Hg.), Evangelical, 222–233; vgl. auch C. C. Lorance (2011), The Third Lausanne Congress: Assessing Cape Town 2010's Contribution to the Cause of Christ, in: Snodderly /Moreau (Hg.), Evangelical, 234–264.

352 Vgl. www.lausanne.org/de/de/1581-die-kapstadt-verpflichtung.html, abgerufen am 20.06.2012.

missionstheologisches Profil erkennbar wird. Die Erklärung schließt mit *Feast of Life: Concluding Affirmations* (no. 101–112).

Innerhalb dieses Gesamtaufrisses kommt das Thema evangelism unter Spirit of Pentecost: Good News for All zu stehen. Die Unterabschnitte lauten: The Call to Evangelize (no. 80–85); Authentic Evangelism (no. 86–92); Evangelism, Interfaith Dialogue and Christian Presence (no. 93–96) sowie Evangelism and Cultures (no. 97–100).

Zunächst wird *evangelism* als Teil des umfassenderen Geschehens des christlichen Zeugnisses (*witness*) verstanden, wobei das ganze Evangelium der ganzen Menschheit und darüber hinaus der ganzen Welt kommuniziert werden soll. Dabei gehe es ausdrücklich (*explicit*) um »the centrality of the incarnation, suffering and ressurection of Jesus Christ without setting limits to the saving grace of God«. Damit sollen, so kann man paraphrasieren, die Aspekte von Verbindlichkeit und Offenheit zusammengehalten werden (no. 80) *Evangelism* sei ein Ausfluss (*outflow*) der Liebe Gottes, mit der die Herzen den Zeugen gefüllt sind. Obwohl andere Dimensionen der Mission nicht ausgeschlossen werden, gilt: »Evangelism [...] focuses on explicit and intentional articulation of the gospel«, was persönliche Bekehrung (*personal conversion*), ein neues Leben in Christus und Jüngerschaft (*discipleship*) einschließe (no. 81). Diese unter no. 85 wiederkehrende Formulierung stellt die Klammer der Bemerkungen zu *evangelism* dar.

Da in heutigen Kontexten religiöse Identitäten innerhalb verschiedenen Religionstraditionen mitunter überbetont werden, sei daran zu erinnern, dass *evangelism* ohne jeden Zwang erfolgt, denn der Heilige Geist selbst ist es, der die Wiedergeburt im Glauben ermöglicht. Indes werde das Argument, es werde Zwang ausgeübt, mitunter auch von gesellschaftlich dominanten Gruppen funktionalisiert, um Minderheiten weiterhin zu unterdrücken und klein zu halten (no. 82). Der aufmerksame Leser bemerkt, dass hier offensichtlich auf die in etlichen Ländern geführte Debatte um Anti-Konversionsgesetze (so etwa in Indien, Sri Lanka, Malaysia und anderswo) angespielt wird. Darauf wird später zurückzukommen sein.

Menschen sollen in einer Haltung von Zuversicht (*confidence*) und Demut (*humility*) zur Jüngerschaft (*discipleship*) eingeladen werden. Eine solche Einladung ist Ausdruck der von Gott her empfangenen Liebe. »There is no greater gift we can offer to our fellow human beings than to share and or introduce them to the love, grace and mercy of God in Christ.« (no. 83) *Evangelism* führe zu Buße (*repentance*), zu Glaube (*faith*) und Taufe (*baptism*) (no. 84). Obwohl es innerhalb der Kirchen und Bewegungen viele unterschiedliche Verständnisse von *evangelism* gebe (etwa als Wortgeschehen, als missionarische Präsenz, als Teil der Mission), wird als Basis festgehalten: »we can still affirm that the Spirit calls us all towards an understanding of evangelism which is grounded in the life of the local church where worship (*leiturgia*) is inextricably linked to witness (*martyria*), service (*diakonia*) and fellowship (*koinonia*).« (no. 85)

Dem Abschnitt *The Call to Evangelize* (no. 80–85) folgt ein Abschnitt zum Thema *Authentic Evangelism* (no. 86–92). Es geht um *evangelism* in Wort und Tat (no. 86), in Demut, Wechselseitigkeit (*mutuality*) und Respekt (*respect*) (no. 87), es geht um eine mehrfache Transformation, auf der persönlichen Ebene, auf der Ebene von Gemeinschaften und deren Beziehungen untereinander und der gesellschaftlichen Ebene (no. 87–89). Die Würde (*dignity*) und das Recht der anderen Menschen ist dabei zu respektieren, denn es handelt sich um einen Dienst, der dem Dienst Christi ähnlich zu sein habe, »without exploitation or any form of allurement« (no. 88). Dabei geht es um »life-affirming values«, deren Verkündigung jedoch, wie es schon im Statement *Christian Witness in a Multi-Religious World: Recommendations for Conduct*, auf das hier ausdrücklich Bezug genommen wird, ausgedrückt wurde, auf Ablehnung, Gewalt und Diskriminierung stoßen kann. An dieser Stelle werden nochmals Werte genannt wie Freiheit der Religion; Freiheit, den eigenen Glauben zu bezeugen (*profess*); gegenseitiger Respekt; Solidarität; Gerechtigkeit; Frieden (no. 90). Gegen Kräfte des Individualismus, Säkularismus und Materialismus gehe es bei *evangelism* auch um eine prophetische Berufung (*prophetic vocation*), die befreiend und transformierend auf die ganze Gesellschaft ausgerichtet sei (no. 91). Ein solches Zeugnis kann bis zum Martyrium führen. Auch Christus habe in seiner Sendung Verfolgung und Tod erleiden müssen und sich verwundbar gemacht (mit Bezug auf Phil. 2, 5ff.) (no. 92).

Zum missionstheologischen Duktus der Busan-Erklärung

Überblickt man den Abschnitt, so wird deutlich, dass ein durchgehender theologischer Grundgedanke fehlt. Es wird stellenweise auf christologische oder pneumatologische Motive Bezug genommen, jedoch nur recht sparsam. Eine systematische Verwiesenheit von Christologie und Pneumatologie ist nicht erkennbar. Indes ist eine Reihe wiederkehrender Themen zu nennen. Dabei handelt es sich erstens um den Begriff des Lebens, wie er sich in Formulierungen wie *life-giving mission* (no. 1, 9, 107), *life-giving spirit* (no. 25), *life-giving wisdom* (no. 27), *life-affirming values* (no. 90, vgl. no. 27, 49) oder später *life-giving spiritualities* (no. 93; vgl. no. 3) und *life-affirming spirits* (no. 102) findet. Zweitens ist der durchgehende Bezug auf den Heiligen Geist zu nennen, der jedoch in Verbindung mit dem Motiv des Lebens eine Reihe von eher vagen Aussagen ermöglicht. Um ein Beispiel zu nennen: Wer erwartet, zusammenhängende missionstheologische Bezugnahmen etwa zum Thema rechtfertigender Glaube oder aber Versöhnungslehre zu finden, der mag enttäuscht werden. Der Duktus des Textes ist additiv gehalten. Ein drittes Thema ist die Bezugnahme auf lokale christliche Gemeinschaften, die als besonderer Ort des christlichen Zeugnisses gewürdigt werden gerade deshalb, weil hier der Zusammenhang von Wort und Tat, Zeugnis und Lebenswirklichkeit besonders deutlich erfahren werden kann. Viertens wird immer wieder die Spannung von Verbindlichkeit des christlichen Zeugnisses und Offenheit für das durch Menschen nicht begrenzbare göttliche Wirken jenseits der Zeugengemeinschaft vor Augen geführt. Hier kommt das Thema des Unterscheidens (*discernment*) zum Tragen. Fünftens ist nicht zu übersehen, dass sich eine kritische Haltung gegenüber negativen Folgen von Globalisierung, Materialismus, Konsumismus, Individualismus und Kapitalismus wie ein roter Faden durch den Text zieht. Diese für ÖRK-Texte gewohnte Nomenklatur zeigt eine gewisse Kontinuität zu anderen Verlautbarungen des Ökumenischen Rates der Kirchen.

Die Busan-Erklärung ist inhaltlich sehr plural ausgerichtet, was bedeutet, dass weiche Formulierungen wie etwa die Rede von *life-giving spiritualities* und recht scharf umrissene Konzepte wie *discipleship* oft unmittelbar nebeneinander stehen. Was unter lebensschaffenden oder aber lebengebenden Spiritualitäten zu verstehen ist, muss offen bleiben, denn es wird hier auf etwas verwiesen, das es ja erst zu prüfen gilt. Das Problem besteht jedoch darin, dass das, was aus der Sicht der einen Tradition lebensschaffend ist, man mag etwa an die hierarchische Unterordnung von Frauen denken, damit in der Gesellschaft Zucht und Ordnung aufrecht erhalten werden, aus Sicht der anderen Tradition gerade als lebensschädigend angesehen werden, denn hier wird die Unterordnung von Frauen als Unterdrückung und Diskriminierung angesehen und aufs schärfste zurückgewiesen. So gesehen kommt es nicht von Ungefähr, dass der Lebensbegriff zu prominent verwendet wird, da auf diese Weise konfliktträchtige Themen in den Hintergrund treten. Begriffen wie Jüngerschaft dagegen (*discipleship*) eignet vom neutestamentlichen Zeugnis her ein schärferes Profil. Darin wird seitens der Verfasser das Bemühen deutlich, auch jene Strömungen der Weltchristenheit einzubinden, in denen solche Begriffe zum unaufgebbaren Repertoire missionstheologischer Selbstverständigung gehören.

Auch für das Thema *evangelism* findet sich diese plurale Ausrichtung, da einerseits von *conversion* als einem personalen Geschehen die Rede ist, andererseits von *transformation*, was ebenso auf lokale Gemeinschaften wie auf die Gesamtgesellschaft bezogen wird. Im weiteren Verlauf wird, um ein anderes Beispiel zu nennen, zwischen *evangelism* und *dialogue* unterschieden, beide sind »distinct«, andererseits aber »interrelated«. Weiter heißt es »evangelism is not the purpose of dialogue«. Indes spielt dennoch bei »dialogue« auch das Zeugnishafte hinein, da es um »mutual encounter of commitments« geht (no. 95). Man mag diese Formulierungen und den Duktus der Erklärung als missionstheologisch unbefriedigend kritisieren. Offensichtlich scheint es jedoch die Intention der Verfasser zu sein, missionstheologische Brücken zwischen ganz unterschiedlichen Profilen innerhalb der Weltchristenheit zu bauen. Ohne die Verwendung weicher Formulierungen ist solch ein Unterfangen kaum möglich. Ob indes der Begriff des Lebens nicht allzu vage ist, mag mit Recht kontrovers diskutiert werden.

Evangelism und die Frage nach einem Code of Conduct

In der Mission-Erklärung von Busan wird die Frage nach einem missionarischen *Code of Conduct* implizit behandelt, wenn erstens Demut und Respekt gefordert wird, eine Haltung von Wechselseitigkeit, ein Aufbau guter interreligiöser Beziehungen und, nicht zuletzt, die Freiheit, auch öffentlich für den eigenen Glauben werben zu dürfen (no. 89).[353] In einer Welt, in der Menschen dauerhaft mit religiöser Pluralität in Gesellschaften leben und in der verschiedene Religionen und Weltanschauungen für die von ihnen vertretenen Geltungsansprüche werben werden, erlangen Fragen fundamentale Bedeutung wie etwa: Welche Formen des Zeugnisses sind erlaubt und legitim? Wie kann eine Wertschätzung des religiös Anderen begründet werden? Wie weit darf Religionsfreiheit gehen? Nicht umsonst schließt die Busan-Erklärung ausdrücklich an eine frühere Initiative des ÖRK an, von der an dieser Stelle die Rede sein muss.

Zur Frage nach einem Code of Conduct on Conversion war es zu einer Zusammenarbeit des Programms für Interreligiösen Dialog und Zusammenarbeit des ÖRK mit dem Päpstlichen Rat für den Interreligiösen Dialog bereits in den Jahren vor Busan gekommen. Beide Institutionen hatten in der Vergangenheit bereits mehrfach zusammengearbeitet, so etwa in Studienprozessen zu Themen wie interreligiöse Ehe (1994–1997) oder interreligiöses Gebet

---

353 Vgl. no. 96: »Particularly important is dialogue between people of different faiths, not only in multi-religious contexts but equally where there is a large majority of a particular faith. It is necessary to protect rights of minority groups and religious freedom and to enable all to contribute to the common good. «

(1997–1998). Im Vorfeld der neuen Initiative wurden auch Repräsentanten der World Evangelical Alliance zur Mitarbeit eingeladen.[354]

Aus der Arbeit ging 2011 ein Text mit dem Titel *Christian Witness in a Multi-Religious World. Recommendations for Conduct* hervor. Einerseits wird darin gefordert, dass vor Konversionen sicherzustellen ist, dass den Beteiligten Freiheit und Bedenkzeit eingeräumt ist, andererseits wird gefordert, dass gesellschaftlich die Freiheit und das Recht gegeben sein müsse, das eigene Glaubenszeugnis in friedlicher und respektvoller Weise auszurichten.

Beide Punkte werden auch von der Busan-Erklärung aufgegriffen, es werden jedoch die Bezugnahmen eingebettet in die Thematik von *evangelism*, die in dieser Erklärung, wie gezeigt, breiter entfaltet wird. Adressaten der Busan-Erklärung sind damit nicht nur die vielfältigen missionarischen Bewegungen innerhalb der Weltchristenheit, sondern Adressaten sind gleichzeitig Anhänger und Vertreter anderer Religionsformationen, denen durch die Busan-Erklärung signalisiert werden soll, dass für die im ÖRK vertretenen Kirchen die mit dem *Code of Conduct* benannten Intentionen einerseits (wie Demut, Respekt, Dialog, Wechselseitigkeit, Aufbau guter Beziehungen) Gültigkeit haben und die kritisierten Aktivitäten andererseits (wie etwa das Ausnutzen von Notsituationen anderer) abgelehnt werden. Die Busan-Erklärung ist daher sowohl ein Versuch intrareligiöser Selbstverständigung als auch ein interreligiöses Signal. Auch dieser Aspekt sollte beachtet werden. Dass es hier um keine Kleinigkeit geht, mag an einem Beispiel erläutert werden.

Beispiel Katastrophenhilfe, evangelism und Konversionsthematik

Konzentriert man sich auf das Thema Religionsfreiheit, so zeigt sich, dass es in den letzten Jahren in verschiedenen Ländern der Erde manche Rückschläge gegeben hat. In Sri Lanka etwa wurde im Jahr 2005 eine Gesetzesinitiative gestartet, die zum Ziel hat, ein Verbot religiöser Konversion durchzusetzen. Ähnliche Anti-Konversions-Gesetze gibt es bereits in etlichen indischen Bundesstaaten. In anderen Ländern ist es nach wie vor für viele Menschen, die sich einem anderen Glauben zuwenden wollen, äußerst schwer, dies unbeschadet an Leib und Leben zu tun. Diese Entwicklungen sind jedoch

[354] Unter Teilnahme dieser drei Institutionen wurden insgesamt drei Konsultationen abgehalten, so im Mai 2006 in Lariano (Italien), im August 2007 in Toulouse (Frankreich) sowie im Januar 2011 in Bangkok (Thailand). Die – innerchristlichen – Diskussionen drehten sich um Fragen interreligiöser Beziehungen im Blick auf das Zusammenleben in Familie und Gesellschaft sowie deren Einbettung in politische, wirtschaftliche, soziale oder mediale Kontexte.

nicht nur Folge von Animositäten gegenüber Angehörigen anderer Religionen. So kann man für Sri Lanka nachweisen, dass sich die Anti-Konversions-Initiative als Folge der Ereignisse nach dem Tsunami im Dezember 2004 verstehen lässt. Damals kam eine große Anzahl ausländischer Helfer ins Land, unter ihnen auch Menschen, die sich als Missionare verstanden. Wenigstens einige dieser ausländischen Helfer müssen versucht haben, Menschen durch Hilfsangebote gleichzeitig und kurzfristig für den christlichen Glauben zu gewinnen. Als angebliche Fälle publik wurden, löste dies eine Kettenreaktion aus, als deren Folge die oben genannte Gesetzesinitiative zu verstehen ist.

Anhand dieses Beispiels seien drei Aspekte hervorgehoben: Es geht hier erstens um das Phänomen von Kurzzeitmissionaren, Menschen also, die für eine Zeit von mehreren Wochen bis hin zu einigen Monaten in ein anderes Land reisen, um dort »Mission« zu betreiben. Allein aus den USA unternehmen jedes Jahr etwa 1,5 Millionen Menschen solche Einsätze, wenn auch in unterschiedlichsten Formen, die von der Mitarbeit in einer Krankenstation bis hin zum Verteilen von Traktaten und Bibeln reichen können.[355] Zweitens schafft diese Form des Einsatzes jedoch das Problem, dass Kurzzeitmissionare wieder »gehen können«, wohingegen die einheimischen Kirchen vor Ort mit den Folgen dessen leben müssen, was die Kurzzeitmissionare schlimmstenfalls »angerichtet haben«. Die ökumenische Frage ist hier demnach – drittens – die Frage nach einer innerchristlichen aber transkontinentalen Zusammenarbeit, sodass die örtlichen Kirchen und Gemeinden nicht gefährdet werden, insbesondere in sensiblen Kontexten. Sind Missionare demnach bereit, eine solche Zusammenarbeit zu suchen? Und müsste nicht gemeinsam ein Verständnis davon entwickelt werden, welche Art des christlichen Glaubenszeugnisses für einen bestimmten Kontext *angemessen* ist? In der Praxis jedenfalls gibt es viele Initiativen, die eine solche Zusammenarbeit nicht anstreben.

Es gibt demnach durchaus Beispiele von *bad practice*, die zu diskutieren sind, wobei die Schwierigkeit darin besteht, dass die in Rede stehenden Akteure, hier die Kurzzeitmissionare, ihre Aktivitäten selbst ganz anders deuten mögen. Die Dringlichkeit einer innerchristlichen Selbstverständigung über das Profil von *evangelism* und die Standards von *conversion* liegt auf der Hand, ebenso die Dringlichkeit, interreligiös zu kommunizieren, was Vertre-

[355] R. J. Priest (2010), Short Term Missions as a New Paradigm, in: O.L. Kalu u. a. (Hg.), Mission After Christendom: Emergent Themes in Contemporary Mission, Westminster Press, 84–99.

ter einer Religionsformation (hier: der christlichen) für angemessen halten, für geboten halten oder aber was sie zurückweisen.

Religiöse Statements und globale Medienöffentlichkeit

Vielleicht können Erklärungen wie *Code of Conduct* (2011) oder die Missionserklärung von Busan (2013) eine gewisse Hilfe in Ländern sein, in denen das Thema Konversion, in denen das Thema Konversion nach wie vor ein gesellschaftliches Tabu ist, wie etwa in Ägypten. Bis in die Gegenwart kommt es hier zu Inhaftierungen von Menschen, die aus dem Islam heraus konvertiert (und etwa Christen geworden) sind. Wenn auch Dr. Ali Goma'a, Großmufti von Ägypten, unlängst vorgeschlagen hat, eine solche Konversion könne geduldet werden, wenn der Konvertit dies nicht öffentlich kenntlich mache, so bedeutet dies jedoch keinen wirklichen Fortschritt in der Sache, denn Konvertiten können damit ihren neuen Glauben auch weiterhin nicht frei leben, von einem christlichen Zeugnis ganz zu schweigen. Vielleicht kann der Verweis auf ein Papier wie *Christian Witness in a Multi-Religious World* oder die *Busan-Erklärung zum Thema Mission* in interreligiösen Diskussionen dazu beitragen, allmählich Vorurteile und Ängste abzubauen, vielleicht kann der Verweis auf die Erklärungen dazu helfen, dass Menschen nicht-christlicher Religionszugehörigkeit zu unterscheiden lernen zwischen Christen, die sich einem solchen *Code of Conduct* verbunden fühlen und solchen, die dessen ungeachtet ihren vehementen Formen christlicher Glaubensverbreitung weiterhin nachgehen. Darüber hinaus bleibt zu hoffen, dass (trotz aller berechtigten Kritik im Einzelnen) die Busan-Erklärung zum Thema Mission dazu helfen wird, es bisher noch nicht mit dem ÖRK verbundenen christlichen Bewegungen und Kirchen zu ermöglichen, sich dem ÖRK anzunähern.

Den Glanz entdecken

Missionstheologische Spurenelemente für die Kirche

Das Thema Mission ist heute aktuell, in Europa aufs Neue, in anderen Erdteilen weiterhin. Während Kirchen und christliche Bewegungen in vielen Ländern der Erde weiterhin wachsen, sehen die Dinge in Europa und auch in Deutschland anders aus.[356] Hier ist es nicht nur zu Einbrüchen gekommen, sondern zu ganz generellen Infragestellungen des missionarischen Auftrages. Grund genug, erneut nach einer theologischen Basis der missionarischen Sendung zu fragen, die für die hiesigen Kontexte eine Deutungshilfe zu geben vermag. Doch schauen wir zunächst kurz auf die Entwicklungen der jüngeren europäischen Vergangenheit.

Das Schwinden christlicher Präsenz in soziologischer Perspektive – Europa

Während in den meisten europäischen Gesellschaften um das Jahr 1900 noch etwa 98 % der Menschen zu christlichen Kirchen gehörten, nahm dieser Anteil über das Jahrhundert hin deutlich ab. Insbesondere seit den späten 1960er Jahren ist der Anteil von Kirchenmitgliedern in vielen Gesellschaften Westeuropas gefallen, so heute etwa in vielen Ländern auf 70 %, in manchen Gesellschaften wie etwa den Niederlanden bereits unter 50 %. Auf der *Makroebene soziologischer Forschung* wurden dazu mehrere Deutungsangebote gemacht, die von missionstheologischem Interesse sind. Die *Säkularisierungsthese* geht davon aus, dass mit der Modernisierung von Gesellschaften und deren zunehmender Differenzierung in Teilsysteme ein Bedeutungsverlust von Religion einhergeht.[357] Noch in den 1960er Jahren rechnete man so-

---

356 Vgl. H. Wrogemann (2013), Missionstheologien der Gegenwart. Globale Entwicklungen, kontextuelle Profile und ökumenische Herausforderungen. Lehrbuch Interkulturelle Theologie/Missionswissenschaft, Band 2, Gütersloh.

357 K. Gabriel; C. Gärtner; D. Pollack (Hg.) (2012), Umstrittene Säkularisierung. Soziologische und historische Analysen von Religion und Politik, Berlin; G. Pickel; K. Sammet (Hg.) (2011), Religion und Religiosität im vereinten Deutschland. Zwanzig Jahre nach dem Umbruch, Wiesbaden. Vgl. auch: G. Pickel/O. Müller (Hg.) (2009), Church and Religion in Contemporary Europe. Results from Empirical and Comparative Research, Wiesbaden.

gar mit einem Verschwinden von Religionen. Wäre die missionstheologische Konsequenz, christliches Zeugnis stärker auf die Bedürfnisse säkularer Menschen auszurichten?[358] Oder wird damit umgekehrt eine kontraproduktive Selbstsäkularisierung (W. Huber) der Kirchen forciert? Eine andere Deutung bietet die *Individualisierungsthese.* Sie geht nicht von einem Abnehmen der religiösen Bedürfnisse von Menschen aus, sondern von einer Transformation derselben: Dass Kirchenmitgliedschaft abnimmt hat dann weniger etwas mit Nicht-Religiosität, sondern etwas mit einer anderen Form von Religiosität zu tun. Missionstheologisch mag gefragt werden, ob Kirchen daher bisherige Muster von Mitgliedschaft aufgeben sollten? Die *Markttheorie* schließlich sieht den Grund für die Abnahme von Kirchenmitgliedern in der Monopolstellung der ehemaligen Staatskirchen. Ein freier religiöser Markt werde zu mehr Wettbewerb, und dieser wiederum zu einer Neubelebung von Religionsformationen führen. Am Beispiel der USA haben *Rodney Stark* und andere nachgewiesen, dass trotz Modernisierung die Zahl der Mitglieder von Kirchen über das 19. und 20. Jahrhundert hinweg deutlich zunahm. Sollte missionstheologisch demnach der Zerfall von Monopolstrukturen (und damit von Volkskirche) positiv bewertet werden? Wie aber sähe dann ein neuer Wettbewerb aus?[359]

Soziologische Deutungsmuster haben missionstheologische Implikationen, die, konsequent umgesetzt, zu missionspraktischen Konsequenzen führen können: Säkulare Orientierung, individuelle Orientierung oder Markt-

---

[358] Mit *Antonius Liedhegener* kann man Säkularisierung als einen Prozess zunehmender Verselbständigung von Gesellschaft gegenüber religiösen Traditionen verstehen und die Ebenen der Gesamtgesellschaft, kirchlicher Institutionalisierung, kirchlich-sozialer Bedeutung und individueller Bedeutung unterscheiden. Dies betrifft erstens das Verhältnis von Staat und Religion, zweitens die Kirchenmitgliedschaft, drittens die Teilnahme an kirchlichen Angeboten wir Gottesdienste oder Kasualien und viertens die Bedeutsamkeit von Religion für das persönliche Empfinden und die eigene Lebensdeutung. A. Liedhegener (2012), Säkularisierung als Entkirchlichung. Trends und Konjunkturen in Deutschland von der Mitte des 19. Jahrhunderts bis zur Gegenwart, in: K. Gabriel u. a. (Hg.), Umstrittene Säkularisierung, o. a., 481–531.

[359] Aufs Ganze gesehen sind sich Religionssoziologen meiner Beobachtung nach durchaus nicht einig über die Befunde. Am Beispiel der Niederlande etwa kann man zeigen, dass es dort schon länger als in anderen europäischen Nationen einen relativ freien Markt in Sachen Religionen und Religiosität gibt, was indes bisher nicht zu einer Revitalisierung der christlichen Kirchen führte. Dies hat, wie *Erik Sengers* gezeigt hat, kulturelle Gründe. Und eben diese kulturellen Muster werden, so die Kritik, in etlichen soziologischen Ansätzen in ihrer Bedeutung unterschätzt. Vgl. E. Sengers (2009), European Exceptionalism: Lazy Churches, Pluralism, Adherence and the Case of the Dutch Religious Cartel, in: Pickel/Müller (Hg.), Church and Religion, 167–182.

Orientierung, das ist die Frage. So wichtig es ist, solche Deutungsmuster zur Kenntnis zu nehmen, so unzureichend bleibt dies meines Erachtens missionstheologisch, wenn nicht eine Besinnung auf die christlichen Grundlagen von Mission hinzukommt. Gerade in Zeiten mit großen Herausforderungen mag es hilfreich sein, sich der eigenen Grundlagen zu vergewissern. Daher der Titel: »Den Glanz entdecken – missionstheologische Spurenelemente für die Kirche«.[360] Es geht um Einsichten, die unverzichtbar sind, wenn es um die Vitalität der Kirche als des Leibes Christi geht: Spurenelemente sind in kleinen Dosen lebensnotwendig, sie sind nicht das Ganze, sie wirken aber in das Ganze – des Leibes Christi – hinein. Meine These lautet, dass es heute missionstheologisch dringend geboten ist, sich erneut auf wesentliche Glaubensgrundlagen zu besinnen, damit christliches Zeugnis an Ausstrahlungskraft gewinnt. Wie aber von Mission reden und wie über sie denken?

Von Überforderungsprofilen und Ermöglichungsräumen – einige Impressionen

Auf der praktischen Ebene kann man in deutschen Kontexten interessante Beobachtungen machen: In einer Pfarrkonferenz zum Thema Mission rutschen einige Amtsbrüder und -schwestern in ihrem Stuhl eine Etage tiefer: »Auch das noch, wir kommen doch schon mit unserem Normalprogramm nicht über die Runden...!« In einer Bahnhofsmission hängt man den Kawohl-Kalender ab: »Wir wollen ja niemanden missionieren...!« In einer Synodensitzung wird über abnehmende Kirchenmitgliedszahlen diskutiert. Ein Votum: »Wenn wir nicht bald Mission betreiben, dann wird es uns demnächst nicht mehr geben!« Drei kleine Szenen, die etwas von der Atmosphäre in vielen kirchlichen und christlichen Lebenswelten andeuten: Mission wird als *Überforderung* erfahren, als Extraaufgabe, die man auch noch stemmen soll (Pfarrkonferenz). Christliches Zeugnis wird in einer *pluralen Gesellschaft als übergriffig* empfunden, und sei es in Form eines Kalenderblattes mit Bibelspruch (Bahnhofsmission). Mission wird als Rettungsanker in einem Krisenszenario *angemahnt, eingefordert, beschworen.* (Synode)

Dahinter stecken sehr ernste Erfahrungen: In der Tat ist es so, dass bei schwindenden Ressourcen kirchliche Mitarbeitende allgemein, Pfarrerinnen und Pfarrer, Diakoninnen und Diakone immer mehr an Aufgaben zu über-

---

[360] Ich nehme im Folgenden einige Gedanken auf, die ich ausführlich dargestellt habe in: H. Wrogemann (^{2}2012), Den Glanz widerspiegeln. Vom Sinn der christlichen Mission, ihren Kraftquellen und Ausdrucksgestalten. Interkulturelle Impulse für deutsche Kontexte, zweite erweiterte Auflage, Münster.

nehmen haben. Das Thema *burn-out* ist in vielen Kirchen und Kirchenkreisen akut. Und in der Tat werden Christen immer stärker dazu herausgefordert, sich zur Präsenz von Menschen anderer Religionszugehörigkeit und Weltanschauung – hier besonders die so genannten Konfessionslosen[361] – zu verhalten. Nehmen wir Dresden und Wuppertal, dort ca. 80 % Konfessionslose, hier etwa 50 % Menschen mit Migrationshintergrund. Schließlich müssen sich in der Tat kirchliche Gremien wie alle Beteiligten die Frage stellen, wie sie der Situation eines stetigen Mitgliederverlustes begegnen wollen, wo sie Schwerpunkte setzen wollen, oder, wie derzeit in der Rheinischen Kirche diskutiert, wer sie als Kirche sein wollen.

Allzu leicht jedoch bleibt dabei die Rede von der christlichen Sendung weit hinter dem zurück, was sich aus der Perspektive des Neuen Testaments nahelegt. Könnte es also sein, dass es im Neuen Testament Bilder für die christliche Sendung gibt, die weniger auf Forderung denn auf Ermöglichung zielen? Könnte es sein, dass es in der Mission weniger um den verausgabenden Einsatz von Kraft geht, sondern mehr um das Teilhaben an Kräften und das Gewinnen neuer Entfaltungsräume? Gehen wir einigen Beispielen nach.

Bilder für die christliche Sendung – neutestamentliche Streiflichter

Viele Menschen verweisen beim Thema Mission auf das Sendungswort in Matthäus 28, wo von dem »Hingehen« in alle Welt die Rede ist, dem »zu Jüngern machen«, dem »Taufen« und »Lehren«. Bis in die 1960er Jahre hinein wurde Mission von Mt. 28 aus vornehmlich als das Begründen von Gemeinden und Kirchen verstanden. *Mission als Kirchengründung.* Dies legt ein eher *aktivistisches Verständnis* der christlichen Sendung nahe. Ähnlich aktivistisch klingt Jesu *mission agenda* in Lukas 4, wo Jesus mit Jesaja 61,1 von sich sagt: »Der Geist des Herrn ist auf mir, weil er mich gesalbt hat, zu verkündigen das Evangelium den Armen; er hat mich gesandt, zu predigen den Gefangenen, dass sie frei sein sollen, und den Blinden, dass sie sehen sollen, und den Zerschlagenen, dass sie frei und ledig sein sollen, zu verkünden das Gnadenjahr des Herrn.« (Lk. 4, 18–19) Seit den 1960er Jahren wurde Mission mit dieser Bibelstelle besonders als Kooperation verstanden. *Mission als Kooperation* von Gemeinde und Gesellschaft, als Kooperation von Kirche und mündiger Welt.

---

361 Vgl. U. Laepple/V. Roschke (Hg.) (^{2}2009), Die so genannten Konfessionslosen und die Mission der Kirchen. Festgabe für Hartmut Bährend , Neukirchen-Vluyn.

Ganz anders dagegen Jesu Worte in der Bergpredigt, wo den Jüngern im Indikativ zusagt wird: »Ihr seid das Salz der Erde« (Mt. 5, 13) und: »Ihr seid das Licht« (Mt. 5, 14), wie eine »Stadt auf dem Berge«. Salz wirkt durch seine bloße Präsenz, es macht geschmackvoll. Licht zieht an, wie eine Stadt bei Nacht, auf die hin sich ein Wanderer orientiert, in der Hoffnung auf Schutz und Nähe, Orientierung und Geborgenheit. Dies sind eher passivische Bilder. Während viele Menschen ein zu aktionistisches Verständnis von Mission gerade in einer pluralen Gesellschaft für problematisch halten, wirken die passivischen Bilder vermutlich wohltuender.[362]

Könnte es also sein, dass es nicht nur um missionarisches Handeln, sondern um ein Sich-Aussetzen der Kräfte Gottes geht? Wie kann eine Balance gehalten werden zwischen den Dimensionen der Jüngerschaft und Predigt, des karitativen Dienstes an der Mitwelt und der schlichten Präsenz vor Ort (wo immer das sei)? Wie kann Mission verstanden werden als Teilhabe an den Kräften Gottes, die Menschen im Glauben zukommen sollen?

In den missionstheologischen Diskussionen der letzten Jahrzehnte wurde immer wieder darauf hingewiesen, dass die christliche Sendung darin begründet ist, dass *Gott seinem Wesen nach ein missionarischer Gott ist*: In einer Kurzformel: *Missio Dei*, die Mission Gottes.

Nach meinem Verständnis muss diese Formel jedoch im Sinne einer *Missio amoris Dei* gelesen werden, als Mission der Liebe Gottes.[363] Was ist damit gemeint? Gott sandte seinen Sohn in der Kraft des Heiligen Geistes, um die Welt mit sich zu versöhnen. Und weil Gott in diesem seinem Wirken an der Welt der gleiche ist, wie er seinem Wesen nach *in sich selbst* ist, ist *Gott von Ewigkeit her als sich selbst mitteilende Liebe zu verstehen*: Gott liebt von Ewigkeit her den Sohn, der Sohn liebt den Vater, und beide sind verbunden im Geist der Liebe. Das Geheimnis des Gottes, der Liebe ist, besteht also darin, dass der dreieinige Gott *ein Gott in Beziehungen ist*. Liebe ist dabei nicht selbstgenügsam, sondern sie geht über sich hinaus: Die Liebe Gottes ist also der Grund seiner Sendung in das ihm gegenüber Andere hinein. Die christliche Mission als menschliches Geschehen *hat Anteil* an diesem göttlichen

---

362 Als Kurzübersicht: H. Wrogemann (2011), Was ist Mission? Einige Beobachtungen zu globalen Trends und lokalen Herausforderungen, in: ders., Das schöne Evangelium inmitten der Kulturen und Religionen. Streifzüge im Bereich der Missionswissenschaft und Religionswissenschaft, Erlangen, 142–149.

363 H. Wrogemann (^{2}2012), Den Glanz widerspiegeln, o. a., 40ff.; zu einer trinitätstheologischen Interpretation in missionstheologischer Perspektive vgl. ebd., 205–220.

Sendungsgeschehen der Liebe Gottes. Sie hat Anteil, wenn sie sich mit in dieses Geschehen hineinnehmen lässt.

Wenn aber die christliche Mission in der *missio amoris Dei, der Mission der Liebe Gottes,* begründet ist, dann kann sie recht verstanden nicht pragmatistisch sein, *denn Liebe bedeutet ganzheitliches Zugewandt-Sein.* Sie kann auch nicht aktionistisch sein, *denn Liebe sehnt sich nach dem Sein mit dem Anderen.* Liebe zehrt nicht auf, sondern *Liebe setzt Kräfte frei.* Liebe ist nicht selbstgenügsam, sondern *Liebe ist verantwortlich.* So gesehen kann die christliche Mission weder als Feuerwehraktion zur Mitgliedergewinnung *funktionalisiert,* noch auch im Sinne reinen sozialen Engagements *anonymisiert* werden, denn es geht im Geschehen der Liebe um *ganz konkrete Beziehungspartner.* Ich möchte diesen Gedanken weiter ausführen, indem ich christliche Mission als in der Mission der göttlichen Liebe begründet verstehe, und zwar konkret als ökumenisches Gotteslob, als Verherrlichung Gottes.

Mission als ökumenisches Gotteslob – Herausforderungen, Impulse, Konkretionen

Im Folgenden möchte ich Dimensionen des Missionarischen nachspüren, wie sie insbesondere im 2. Korintherbrief zu finden sind, denn hier wird von einem *Überfließen* von Kräften gesprochen (2. Kor. 4,7), einem Überfließen von Gnade (2. Kor. 4,15) und von Freude. Paulus spricht an anderer Stelle von der Dimension der Nah-Sinne wie dem Fühlen und dem Riechen. Es spricht von »Christi Wohlgeruch« (2. Kor. 2,16), der im christlichen Dienst verströmt wird. Auch die Dimension des Sehens kommt zum Tragen, wenn von dem Glanz des Angesichts Christi die Rede ist, eines Glanzes, der von den Glaubenden widergespiegelt wird. In 2. Kor. 3, 17–18 heißt es: »(17) Der Herr aber ist der Geist und wo der Geist des Herrn wirkt, da ist Freiheit. (18) Wir alle spiegeln mit enthülltem Angesicht die Herrlichkeit des Herrn wider und werden so in sein eigenes Bild verwandelt, von Herrlichkeit zu Herrlichkeit, durch den Geist des Herrn.« *Diese energetischen und atmosphärischen Bilder lassen die christliche Sendung als ein Räume erfüllendes und darin Grenzen überschreitendes Geschehen erkennen, in dem den sinnlichen Dimensionen ein großer Stellenwert zukommt.* Durch das Lebenszeugnis von Christen sollen *Menschen demnach für das Lob Gottes geöffnet werden, sie werden sich selbst durchsichtig für den Sinn ihres Lebens, nämlich, als erlöste Geschöpfe Gott zu preisen.* Ich möchte diesem Grundgedanken weiter nachgehen und anhand von Beispielen dessen Bedeutung vor Augen führen, indem ich jeweils zunächst Herausforderungen skizziere, dann einen theologischen Impuls benenne und schließlich nach möglichen Konkretionen frage.

Gotteslob als Kraftquelle und Räume missionarischer Ausstrahlung

Nach dem Zeugnis des Neuen Testaments gehören Doxologie und Mission zusammen. Dies ist angesichts abnehmender Ressourcen relevant. *Herausforderungen* bestehen nicht nur darin, dass Anforderungsprofile an Mitarbeitende geradezu überborden, sondern es geht auch um ein vielerorts eher depressives Klima, welches sich ausbreitet. Trotz mancher gemeindlicher Erfolgserlebnisse wird die Zahl von Kirchenmitgliedern – schon allein demographisch – auf absehbare Zeit weiterhin sinken. Im Gotteslob kann demgegenüber genau das vergegenwärtigt werden, worum es geht: Kirchen und Gemeinden sind auch in ihrer aus menschlicher Sicht vielleicht erbärmlichen Gestalt Orte der Verherrlichung Gottes. Sie bleiben es auch in ihrem Kleiner-werden.

Dies ist der *theologische Impuls*: Indem Gott im Mittelpunkt steht, *verweist das Rühmen der christlichen Zeugen und Zeuginnen heilsam von ihnen selbst weg*: Gottes lebensschaffende Mächtigkeit wird gepriesen, was die Begrenztheit menschlichen Tuns immer wieder neu vergegenwärtigt und *dadurch eine heilsame Distanz* zu eigenen Machbarkeits- oder Ohnmachtsphantasien ermöglicht. Größenwahn und Depression sind Geschwister, denn beide trauen Gott offensichtlich zu wenig zu. Wenn es neutestamentlich heißt, dass Gottes Kraft in den Schwachen mächtig ist, so wird damit gerade nicht die Schwachheit *an sich* als erstrebenswert erachtet, sondern als *Ort* der Erfahrbarkeit Gottes gedeutet. In diesem Sinne kann das Gotteslob missionarische Ausstrahlung gewinnen, da das ebenso *gelassene wie zuversichtliche Glaubenszeugnis gerade auf diejenige Kraft verweist, die nur von Gott kommen kann.*

(1) Als *Konkretion* würde ich erhoffen, dass Mitarbeitende in Gemeinden und Initiativen auf ihren *Umgang mit der Zeit* achten. Gegenüber einem Alarmismus ist daran zu erinnern, dass Gott selbst seine Sendung unter seiner Regie hält. Gegenüber einem Aktionismus ist darauf hinzuweisen, dass Menschen, die sich dem Glanz Gottes aussetzen, dieses nur in Zeiten und Räumen geschehen lassen können, die für dieses Geschehen offen gehalten werden. Es bedarf solcher sabbatlichen Freiräume. Und es bedarf einer theologisch-doxologischen Begründung, die als Gegengewicht zur Überforderungs- und Selbstausbeutungsdynamik wirkt. Was bedeutet dies für das Zeitmanagement kirchlicher Mitarbeitender? Was bedeutet es für Prioritäten kirchlicher und gemeindlicher Arbeit? Wieso kann mir ein abgehetzter Pfarrer sagen: ›Ich verstehe mich nur noch als Sozialarbeiter‹? Wie steht es mit dem Eigenrecht, als erlöstes Geschöpf Gott zu loben, und zwar im Medium (m)eines Körpers, der doch der kreatürlicher Resonanzboden des Gotteslobes ist? Was bedeutet dies alles

für die Wahrnehmung derjenigen Atmosphären, in denen christliche Gemeinschaften leben? Ist es nicht die Gelöstheit und Gelassenheit, die anziehend an Menschen wirkt? Und lässt dies nicht bei Menschen die Frage aufkommen, wie auch sie Anteil an einem solchen Lebensstil bekommen können? – Diese Fragen haben nichts mit Wellness-Religiosität zu tun, sondern es geht um ureigenste Fragen geistlicher Lebensführung.

(2) Noch einmal: Die Grundfrage lautet, worauf die Mission des dreieinigen Gottes zielt, an der Kirchen, Gemeinden und Initiativen teilhaben. Diese Mission zielt weder auf selbstgenügsame Zirkel von Glaubenden, noch auch auf einen selbstlosen Dienst an der Welt, der vergisst, dass Gottes Mission nicht in der Dimension des Sozialen aufgeht. *Gottes Mission zielt darauf, dass immer mehr Geschöpfe im Glauben Gottes Lob vermehren sollen, und zwar weil sie versöhnt und erlöst sind und damit befreit werden, dieses Lob anzustimmen. So können es auch andere wahrnehmen und dadurch ihrerseits das Lob vermehren.* In der interkulturellen Ökumene kann man in Afrika, Asien und anderswo beobachten, dass es gerade die *missionarische Ausstrahlung des Dankens* ist, welche Menschen anzieht. Wenn dies der Grund christlicher Sendung ist, dann brauchen wir Zeiten und Räume, in denen er immer wieder neu vergegenwärtigt werden kann.

Die Vielfalt der Formen und das Gelten-lassen von Erfahrungsräumen

Nun könnte man meinen, dass mit der Verherrlichung Gottes auf ganz bestimmte liturgische oder spirituelle Traditionen angespielt werde. Dies ist jedoch nicht der Fall. Schauen wir zunächst auf die *Herausforderungen*: In einer Gesellschaft, in der ethnische und regionale Kulturen, Sub-Kulturen aber vor allem auch verschiedenste Milieus ganz eigene Lebensstile ausbilden, ist die Frage der Vielfalt von besonderer Bedeutung. Wie weit können oder aber müssen sich christliche Formen von gottesdienstlichem und sozialem Leben ausdifferenzieren? Bis zu welchem Grade dürfen sie das?

Hier vermag Mission als ökumenische Doxologie verstanden eigene *Impulse* zu geben. Im Sinne eines ökumenischen Gotteslobes geht es gerade um die Vielfalt der Stimmen, in der sich das Gotteslob Ausdruck verschaffen soll. In biblischen Schriften wird das Lob Gottes nicht nur aus dem Mund der kleinen Kinder erschallen (Ps. 8,3), nicht nur werden die Bäume des Libanon klatschen (Jes. 55,12), sondern es werden auch die Völker ihre Gaben zum Berg Zion bringen, im Neuen Testament das Neue Jerusalem (Apk. 21,26). Eine solche Vielfalt bedeutet einerseits eine *Bereicherung*, denn Menschen brauchen Zugänge zu christlichen Glaubens- und Lebenswelten, die ihnen nicht unnötige Erfahrungen von Fremdheit oder Anstößigkeit aufbürden. Andererseits bringt die Vielfalt auch *Anstößigkeiten* mit sich. Wie kann also in einer solchen Vielfalt im Ausdruck des Gotteslobes ein gewisses Maß an Verbindung gewahrt bleiben?

Damit komme ich zu den *Konkretionen*: Wichtig ist die missionstheologische Erkenntnis, dass die Vielfalt von Lebens- und Anbetungsformen ihr eigenes Recht hat. So sehr jedoch diese Einsicht theoretisch einleuchten mag, so schwierig ist es, sie im alltäglichen Miteinander durchzuhalten. Dazu drei Punkte:

(1) Hilfreich kann hier das *Einüben einer geistlichen Mehrsprachigkeit* sein, dass anderen Formen christlicher Praxis nicht schon allein deshalb mit Skepsis begegnet wird, weil sie nicht vertraut sind. Frage: Wo geschieht das in der Ausbildung? Hilfreich mag es auch sein, ganz bewusst eine *Kultur des Respekts* zu pflegen, die es ermöglicht, innerhalb christlicher Gemeinden und Netzwerke einander trotz großer spiritueller Unterschiede respektvoll zu begegnen. Stellen wir uns zum Beispiel eine christliche Gothic-Gruppe innerhalb einer normalen Ortsgemeinde vor. Oder ich denke an manche Jugendinitiativen in Gemeinden, die durch Kirchenälteste oder Gemeindeglieder solange misstrauisch beäugt werden, wie man sie nicht kontrollieren kann.

(2) Doxologisch gesehen ginge es um das *Sich-Üben im Los-Lassen, im Gelten-Lassen, im Gewähren-Lassen.*[364] Mehr noch als bisher wird in christlichen Lebenswelten der Einsicht Raum zu geben sein, dass Gott in mannigfaltigen Formen – und Milieus – Verehrung finden will. Denken sie an ihr Presbyterium oder ihren Kirchenvorstand: Wie schwer fällt es, auch nur graduelle Abweichungen zuzulassen?

(3) Wenn in der Anglikanischen Kirche um *die Taufe der eigenen Phantasie* gebeten wird, dann ist damit gemeint, dass *neue und unerwartete Formen christlicher Spiritualität und Praxis ersehnt werden.* Wie wichtig solche Ausdrucksgestalten sind, wurde mir in Gesprächen mit Menschen bewusst, die von christlichem Herkommen sich anderen Religionen angeschlossen hatte, da sie das Christentum nach eigener Angabe nur als etwas für den Kopf kennengelernt hatten. Es geht um neue Erfahrungsräume christlicher Spiritualität. Auch in agendarischen Gottesdiensten sind solche neuen Erfahrungsräume möglich. Testfrage wäre, ob man den

---

364 Vgl. H. Wrogemann (^{2}2012), Doxologische Mission und eine Theologie der Gelassenheit, in: ders., Den Glanz widerspiegeln, 193ff.

> Mitwirkenden abspürt, dass ihnen selbst diese Formen Freude machen und wichtig sind. Missionarische Ausstrahlung hätte hier mit einer *Kultur der Achtsamkeit* zu tun. Um ein Beispiel zu geben: Es ist etwas anderes, ob Menschen, die gottesdienstliches Leben gestalten, fünf Minuten vor dem Gottesdienst in die Kirche kommen, schnell einen Blick in die Runde werfen und der Gottesdienst beginnt. Wie viele Zeichen sprechen dann gegen das, was gesagt wird, wenn man schon an »ganz kleinen Dingen« spürt, dass hier keine Achtsamkeit gegeben ist?[365]

Auch auf die Gefahr, dass dies als »kleinlich« missverstanden werden könnte, möchte ich einige Beispiele anführen: Da ist das berühmte Mikrophon, bei dem man erst im Vollzug des Gottesdienst (peinlich berührt) merkt, dass es nicht eingeschaltet ist. Da sind rituelle Vollzüge, die einfach nicht klappen, weil sich niemand die Mühe gemacht, vorher auszuprobieren, ob das so geht. Ein Klassiker: Bei Taufen werden an Eltern und Paten Kerzen verteilt, die entzündet werden, zu den Worten: »Jesus Christus ist das Licht des Lebens ...«. Die Personen werden dann nach der Taufhandlung auf ihre Plätze entlassen. Die Taufgesellschaften stehen dann oft vor der Frage: Was am Platz mit der brennenden Kerze anfangen? Den ganzen Gottesdienst brennend in der Hand behalten? Auf den Boden stellen? Sofort löschen? Meistens werden die Kerzen sofort gelöscht: Ein liturgisches Anti-Symbol! Das Licht des Lebens hat dann (als liturgische Geste) nur ein paar Sekunden gebrannt. Symbole sprechen und Achtsamkeit wird wahrgenommen. Man hätte seitens der liturgisch Verantwortlichen am Altar einen Ort (ein Tischchen mit Sand etwa) aufstellen können, dann hätten alle Beteiligten in einer liturgischen Geste die Kerzen dort aufgestellt. So hätten sie bis Ende des Gottesdienstes brennen können: Ein sinnhaftes Symbol! – Warum aber ist diese Art liturgisch-doxologischer Gedankenlosigkeit so weit verbreitet? Die Reihe von ähnlichen Beispielen könnte hier beliebig verlängert werden. Worum es geht: Es geht darum, dass Menschen sich selbst Raum und Zeit geben und einen Lebensstil der Achtsamkeit einüben, da sich zum einen die Verherrlichung Gottes (neben dem Wort) auch im Medium des Körperlichen manifestiert und dies zum anderen Menschen einfach gut tut. Die Achtsamkeit entfaltet eigene Atmosphären, die von anderen Menschen – auch und gerade säkularen Menschen – sehr wohl wahrgenommen werden. Bei diesen Bemerkungen handelt es sich nicht um Nebensächlichkeit, sondern aus Sicht einer doxologischen Missionstheologie sind diese Zusammenhänge von grundlegender Bedeutung.

---

365 Zur christologischen Begründung: »Der Geist-Sohn verherrlicht in seiner Leiblichkeit den Schöpfer«, in: H. Wrogemann (^{2}2012), Den Glanz widerspiegeln, 212ff.

Der Klang des Namens inmitten einer Flut von Medien

Im Unterschied zu missionstheologischen Ansätzen, die Jesus Christus stärker im Sinne seines Vorbildcharakters in den Blick nahmen, geht ein doxologisches Missionsverständnis davon aus, dass Gott insbesondere in dem Namen verherrlicht werden will, den er sich zu Verherrlichung seiner selbst allererst erwählt hat: Im Namen Jesu Christi. Dieser Name steht für das Christusereignis, für eine Geschichte, in der der dreieinige Gott sein Wesen offenbart hat. *Der Name sichert die Wiedererkennbarkeit des christlichen Zeugnisses.* Dies ist angesichts der *Herausforderungen* des Internetzeitalters und einer sich weiter differenzierenden Medienwelt von großer Bedeutung. In der Flut der Medien kommt der Wiedererkennbarkeit einer Botschaft (oder Marke) größte Bedeutung zu. Ein gelbes »M« ist leicht als Symbol einer Fast-Food-Kette zu erkennen, ein nach rechts aufwärtsstrebendes Häkchen als Symbol einer Sportbekleidungsfirma.

Der biblische *Impuls* indes ist natürlich viel älter als die Gesetze der Medienwelt, wiewohl das Bilderverbot des Alten Testaments sehr deutlich das Bestreben markiert, die Verwechselbarkeit des Gottes Israels mit anderen Göttern und Mächten zu verhindern. Dieser Gott wird nicht in bestimmten Funktionen, sondern er wird in der Befreiungsgeschichte Israels erkennbar, so, wie er im Neuen Testament seine Geschichte in der Sendung seines Sohnes vollendet. *Wie aber kann heute diese Geschichte, die im Namen von Jesus von Nazareth, dem Christus, ihre Zusammenfassung findet, so bezeugt werden, dass Menschen dazu eine innere Beziehung aufbauen können*?

(1) Als *Konkretion* würde ich erhoffen, dass es Christen in deutschen Kontexten, ob in Gemeinden, Initiativen, in der Ausbildung, den Arbeitsfeldern gelingt, Grundgehalte des christlichen Glaubens in einer *elementarisierten Form* zu bezeugen. Anhand einer überschaubaren Anzahl biblischer Bilder müsste es gelingen, die wesentlichen Inhalte des christlichen Glaubens zu erzählen. Es geht also um das *Einüben christlichen Erzählens in Gestalt biblischer Bilder.* Bilder haben einen einladenden Charakter, weil sie es Menschen ermöglichen, bestimmte Deutungen für sich selbst zu erproben. Bilder geben zu denken. Auch hier mag ein Beispiel angeführt werden. Denkbar wäre, anhand von zum Beispiel nur fünf biblischen Motiven (etwa das Bild vom Weinstock und den Reben für das Wirken des Heiligen Geistes) wichtige Grundgedanken des christlichen Glaubens so zu elementarisieren, dass sie von jedermann (also unabhängig von Alter oder Ausbildungsstand) erzählbar werden. Bilder bleiben haften. Ich erinnere mich zum Beispiel an die Predigt eines Hare-Krishna vor zwanzig Jahren, in der von Meditation anhand

des Bildes eines Pferdes die Rede war. Zu straffe Zügel bedeuten, dass das Pferd stehen bliebt, zu lose Zügel, dass man herunterfallen kann. Ein zwar einfaches, aber nichts desto trotz sprechendes Bild, welches »hängenbliebt«. Wo werden aber in christlichen Kirchen und Gemeinden solche Bilder eingeübt, und zwar wirklich mit Bedacht und theologischer Klarheit, Achtsamkeit und vor allem Stetigkeit eingeübt? Wo in der Ausbildung kommen solche Inhalte vor? Hier liegen meines Erachtens viele Chancen und Potentiale, die in neuer Weise genutzt werden können.

(2) Gleichzeitig geht es um den *Wiedererkennungswert solcher Bilder*, damit diese nicht von der Bilderflut unserer Medienwelt hinweggespült werden. Um ein Beispiel zu benennen: Die ein bis zwei Stunden eines wöchentlichen Konfirmandenunterrichtes müssen es mit zwanzig bis dreißig Stunden Internet und Fernsehen aufnehmen. Welche Inhalte bleiben haften? Welche Bilder haben einen Wiedererkennungswert? *Wie kann der Name Jesu Christi so gesagt und erzählt werden, dass er wirkt wie der Name eines guten Freundes, eines empfohlenen Arztes*, einer Wirklichkeit, die für mein Leben von Bedeutung ist, einer Macht, der ich mich anvertrauen kann?

Das solidarische Handeln und die Vermehrung des Dankes

Im Neuen Testament finden sich viele Hinweise, dass das Einstehen für andere zur Vermehrung des Lobes Gottes führen soll. Über den »Dienst der Sammlung« sagt Paulus in 2. Kor. 9, 11–14 »In allem werdet ihr reich sein zu jeder schlichten Güte, die durch uns Danksagung an Gott bewirkt. Denn der Dienst dieser Sammlung hilft nicht nur dem Mangel der Heiligen ab, sondern erweist sich auch als überreich durch viele Danksagungen an Gott«. So gesehen ist die Kollekte, von der Paulus hier spricht, eine liturgische Handlung. Ein doxologisches Missionsverständnis kann daher weder von diakonischem Wirken getrennt gesehen werden, noch auch die Thematik von Armut ausblenden, denn im Gotteslob wird die wahre Macht gepriesen, von der her alle Mächte kritisiert werden, sei es die Macht des globalen Marktes, menschlicher Despotismen oder eines lebenszerstörenden gesellschaftlichen *common sense*. Es ist interessant zu beobachten, dass diese Dimensionen in der globalen Christenheit eine bedeutende Rolle spielen, nicht nur in befreiungstheologischen Bewegungen handelt man von einer Spiritualität des Widerstandes.

Mission als oikoumenisches Gotteslob als eine »Kultur« christlicher Lebenswelten

Ich habe von Mission als ökumenischem Gotteslob gesprochen, da es im Kontext abnehmender Ressourcen um die Frage geht, woher Christen neue Kräfte zuwachsen. Im Kontext einer Erlebnisgesellschaft geht es um die Frage, wie Erfahrungsräume geöffnet und neu gewonnen werden können, in denen das Geheimnis des christlichen Glaubens leiblich erfahrbar werden kann. Im Kontext einer Mediengesellschaft geht es um die Herausforderung der Wiedererkennbarkeit dessen, worum es in der christlichen Sendung geht, die Wiedererkennbarkeit des Heilsereignisses im Namen Jesu Christi. Im Kontext einer Welt von Ungerechtigkeit, Armut und Verblendung geht es darüber hinaus um die Frage der Solidarität und der prophetischen Kritik, die sich im Gotteslob Ausdruck verschafft.

Ich habe diese missions*theologische* Besinnung in den Mittelpunkt gestellt und damit bewusst Distanz gehalten zu Fragen praktischer Umsetzungen.[366] Dahinter steht die Überzeugung, dass es in christlichen Lebenswelten um die Atmosphären geht, die hier wirken und die hier von Menschen – Außenstehenden zumal – erspürt werden. *Missionstheologie hat meines Erachtens weniger etwas mit Strategien zu tun, als vielmehr mit so etwas wie »Weisheit«. Es geht um grundlegende Haltungen von Menschen, die sich aus der missionstheologischen Besinnung ergeben können.* Daher abschließend der Hinweis auf eine »Kultur« christlicher Lebenswelten. Es geht um ihre Anziehungskraft und damit um ein zentripetales Verständnis von Mission. Der Begriff Kultur soll hier auch den interpersonalen, den stetigen und Handlungen begünstigenden Charakter christlicher Lebensformen unterstreichen. Für besonders verheißungsvoll erscheinen mir dabei folgende Gesichtspunkte, die ich wenigstens kurz andeuten möchte.

---

[366] Aus der umfangreichen Reformdebatte der letzten Jahre sei exemplarisch verwiesen auf: W. Nethöfel/K.-D. Grunwald (Hg.) (2005), Kirchenreform jetzt! Projekte, Analysen, Perspektiven, Schenefeld; I. Karle (2009), Kirchenreform. Interdisziplinäre Perspektiven, Leipzig; B.-M. Haese/U. Pohl-Patalong (Hg.) (2010), Volkskirche weiterdenken. Zukunftsperspektiven der Kirche in einer religiöse pluralen Gesellschaft, Stuttgart. Zu Beispielen von *good practice* vgl. Ph. Elhaus; M. Wöhrmann (Hg.) (2012), Wie Kirchengemeinden Ausstrahlung gewinnen. Zwölf gute Beispiele und was aus ihnen zu lernen ist, Göttingen. – Dieser Diskussion kann hier nicht nachgegangen werden. Vgl. dazu: H. Wrogemann (2013), Missionstheologische Wahrnehmung deutscher Kontexte, in: ders., Missionstheologien der Gegenwart, o. a., 371–404.

Für eine Kultur der Leiblichkeit

Wenn die Mission der Liebe Gottes sich in der Fleischwerdung des Wortes vollendet, dann kommt damit den *Dimensionen der Leiblichkeit* eine große Bedeutung zu. Eine *Kultur der Leiblichkeit* zu pflegen bedeutet, sinnliche Formen christlicher Alltagsspiritualität neu wertzuschätzen. Mir erscheinen Formen wie Wallfahrten, der Offene Adventskalender, Motorrad-Gottesdienste und manches andere als niederschwellige, leibliche und leicht zugängliche, dennoch aber klare Formen, in denen etwas erfahren werden kann. Die Freude an der Verherrlichung Gottes spiegelt sich hier in der Vielfalt menschlicher Kreativität. Zur Leiblichkeit gehören die Formen christlicher Lebenswelten, die Räume, die sozialen Räume, die Umgangsformen, die Symbolik, die hier oft lauter spricht als jedes Wort.

Für eine Kultur des Wahrnehmens

Verheißungsvoll erscheint mir das *Einüben einer Kultur des Wahrnehmens.* Es geht darum, zu versuchen, sich selbst mit den Augen der anderen oder Fernstehenden zu sehen. Viele Aspekte wie eine Insider-Sprache, das Übersehen von Gästen oder das Verharren in Selbstverständlichkeiten mögen hier vor Augen geführt werden. Wie etwa können Menschen so begrüßt werden, dass sie zwar wahrgenommen werden, dies auf sie aber nicht aufdringlich wirkt? Beispiel: In einer Gemeinde lernen sich zwei ältere Damen kennen, die seit sechs Jahren mit derselben Straßenbahn in denselben Gottesdienst gekommen sind, bei einer Beteiligung von etwa 50 Personen. Ich lasse das Beispiel so stehen. Die Frage: Wie wirken wir, unsere Räume, unser Verhalten? Wer sind zum Beispiel die besten Einladenden für manche Aktivitäten? Oft sind es gerade die Ausgetretenen, aber Interessierten, die die unverdächtigsten Einladenden sind.

Für eine Kultur der Beteiligung

Mancherorts wird bei Fusionen von Gemeinden argumentiert, man könne ja, um ein Beispiel zu geben, dann aus vier Gemeindebrief-Redaktionen nur eine machen, dann habe man ja viel Zeit und Mühe gespart. Aus Sicht einer Mission als ökumenischer Doxologie würde sich der umgekehrte Weg empfehlen: Möglichst viele Beteiligungsmöglichkeiten zu erhalten und neu zu eröffnen, um Menschen das Gefühl geben: »Ich werde gebraucht«. Es geht um eine *Kultur der Beteiligung*. Ich weiß, dass vielerorts darüber geklagt wird, die Bereitschaft zum Ehrenamt nehme ab. Ich kann das jedoch nicht bestätigen, denn ich meine, dass hier Atmosphären und Beziehungsnetzwerke eine große Rolle spielen. Es sind diese Netzwerke und Atmosphären, die Menschen dazu inspirieren, sich einzubringen.

Für eine Kultur der Wertschätzung

Es geht aber auch um eine *Kultur der Wertschätzung.*[367] Wenn es in doxologischer Perspektive darum geht, Zeiten und Räume offen zu halten, um dem Gotteslob und damit der eigenen Leiblichkeit Raum geben zu können, dann gehört dazu auch das Thema Verlangsamung. Dazu zwei Beispiele. Kritisch: Bei einem sogenannten Gemeindefest wird zunächst Kaffee getrunken, dann werden Arbeitsgruppen zur Frage von Mitarbeiter-Rekrutierung angeboten. Mein Empfinden: Schneller, höher, weiter, Druck. Demgegenüber bedenkenswert: Nach einer erfolgreichen Kinderbibelwoche kommen alle Mitwirkenden zusammen, ein kleines Fest wird gefeiert. Eine Frau sagt: »Jetzt müssen wir erst einmal Zeit haben, um uns so richtig zu freuen. Alles andere kommt später.« – Nichts weiter, Entlastung, Doxologie, Wertschätzung in unverzwecklichter Freude. Eine Kultur der Wertschätzung aber kann auch z. B. bedeuten, Prädikanten einige der gerade besonders attraktiven Sonntagsgottesdienste anzubieten, damit diese sich nicht nur als Lückenbüßer verstehen müssen.

Für eine Kultur der ausstrahlenden Vernetzung

Die Reich-Gottes-Verkündigung von Jesus Christus zielt nicht auf ein Reich im Sinne eines Imperiums, sondern sie zielt auf Lebenswelten von Menschen, auf reale Beziehungen, wie weitmaschig oder engmaschig auch immer. Eine *Kultur der ausstrahlenden Vernetzung* bedeutet, in christlichen Lebenswelten den Kontakt zu halten zu Menschen und Milieus in den verschiedenen Umfeldern, sei es das Lokale oder das Regionale.[368] Testfrage wäre dann, welche christlichen Lebensformen ein besonderes Maß an Vernetzung zulassen. Oft ist es in Initiativen von Gemeinden nicht die Frage, ob man diese organisiert bekommt, sondern, ob es Netzwerke von Menschen gibt, in die hinein man neu Hinzukommende überhaupt einladen kann.

Ausblick

Ich breche an dieser Stelle ab. Mission, so habe ich zu zeigen versucht, ist mehr als Gemeindegründung, mehr als Kooperation, sie ist etwas anderes als das praktisch Machbare. Spurenelemente für Kirchen und Gemeinden sind solche missionstheologischen Gedanken und Motive, die eine grundsätzliche

---

367 Vgl. dazu auch: G. Vorländer (2000), Kennzeichen: Wertschätzung … in den Fußspuren von Gottes gewinnender Art, Neukirchen-Vluyn.

368 Vgl. H.-H. Pompe (2012), Dorf oder Imperium? Ein neues Miteinander von Parochie und kirchlichen Regionalstrukturen, in: ders., D. Hörsch (Hg.), Region – Gestaltungsraum der Kirche, Leipzig, 135–150.

Orientierung ermöglichen. Sie sind nicht schnell konsumierbar, es geht um keine kurzatmige Programmatik. Weiterhin wird viel an gutem und kontinuierlichem, an geduldigem und wenig spektakulärem Dienst in Kirchen und Gemeinden vonnöten sein. Mission als ökumenisches Gotteslob zu verstehen, mag uns dabei erneut helfen, eine Vision von Leben zu erahnen, die der dreieinige Gott sie sich für unser Leben und das unserer Mitmenschen und Mitgeschöpfe wünscht. Dies mag entlasten und uns Anteil geben an jenen Gaben und jener Freude, von der Paulus sagt, dass sie in Christus überfließt.

Christliches Glaubenszeugnis gegenüber Muslimen?

Mission, Dialog und die Frage der Anerkennung

In Deutschland sind Christentum und Islam derzeit die zahlenmäßig größten Religionsformationen. Wie steht es um ihre Beziehung und wie kann ein christliches Glaubenszeugnis gegenüber Muslimen begründet werden, das in seinem Geltungsanspruch lebensförderlich wirkt? Dazu im Folgenden einige Beobachtungen zu missionstheologischen Stellungnahmen in der Ökumene, kritische Anmerkungen zu religionstheologischen Theorien sowie der Alternativvorschlag einer *Theologie Interreligiöser Beziehungen* als einer dezidiert christlichen Begründung für ein Glaubenszeugnis gegenüber Muslimen.

Missio Dei in ökumenischen Zusammenhängen des 21. Jahrhunderts

Mission wird im Umfeld des Ökumenischen Rates der Kirchen seit den 1950er Jahren als *missio Dei* verstanden. Kurz gesagt geht es darum, dass christliche Mission damit nicht mehr durch zivilisatorische Überlegenheit, angebliche Heilssehnsucht der Völker oder den Verweis auf christliche Missionserfolge begründet werden kann. Mission wird vielmehr in Gott selbst begründet, der als missionarischer Gott verstanden wird. Kirchen und Gemeinden werden damit nicht mehr als Hauptwerkzeuge der Mission verstanden, sondern sie nehmen (bescheidener) an der göttlichen Mission teil.[369] Wurde in den 1960er und 1970er Jahren das Missionsverständnis seitens des ÖRK stark sozialpolitisch akzentuiert, so hat sich im 21. Jahrhundert ein integrales Missionsverständnis durchgesetzt. Dies sei an drei Missionserklärungen internationaler Organisationen erläutert.

---

369 H. Wrogemann, Missionstheologien der Gegenwart. Globale Entwicklungen, kontextuelle Profile und ökumenische Herausforderungen. Lehrbuch Interkulturelle Theologie/Missionswissenschaft, Band 2, Gütersloh 2013.

Lutherischer Weltbund: »Mission im Kontext« (2005)

Der Lutherische Weltbund hat in einem mehrjährigen Beratungsprozess[370] durch Vertreter lutherischer Kirchen aus Afrika, Asien und Europa einen Grundlagentext erstellen lassen, der 2005 unter dem Titel »Mission im Kontext« erschien.[371] Der Text bietet eine trinitätstheologisch begründete Missionstheologie, die die *Missio Dei* vom Gedanken der Verwandlung her versteht: »Für eine missionarische Kirche steht die Teilhabe an Gottes Mission im Zentrum ihres Selbstverständnisses als Kirche. Die Kirche hat den Auftrag, die eschatologische Wirklichkeit des anbrechenden Gottesreiches durch Leben, Tod und Auferstehung Jesu Christi zu verkündigen, daran teilzuhaben und sich in der Hoffnung auf ihre endgültige Erfüllung für Verwandlung, Versöhnung und Bevollmächtigung einzusetzen.«[372]

Zentral sind also die Begriffe der Verwandlung (engl. *transformation*), der Versöhnung (engl. *reconciliation*) und der Ermächtigung (engl. *empowerment*).[373] Diese Dimensionen werden christologisch auf den dreifachen Weg der Sendung Jesu Christi zurückgeführt, nämlich den »Weg der Inkarnation« (*transformation*), den »Weg des Kreuzes« (*reconciliation*) und den »Weg der Auferstehung« (*empowerment*).[374] Trinitätstheologisch werden die Dimensionen im

---

[370] Der Lutherische Weltbund hat auf seiner Missionskonsultation in Nairobi im Jahr 1998 eine Überarbeitung des LWB-Missionsdokuments Gottes Mission als gemeinsame Aufgabe des Jahres 1988 angeregt. Lutherischer Weltbund, Gottes Mission als gemeinsame Aufgabe. Ein Beitrag des LWB zum Verständnis von Mission (LWB-Dokumentation, Nr. 26), Genf 1988.

[371] Lutherischer Weltbund, Mission im Kontext: Verwandlung, Versöhnung, Bevollmächtigung. Ein Beitrag des LWB zu Verständnis und Praxis der Mission, Genf 2006, 5. Folgende Seitenzahlen beziehen sich auf diesen Text.

[372] Lutherischer Weltbund, Mission im Kontext, 9, vgl. 44 und öfter.

[373] Vgl. bes. Lutherischer Weltbund, Mission im Kontext, 34–38. – Das Dokument ist mit etwa 60 Seiten recht umfangreich. Sein Duktus wird jedoch am Aufbau gut erkennbar. Der Text setzt nach einer Einleitung (8–10) mit »Teil 1 Kontexte der Mission« ein (11–22), entwickelt dann mit »Teil 2 Theologie der Mission« die missionstheologischen Grundlagen (23–44), um mit »Teil 3 Praxis der Mission« die Konsequenzen zu bedenken (45–60). Kurz folgen dann noch »Abschließende Bemerkungen« (61–63).

[374] Komprimiert werden die missionstheologischen Grundgedanken in Abschnitt »2.3. Theologische Dimensionen der Mission«, wo es heißt: »Das vorliegende Dokument konzentriert sich auf drei Dimensionen der Mission: Verwandlung, Versöhnung und Bevollmächtigung. [...] Diese Dimensionen der Mission durchdringen alle missionarischen Bemühungen (z. B. Verkündigung, Dienst, Eintreten für Gerechtigkeit, interreligiöser Dialog und Bewahrung der Schöpfung) und bieten Kriterien, anhand derer die Kirche ihre Treue zur Mission gegenüber Christus, der sie in die Welt gesandt hat, beurteilen kann.« Lutherischer Weltbund, Mission im Kontext, 34. Hervorhebungen im Original.

Horizont von Schöpfung, Erlösung und Heiligung ausgelegt. Damit aber werden die genannten Dimensionen sowohl innerhalb der Gotteslehre als auch innerhalb der Christologie verortet, was einen mehrfachen Interpretationsrahmen für die kirchlichen und christlich-individuellen Bemühungen ermöglicht.

Die Rede von *Mission und Interreligiösem Dialog* kann demnach nur innerhalb dieser trinitarischen Gotteslehre und dieser differenzierten Christologie sowie damit direkt zusammenhängend der Lehre vom Heiligen Geist und der Lehre von der Kirche verortet werden.[375] Die Dimensionen von Verwandlung, Versöhnung und Bevollmächtigung lassen den Interreligiösen Dialog *vor diesem Hintergrund* als Ort der Suche nach Frieden und Gerechtigkeit verstehen. Dies hebt für den LWB-Text jedoch weder die Einzigartigkeit Christi noch die missionarische Sendung auf, alle Menschen zur Jüngerschaft Jesu einzuladen. Mit den Worten der ÖRK-Weltmissionskonferenz von St. Antonio (USA, 1989) stellt auch das LWB-Dokument heraus: »Wir kennen keinen anderen Weg zum Heil als Jesus Christus; zugleich aber können wir dem Heilswirken Gottes keine Grenzen setzen.«[376]

Lausanner Bewegung: Kapstadt-Verpflichtung (2010)

Die evangelikale *Lausanner Bewegung* hat im Jahr 2010 im südafrikanischen Kapstadt ihren dritten *Kongress für Weltevangelisation* abgehalten und dabei die »Kapstadt-Verpflichtung: Eine Erklärung des Glaubens und ein Aufruf zum Handeln« angenommen.[377] Bei dem Kongress waren etwa 4200 Vertreter evangelikaler Organisationen aus 198 Ländern zugegen.[378] In der Kapstadt-

375 Das Thema Interreligiöser Dialog wird als integraler Bestandteil einer ganzheitlichen Mission verstanden, wenn festgestellt wird: »Der interreligiöse Dialog als Streben nach Frieden und Zusammenarbeit in der Gesellschaft, nach gegenseitigem Verstehen und nach der Wahrheit, ist integraler Bestandteil der kirchlichen Mission. Da die Kirche berufen und gesandt ist, Verwandlung, Heilung und Versöhnung in die Gesellschaft zu bringen, gehört die Zusammenarbeit mit unterschiedlichen Gruppen im Blick auf Frieden und Gerechtigkeit zur Mission der Kirche. So ist der interreligiöse Dialog ein wirksames Mittel, um religiöse Spannungen zu entschärfen und Wege zu finden, wie in einem multireligiösen Umfeld den Problembereichen Armut, Diskriminierung, Gewalt und Unterentwicklung begegnet werden kann.« Lutherischer Weltbund, Mission, 42.

376 Lutherischer Weltbund, Mission im Kontext, 42.

377 Abgedruckt in: B. Winterhoff u. a. (Hg.), Von Lausanne nach Kapstadt. Der dritte Kongress für Weltevangelisation, Neukirchen-Vluyn 2012, 224–286. Folgende Seitenangaben beziehen sich auf diesen Text.

378 Die Kapstadt-Verpflichtung gliedert sich nach einer Präambel in einen grundsätzlichen ersten Teil, der Mission unter dem Gedanken der Liebe fasst, sowie einen zweiten Teil, der Konsequenzen für das Handeln von Christen benennt.

Verpflichtung wird zunächst der Grund der Mission benannt: »Die Mission Gottes für die Welt entspringt aus Gottes Liebe. Die Mission des Volkes Gottes entspringt aus unserer Liebe zu Gott und zu allem, was Gott liebt. Weltevangelisation ist die Frucht der Liebe Gottes zu uns und durch uns. Wir bestätigen das Primat der Gnade Gottes und antworten daraufhin auf diese Gnade durch Glauben, der sich im Gehorsam der Liebe zeigt. Wir lieben, weil Gott uns zuerst geliebt und seinen Sohn gesandt hat als Versöhnung für unsere Sünde.« (229)

Auffällig ist die umfangreiche Behandlung der Pneumatologie. Der entsprechende Leitsatz macht dies markant deutlich: »Wir lieben den Heiligen Geist in der Einheit der Dreieinigkeit mit Gott, dem Vater, und Gott, dem Sohn.« Der Geist hauche der Gemeinde Leben ein, man bete um den Geist, denn ohne ihn sei das christliche Zeugnis vergeblich: »Ohne das überführende Werk des Geistes ist unsere Predigt vergeblich. Ohne die Gaben, Führung und Kraft des Geistes ist unsere Mission bloßes menschliches Bemühen. Und ohne die Frucht des Geistes kann unser unansehnliches Leben die Schönheit des Evangeliums nicht widerspiegeln.« (235) Hier wird pneumatologisch eine deutliche Relativierung menschlich-missionarischen Engagements begründet.

Im zweiten Hauptteil geht es um sechs Bereiche des Handelns, die als besonders dringlich angesehen werden. Unter »Die Liebe Christi leben unter Menschen anderer Glaubensrichtungen« werden besonders Fragen des Zusammenlebens und des Dialogs behandelt. Abgelehnt wird hier eine Praxis des Proselytismus.[379] Evangelisieren habe es mit »Freundlichkeit«, »Respekt« und einem »guten Gewissen« zu tun. Unethisches Verhalten wird abgelehnt.[380] Der Text bekräftigt, der Dialog habe »einen angemessenen Platz im Umgang mit Menschen anderen Glaubens«, er sei »legitimer Teil unserer christlichen Mission« und verbinde das »Vertrauen in die Einzigartigkeit Jesu Christi und in die Wahrheit des Evangeliums mit dem respektvollen Zuhören, was die anderen zu sagen haben.« Während von Dialog ausführlich gehandelt wird, kommt das Thema Bekehrung als eigene Passage nicht vor.

---

[379] Vgl. ebd. 262–268. – Verstanden als Praxis »andere zu nötigen, ›eine/r von uns zu werden‹, ›unsere Religion zu akzeptieren‹ oder sogar ›unserer Denomination beizutreten‹.« (263)

[380] Weiter heißt es: »Deshalb weisen wir jede Form des Zeugnisgebens ab, die durch Gewalt zwingend, unethisch, irreführend und unhöflich ist. [...] Im Namen des Gottes der Wahrheit weigern wir uns, (I) Lügen und Karikaturen über andere Glaubensrichtungen zu verbreiten, und wir (II) verurteilen und widersetzen uns rassistischen Vorurteilen, Hass und Angst, die von den Massenmedien und politischer Rhetorik angestiftet werden.« (263)

Ökumenischer Rat der Kirchen: Together Towards Life (Busan 2013)

Auf der Vollversammlung des ÖRK in Busan (Süd-Korea) wurde das Thema Mission in Gestalt der Erklärung *Together Towards Life – Mission and Evangelism in Changing Landscapes* diskutiert.[381] Hier wird auf den Begriff des Lebens fokussiert. Christliche Gemeinschaften seien an Gottes lebensschaffender Mission beteiligt und sind gefordert, lebensschaffende und lebenszerstörende Kräfte zu unterscheiden (engl. *discern*).[382] Der Aufbau ist pneumatologisch orientiert. Zunächst geht es um: *Geist der Mission: Atem des Lebens*, dann: *Geist der Befreiung: Mission von den Rändern her*, gefolgt von: *Geist der Gemeinschaft: Geist auf dem Wege* sowie schließlich: *Geist von Pfingsten: Gute Nachricht für alle*. Eine spezifische Zuordnung von Christologie und Pneumatologie ist indes nicht erkennbar.[383]

Dialog wird unter *evangelism* behandelt, *evangelism* aber als Teil des umfassenderen Zeugnisses (engl. *witness*) verstanden, das das ganze Evangelium der ganzen Menschheit und der ganzen Welt kommunizieren soll. Dabei gehe es ausdrücklich um »die Zentralität der Inkarnation, des Leidens und der Auferweckung Jesu Christi, ohne der rettenden Gnade Gottes Grenzen zu setzen«.[384] Verbindlichkeit und Offenheit werden also zusammengehalten (no. 80).

Evangelism sei Ausfluss der Liebe Gottes und »fokussier[e] auf die ausdrückliche und intentionale Artikulation des Evangeliums«[385], was persönliche Bekehrung (engl. *personal conversion*), ein neues Leben in Christus und Jüngerschaft (engl. *discipleship*) einschließe.[386] *Evangelism* führe persönlich

---

[381] Zu einer allgemeinen Charakterisierung vgl. H. Wrogemann, Missionstheologien der Gegenwart, 166–169.

[382] ÖRK-Text unter: https://www.google.de/search?q=together+towards+life&ie=utf-8&oe=utf-8&client=firefox-b&gfe_rd=cr&ei=yKRbV8WVFM7j8wfe8oX4BQ, abgerufen am 11.06.2016. Der Text ist durchnummeriert, Beleg hier: no.1.

[383] Vgl. *Spirit of Mission: Breath of Life* (no. 12–35), *Spirit of Liberation: Mission from the Margins* (36–54); *Spirit of Community: Spirit on the Move* (55–79), *Spirit of Pentecost: Good News for All* (80–100). – Für die Verbindung von Christologie und Pneumatologie: Vgl. no. 14–16 u. ö. – Innerhalb dieses Gesamtaufrisses kommt das Thema evangelism unter *Spirit of Pentecost: Good News for All* zu stehen. Die Unterabschnitte lauten: *The Call to Evangelize* (no. 80–85); *Authentic Evangelism* (no. 86-92); *Evangelism, Interfaith Dialogue and Christian Presence* (no. 93–96) sowie *Evangelism and Cultures* (97–100).

[384] »...the centrality of the incarnation, suffering and ressurection of Jesus Christ without setting limits to the saving grace of God«.

[385] Vgl. no. 81. »Evangelism [...] focuses on explicit and intentional articulation of the gospel«.

[386] Diese (unter no. 85 wiederkehrende) Formulierung stellt die Klammer der Bemerkun-

zu Buße (engl. *repentance*), zu Glaube (engl. *faith*) und Taufe (engl. *baptism*)[387] sowie sozial *zu Transformationen* auch auf der Ebene von Gemeinschaften und deren Beziehungen untereinander sowie der gesellschaftlichen Ebene. Verortet sei *evangelism* vor allem »im Leben der lokalen Kirche [...], wo Gottesdienst unauflöslich mit Zeugnis, Dienst und Gemeinschaft verbunden ist.«[388]

Würde (engl. *dignity*) und Recht anderer Menschen sind zu respektieren. Der christliche Dienst solle dem Dienst Christi ähnlich sein.[389] *Evangelism* erfolge ohne jeden Zwang, denn allein der Heilige Geist ermögliche eine Wiedergeburt im Glauben.[390] Menschen sollen durch Wort und Tat in einer Haltung von Zuversicht und Wechselseitigkeit, Respekt und Demut (engl. *humility*) zur Jüngerschaft (engl. *discipleship*) eingeladen werden[391]: »Da ist kein größeres Geschenk, das wir unseren Mitmenschen anbieten können, als die Liebe, Gnade und Vergebung Gottes in Jesus Christus zu teilen und sie darin einzuführen.«[392]

Fazit

(1) In Erklärungen aus dem Raum der globalen Ökumene werden Missions- und Dialogbegründungen durchgehend in ausdrücklich christlicher Diktion gegeben.
(2) Dabei werden Mission und Dialog nicht als Gegensätze, sondern als komplementäre Phänomene betrachtet.[393]
(3) Missionarischer Dialog und dialogische Mission schließen die Möglichkeit von Veränderung (engl. *transformation*) sowie Umkehr und Bekehrung (engl. *conversion*) ausdrücklich ein.[394]

---

gen zu evangelism dar.

387 Ebd., no. 84.

388 Ebd., no. 85.

389 »...without exploitation or any form of allurement«. (no. 88)

390 Indes werde das Argument, es werde Zwang ausgeübt, mitunter von gesellschaftlich dominanten Gruppen funktionalisiert, um Minderheiten zu unterdrücken und klein zu halten. (no. 82)

391 Engl.: *confidence, mutuality, respect, humility* und *discipleship. The Call to Evangelize* (no. 80–85), gefolgt vom Abschnitt *Authentic Evangelism* (no. 86–92).

392 Vgl. no. 83.

393 Vgl. Weggemeinschaft und Zeugnis gegenüber Muslimen, hg. von der EKiR, Düsseldorf 2015, http://www.ekir.de/www/service/weggemeinschaft-zeugnis-19148.php, zuletzt abgerufen am 20.06.2016. Die Aussagen in Weggemeinschaft, 16 u. zum Thema Mission und Dialog entbehren jeder Grundlage.

394 Die Aussage in der Arbeitshilfe »Weggemeinschaft«: »In der heutigen Auseinandersetzung um den Begriff der Mission stehen dem Konzept der *missio dei* Vorstellungen von

(4) Alle Erklärungen fokussieren auf die Trinitätslehre mit einem besonderen Akzent auf der Lehre vom Heiligen Geist.

Dialogik und religionstheologische Fehlschlüsse

In ökumenischen Debatten wird Dialogisches und Missionarisches als komplementär verstanden. Demgegenüber wird in religionstheologischen Theorien häufig eine generelle Basis für das zu schaffen versucht, was man als Dialog definiert.

Religionstheologische Relativierungen

Solche Theorien arbeiten oft mit weitreichenden Relativierungen der christlichen Lehre, sei es, dass der göttliche Logos von Jesus von Nazareth gelöst wird[395], sei es, dass der Stellvertretungsgedanke ausgeschieden wird[396], sei es, dass die Trinitätslehre zu einer abstrakten Allgemeintheorie stilisiert wird[397], sei es, dass der Verheißungsbegriff universalisiert wird[398]. Immer wieder ist die Tendenz erkennbar, das partikulare Heilsgeschehen in Jesus Christus auszublenden, um zur Behauptung einer abstrakten Allgemeinheit vorzudringen. Im Folgenden sei dies exemplarisch anhand von zwei kirchlichen Arbeitshilfen gezeigt.

Grundsätzliche Kritik an den letzten beiden Islam-Arbeitshilfen der EKiR

In den letzten beiden Islam-Arbeitshilfen der Evangelischen Kirche im Rheinland (EKiR) ist es der Verheißungsbegriff, über den der Weg in Richtung auf eine pluralistische Religionstheologie beschritten und damit das Christuszeugnis entwertet wird.[399] Zumindest kann man diese Arbeitshilfen

---

Evangelisation und persönlicher Bekehrung entgegen« ist schlicht falsch. Vgl. Weggemeinschaft, 14.

395 So Paul Knitter, John Hick und andere. Vgl. H. Wrogemann, Theologie Interreligiöser Beziehungen. Religionstheologische Denkwege, kulturwissenschaftliche Anfragen und ein methodischer Neuansatz. Lehrbuch Interkulturelle Theologie/Missionswissenschaft, Band 3, Gütersloh 2015, 70ff.; zur Kritik: 92ff.

396 Vgl. H. Wrogemann, Theologie Interreligiöser Beziehungen, 106ff.

397 So der Tendenz nach Michael von Brück und Mark Heim, vgl. H. Wrogemann, Theologie, 81ff.

398 So der Tendenz nach die Arbeitshilfe der Evangelischen Kirche im Rheinland (EKiR) »Abraham und der Glaube an den einen Gott«, siehe unten.

399 Beide Arbeitshilfen sind im Internet abrufbar: *Abraham und der Glaube an den einen Gott*. Arbeitshilfe Christen und Muslime Nr. 1, hg. von der Evangelischen Kirche im Rheinland, Düsseldorf 2009, http://www.ekir.de/www/downloads/EKiR_Arbeitshilfe_Abraham_2009_deutsch.pdf, zuletzt abgerufen am 20.06.2016; *Weggemeinschaft und Zeugnis gegenüber Muslimen*, Düsseldorf 2015, o. a.

so verstehen. Wenn sie von den Verfassern nicht so gemeint sein sollten, so haben sie sich jedenfalls unklar ausgedrückt. Kurz zu den Hintergründen: Im Rheinischen Synodalbeschluss von 1980 war vom »Ergehen der Verheißung, [dem] Erfüllen der Verheißung und [der] Bekräftigung der Verheißung« die Rede gewesen.[400] Darauf ist hier nicht einzugehen. Von Bedeutung ist, dass der Gedanke der Bekräftigung der Verheißung später ausgeweitet und meines Erachtens deutlich überdehnt wird.[401] So heißt es in *Abraham und der Glaube an den einen Gott* (2009)[402], dass Jesus als Auferstandener die Verheißung an Israel bestätige und sie allen Völkern vermittele. *Der Verheißungsbegriff ist also das Instrument, Heil in Jesus Christus abzulösen und abgesehen von Christus eine separate Gnadengeschichte Gottes zu konzipieren.* (27) Man stellt heraus: »Ein solcher Blick auf die Verheißung, die die Menschheitsgeschichte übergreift, und den Gnadenbund zugunsten aller Völker muss auch den Blick auf die islamische Gemeinschaft einschließen.« (26) Die islamische Gemeinschaft soll also in den »Gnadenbund« eingeschlossen werden. Was aber bedeutet hier »Gnade«?

Auf Seite 25 dieser Arbeitshilfe läuft die argumentative Linie so: Es hat Verheißungen Gottes an Abraham gegeben, diese werden indes von Gott nicht aufgehoben, deshalb haben sie – an die Völker – eine universale Weite, deshalb gelten sie allen Menschen. Die Trinitätsrhetorik des Anfangs der Arbeitshilfe bleibt völlig unverbunden mit dem weiteren Gedankengang. Eine christusorientierte Soteriologie wird entscheidend relativiert, wenn nicht ausgeschieden.[403] Die Arbeitshilfe spricht nur noch von »Verheißungen« und

---

[400] Vorwort des Präses zur Handreichung Nr. 39 vom 15. Januar 1980, in: Den rheinischen Synodalbeschluss zum Verhältnis von Christen und Juden weiterdenken – den Gottesdienst erneuern, am 02.05.2016 abgerufen unter: http://www.ekir.de/www/downloads/ekir2008arbeitshilfe_christen_juden.pdf, Seite 100.

[401] Für eine differenziertere Sicht: Vgl. u. a. G. Theissen, Neutestamentliche Überlegungen zu einer jüdisch-christlichen Lektüre des Alten Testaments, in: Kirche und Israel (10) 1995, 115–136; Ch. Dohmen; Th. Söding (Hg.), Eine Bibel – zwei Testamente. Positionen Biblischer Theologie, Paderborn 1995; Th. Söding, Heilige Schriften für Israel und die Kirche. Die Sicht des ›Alten Testament‹ bei Paulus, in: ders., Das Wort vom Kreuz. Studien zur paulinischen Theologie, Tübingen 1997, 222–247; B. Janowski, »Verstehst du auch, was du liest?« Reflexionen auf die Leserichtung der christlichen Bibel, in: F. - L. Hossfeld (Hg.), Wieviel Systematik erlaubt die Schrift? Auf der Suche nach einer gesamtbiblischen Theologie (QD 185), Freiburg u. a. 2000, 150–191.

[402] Abraham und der Glaube an den einen Gott, o. a. Folgende Seitenzahlen beziehen sich auf diesen Text.

[403] Das tiefere Verständnis, das Christen durch das Gespräch mit Muslimen und Juden von der Trinitätslehre erhalten sollen, wird in Richtung auf die Gebotsfrage ausgeführt. Dies ist nur konsequent, wenn man die Rechtfertigungslehre unbeachtet lässt.

»Segen« (29ff.), nicht jedoch von »Glauben«, schon gar nicht vom *Glauben an* Jesus Christus. Christologie und Trinitätslehre werden absorbiert von der konstruierten Verheißungsgeschichte Israels.[404]

Die Arbeitshilfe von 2015 geht nochmals einen Schritt weiter, da hier sämtliche christlichen Lehrstücke weggelassen werden, da sie offensichtlich als für die Begründung der christlichen Sendung unerheblich betrachtet werden.[405] Zu würdigen ist natürlich die Intention des Papiers, in einer Zeit, da Muslime und Islam von manchen unter Generalverdacht gestellt werden, für Wege des Miteinanders zu werben. Die Vorschläge im zweiten Teil der Arbeitshilfe bieten dazu viel Bedenkenswertes. Warum aber muss in dem begründenden Teil alles Christliche wegfallen, wo doch gerade hier gesagt werden müsste, von welchen Beweggründen her das christliche Glaubenszeugnis zu verstehen ist, seine Kraft, seine Sinnrichtung und seine Hoffnungshorizonte bekommt?

Der Verzicht auf Sündenlehre, Christologie, Stellvertretungs- und Gnadenlehre bedeutet jedenfalls eindeutig, die Grundlagen neutestamentlicher Theologie wie auch reformatorischer Theologie zu verlassen. *Missio Dei* bedeutet eben nicht nur die interreligiöse Zusammenarbeit für Frieden, Gerechtigkeit und Bewahrung der Schöpfung, wie die Arbeitshilfe nahelegt.[406]

---

404 »Jesus, der Sohn Abrahams (Matthäus 1,1), der mit seiner Taufe auf den Weg Isaaks berufen wird (Markus 1, 11), bestätigt ausdrücklich die Abrahamskindschaft des jüdischen Volkes (Luks 13, 16; 19,9) und hält zugleich an der Gültigkeit der Verheißung für alle Völker fest (Matthäus 8, 11).« Abraham, 28.

405 Weggemeinschaft, 13–15 geht es denn auch nur noch um die »Lehre Jesu«, die bekannt gemacht werden soll (15), oder es heißt: »Jesus zu folgen heißt, nach dem Reich Gottes zu trachten und auf die Liebe Gottes zu allen Menschen zu vertrauen.« (14) Glaube *an* Jesus Christus kommt nicht vor. – Aus Matth. 28, 18–20 und hier dem »Taufbefehl« zu schließen: »Es ist eben nicht damit gemeint, dass eine Begegnung von Christen mit Menschen anderer Religion grundsätzlich das Ziel der Bekehrung des anderen hat« (Weggemeinschaft, 16), lässt fragen: Wo in Deutschland finden sich denn noch Menschen, die diesen Text so verstehen würden? Wird hier nicht ein Popanz aufgebaut? Folgende im Text gegebene Seitenzahlen beziehen sich auf »Weggemeinschaft«.

406 Um nicht missverstanden zu werden: Viele der Anregungen unter »5 Folgerungen für Kirche und Gemeinde« (Weggemeinschaft, 23–31) sind zutreffend und/oder bedenkenswert, indes erschöpft sich die *missio Dei* nicht in einem Weltengagement (ebd. 30). – Auf Seite 17 und Seite 31 wird der Begriff der Konvivenz aus dem Zusammenhang herausgenommen, in dem er beim Missionswissenschaftler Theo Sundermeier zu stehen kommt, nämlich als eine der drei Dimensionen von Mission, Dialog und Konvivenz. Vgl. Th. Sundermeier, Konvivenz als Grundstruktur ökumenischer Existenz heute, in: W. Huber u. a. (Hg.): Ökumenische Existenz heute 1, München 1986, 49–100. Vgl. ders., Konvivenz und Differenz, Erlangen 1995. – Der Begriff fand Eingang in eine wichtige theologische Orts-

Und sie bedeutet auch nicht »im sog. Missionsbefehl in erster Linie einen innerkirchlichen Auftrag zu hören«, wie die Arbeitshilfe meint. (16)

Wenn die Arbeitshilfe resümiert: »Gottes Gnade und Barmherzigkeit, die er seinem Volk zugesprochen hat, ist von Beginn an nicht auf Israel beschränkt, sondern zielt auf das Heil aller Menschen«[407], dann ist das zwar nicht falsch, es stellt sich nur die Frage, auf welche Weise dies geschieht. Nach dem NT jedenfalls durch Jesus Christus und *im Glauben an Jesus Christus als den Sohn Gottes*. Dies wird von der Arbeitshilfe *konsequent ausgeblendet*.[408]

Die Arbeitshilfe bietet damit keine Grundlage zu einem substantiellen Dialog, weil die entscheidenden christlichen Lehren schlicht übergangen werden. So wird gefragt, »ob die Offenbarung in Jesus Christus notwendig bedeutet, dass Gott eine Beziehung zu Menschen aller anderen Religionen an ein ausdrückliches Bekenntnis zu Christus bindet.« (11) Dazu ist zu sagen: Natürlich steht Gott in Beziehung zu Menschen, etwa als Schöpfer und Erhalter (und hier bietet die Systematische Theologie des 20. und des frühen 21. Jahrhunderts eine Fülle von Denkmodellen), im Blick auf das Thema Sünde und Gnadenheil indes sind die Aussagen des NT eindeutig.[409] Diese aber scheinen zur Disposition zu stehen, wenn es heißt: »Als heutige Leser müssen wir theologisch entscheiden, auf welche Traditionen der Bibel wir in der heutigen Situation den Schwerpunkt legen wollen.« (11) Dies ist eine säkulare Sicht, die weder der Heiligen Schrift noch dem Heiligen Geist etwas zuzutrauen scheint.

---

bestimmung der *Vereinigten Evangelisch-lutherischen Kirche in Deutschland* (VELKD) und der *Arnoldshainer Konferenz* in der Schrift: Religionen, Religiosität und christlicher Glaube, hg. von der VELKD und der Arnoldshainer Konferenz, Gütersloh 1991.

407 Weggemeinschaft, 11, im Org. Fettdruck. Folgende Seitenangaben beziehen sich auf »Weggemeinschaft«.

408 Zum Thema im Blick auf die paulinische Theologie vgl. etwa: L. Goppelt, »Der Glaube«, in: ders., Theologie des Neuen Testaments, Göttingen, 3. Aufl. 1985, 454–464, 457: »Das ist der eigentliche Inhalt des Glaubens: Die Christen glauben angesichts des Kreuzes aufgrund des Evangeliums an Gott als den, der Jesus auferweckt hat und dadurch für alle das Leben erschlossen hat. Der Glaube hat demnach letztlich einen Inhalt, Gott selbst, aber wer Gott ist, wird umgekehrt erst für den Glauben sichtbar.« Vgl. M. Wolter, Paulus, Neukirchen-Vluyn 2011, darin: »Der Glaube«, ebd.

409 Zum Thema des Sündenverständnisses immer noch von herausragender Bedeutung: C. Gestrich, Die Wiederkehr des Glanzes in der Welt. Die christliche Lehre von der Sünde und ihrer Vergebung in gegenwärtiger Verantwortung, Tübingen 1989. Dieses Werk macht vorbildlich deutlich, dass es nicht darum geht, Lehren, die angeblich unverständlich geworden sind, aufzugeben, sondern die Anstrengung zu unternehmen, die Gehalte der Lehre zu erklären.

Dass die Themen Sünde und Gnade, Stellvertretung und Rechtfertigung um Jesu Christi willen in der Arbeitshilfe keine Rolle spielen, ist in einem der Spitzensätze deutlich zu erkennen: »Auch dem christlichen Glauben widersprechende Glaubensvorstellungen stehen unter der Gnade Gottes in seiner Geschichte des Heilsweges mit seiner Schöpfung«. (12) Der nächste Satz kann (auch wenn dies von den Verfassern nicht intendiert sein sollte) als eine religionspluralistische Fortführung verstanden werden, wenn es heißt: »Ob und wie genau sich dies in unterschiedlichen Religionen realisiert, wie genau der eine Gott hinter den verschiedenen Geltungsansprüchen steht, das gehört zu Gottes Verborgenheit und ist uns nicht zugänglich.«[410] Diesen Satz kann man so lesen: Gott ist letztlich verborgen, Religionen sind lediglich relative menschliche Antwortversuche, deshalb sind alle Religionen gleich weit vom göttlichen Geheimnis entfernt, deshalb auch müssen sie sich alle gegenseitig in ihrer Relativität anerkennen, und genau dies wird gesellschaftlichen Frieden bringen.

Dies hätte nichts mehr mit dem zu tun, was im Neuen Testament bezeugt wird. Eine Kirche jedenfalls, die sich selbst als christlich bezeichnet, kann sich eine solche Positionierung nicht zu eigen machen. Ein Synodalpapier der EKiR in 2018 mit dieser Ausrichtung würde den Boden des christlichen Bekenntnisses verlassen. Fazit: Dieser religionstheoretische Duktus ist ein theologischer Irrweg, der dringend korrigiert werden muss. Das Jubiläumsjahr 2017 mag ein Anlass sein, sich auch gegenüber der islamischen Religionsformation auf die Grundlagen christlicher Theologie zu besinnen.

Arten und Ebenen der Anerkennung – ein Gegenentwurf

Was aber wäre dann konstruktiv zur Frage der Anerkennung zu sagen? Meine These lautet, dass eine generelle religionstheologische Anerkennung nicht nur nicht möglich ist, sondern gerade das theologische Potential aus der Hand gibt, welches für interreligiöse Beziehungen zentral ist. Religionstheologische Relativierungstheorien wie die genannten denken diese Beziehungen einlinig, rationalistisch, leibvergessen und individualistisch.[411] In Wirklichkeit aber haben wir nicht nur eine Beziehung zu anderen Menschen,

---

410 Weggemeinschaft, 12. Hier wird die Lehre von der Verborgenheit Gottes auf das gesamte Handeln Gottes bezogen, nicht so die christliche Tradition, die für die Verborgenheit im Blick auf das Welthandeln Gottes (nicht: sein Heilshandeln) bedacht ist. Zur Klärung vgl.: E. Jüngel, Die Offenbarung der Verborgenheit Gottes. Ein Beitrag zum evangelischen Verständnis der Verborgenheit des göttlichen Wirkens, in: ders., Wertlose Wahrheit. [...] Theologische Erörterungen III, Tübingen 1990, 163–182.

411 Vgl. ausführlich: H. Wrogemann, Theologie Interreligiöser Beziehungen, 363–344.

sondern immer und zugleich mehrere Beziehungen auf unterschiedlichen Ebenen, wir werden auch nicht (nur) rational von Gedanken gesteuert, sondern von vielen Räumen, Medien und Atmosphären beeinflusst, wir leben und dialogisieren in unserer Leiblichkeit, wir handeln nicht individualistisch, sondern je nach unseren Bezügen in menschlichen Netzwerken. Diese Sicht teilt auch das Neue Testament.

Es geht also nicht darum, das christliche Profil abzuschleifen, sondern umgekehrt darum, es in Anspruch zu nehmen. Es geht nicht um eine möglichst allgemeine religiöse Basistheorie, sondern es geht um konkrete, aus neutestamentlichen Zusammenhängen hergeleitete Grundlagen für die Gestaltung interreligiöser Beziehungen.

Wir leben interreligiöse Beziehungen *immer und zugleich in mehrfachen Beziehungskonstellationen*, in denen sich *zugleich* Akte von Anerkennung und Zurückweisung finden.[412] Dabei sind ganz unterschiedliche Formen der Anerkennung zu beachten. Anerkennung anderer als Rechtssubjekte etwa nimmt diese quasi blind wahr: Die Rechte kommen ihnen als Menschen zu, unabhängig von Religion, Hautfarbe, Geschlecht und anderen Faktoren. Anerkennung als Liebe ist demgegenüber nicht abstrakt, allgemein und machbar, sondern höchst konkret, individuell und nicht herstellbar. Beide aber, Anerkennung als Recht und als Liebe, sind unabhängig von den Handlungen anderer. Nicht so Anerkennung als Leistung, da hier der Vergleich mit anderen eine zentrale Rolle spielt: Jemand wird auf der Basis bestimmter Wertvorstellungen für bestimmte Leistungen anerkannt. Das Moment der Konkurrenz um Anerkennung kommt zum Tragen. Wieder anders Anerkennung als Respekt: Ich begegne jedweder Person in einer respektvollen Haltung, indem ich sie im Alltag grüße. Oder Anerkennung als Gabe: Wenn Menschen und Menschengruppen einander ritualisierte Anerkennungsgesten, etwa bei Grußworten zu hohen Festen, zukommen lassen.

Polylineare Beziehungen zwischen Christen und Muslimen

Christliche Akteure und nicht zuletzt Kirchen sollten verstehen lernen, dass jede Art von Beziehung mehrfache Relationierungen geprägt ist. In ein und derselben Beziehung sind Anerkennungen und Zurückweisungen gegeben. Anstatt also das Christliche soweit als möglich zu minimieren oder gar zu eliminieren sollte stärker über die theologischen Grundlagen der christlichen

---

[412] Hier wird auf Einsichten der Philosophen *Alex Honneth* und *Thomas Bedorf* Bezug genommen. Vgl. H. Wrogemann, »Was bedeutet Anerkennung? – Ebenen der Wertschätzung«, in: ders. (2015), Theologie, 253–265. (Lit.)

Sendung nachgedacht werden. Für christlich-islamische Beziehungen kann von christlicher Seite für eine Verhältnisbestimmung nicht auf die Kerngehalte der christlichen Glaubenslehre verzichtet werden. Die These, dass eine solche spezifisch christliche Grundierung den Beziehungen abträglich sei, trifft nicht zu. Es trifft auch nicht zu, dass ein christlicher Missionsverzicht diese Beziehungen verbessern würde, da einerseits moderate Muslime gegen ein christliches Zeugnis nichts einzuwenden haben, da sie selbst für sich den Aufruf zum Islam (arab. *daᶜwa*) als selbstverständlich erachten.[413] Konservative und islamistische Akteure dagegen geben sich auch mit einem erklärten christlichen Missionsverzicht nicht zufrieden, da von ihnen auch alle Formen christlicher Dialog- und Sozialarbeit, die sich an nichtchristliche Menschen (insbesondere Muslime) richten, als »Mission« qualifiziert werden.[414] Fazit: Mit (vorauslaufender) christlicher Selbstrelativierung und einem christlichen Missionsverzicht ist nichts gewonnen.

Missio amoris Dei in der Beziehung zu Muslimen

Die christliche Gottesgeschichte kann nur trinitarisch erzählt werden, denn Christen bezeugen Gottes Heilswirken seit jeher als das Wirken Gottes, wie sie es letztgültig im Leben, Sterben und der Auferweckung Jesu Christi in der Kraft des Heiligen Geistes erfahren haben und im Glauben bis heute erfahren.[415] *Dieses Bekenntnis aber behindert einen Dialog mit Menschen anderen Glaubens nicht, sondern es begründet einen solchen Dialog allererst.* Neutestamentlich wird von dem Gott gesprochen, der Liebe ist. (1. Joh. 4, 16) Was kann das für eine dialogische Missionstheologie der Liebe Gottes bedeuten?[416]

---

413 H. Wrogemann, Missionarischer Islam und gesellschaftlicher Dialog, Frankfurt/M. 2006; vgl. auch: H. Schmid u. a. (Hg.), Zeugnis, Einladung, Bekehrung. Mission in Christentum und Islam, Regensburg 2011.

414 Mujiburrahman, »Against Christianization«, in: ders., Feeling threatened. Muslim-Christian Relations in Indonesia's New Order, Leiden 2006, 57–104; vgl. International Crisis Group, Indonesia: »Christianisation« and Intolerance, Policy Briefing, Asia Briefing N° 114, Jakarta/Brussels, 24 November 2010.

415 Vgl. H. Wrogemann, Den Glanz widerspiegeln. Über den Sinn der christlichen Mission, ihre Kraftquellen und Ausdrucksgestalten. Interkulturelle Impulse für deutsche Kontexte, Münster, 2. Aufl., 2012, darin: »Gottes Liebe geht auf's Ganze – Zur Begründung der christlichen Sendung, ebd., 40ff.

416 Zu Mission im Neuen Testament vgl. als kleine Auswahl: R. Achenbach, Mission in biblischer Perspektive, in: C. Dahling-Sander; A. Schultze; D. Werner; H. Wrogemann (Hg.), Leitfaden Ökumenische Missionstheologie, Gütersloh 2003, 32–50; K. Berger, Theologiegeschichte des Urchristentums: Theologie des Neuen Testaments, Tübingen u. a. 1994, bes. 254ff.; 318ff.; 350ff.; 371ff. u.ö.; D. Bosch, Transforming Mission: Paradigm Shifts in

Die zuvorkommende Liebe des dreieinigen Gottes

Die Sendung Jesu Christi als des Sohnes Gottes in der Kraft des Heiligen Geistes ist die Grundlage eines trinitarischen Gottesverständnisses. Nach dem Markusevangelium wird Jesus zum Träger der Reich-Gottes-Botschaft, um Gottes Sendung der Liebe zu erfüllen. Ihm gilt in der Taufe als dem »geliebten Sohn« die Zuwendung des Vaters (Mk. 1, 9ff.). Der Heilige Geist kommt in Gestalt einer Taube auf ihn herab, die nach dem Hohenlied als »Vogel der Liebe« verstanden werden kann.[417] Später wird der Sohn den Vater als »Abba, lieber Vater« bezeichnen (Mk. 14,36).[418] Im Sohn Gottes wird deutlich, wer der Vater ist.[419] Im 1. Johannesbrief heißt es, niemand habe »Gott jemals gesehen« (1. Joh. 4,12 a), die Offenbarung der Liebe Gottes sei aber in der lebensschaffenden Sendung des »eingeborenen Sohnes« geschehen: »(10) Darin besteht die Liebe: nicht, dass wir Gott geliebt haben, sondern dass er uns geliebt hat und gesandt seinen Sohn zur Versöhnung für unsre Sünden.« (1. Joh. 4, 9-10) Ähnliches sagt Paulus im Römerbrief, wenn er von der »Liebe Gottes« spricht, die »in unsere Herzen ausgegossen ist durch den heiligen Geist, der uns gegebenen ist«. Dreimal wiederholt Paulus, Christus sei für uns gestorben als wir noch schwach waren, noch Sünder waren, noch Feinde waren, »(8) Gott aber erweist seine Liebe zu uns darin, dass Christus für uns gestorben ist, als wir noch Sünder waren.« Das Kreuz wird als Versöhnungsgeschehen gedeutet. (Röm. 5, 5.6.8.10) Diese Liebe Gottes ist zugleich die Liebe Christi.[420] Halten wir Konsequenzen für Glaubenszeugnis und Dialog gegenüber Muslimen fest:

Theology of Mission, Maryknoll (NY) 1991, 15-178; F. Hahn, Mission im Neuen Testament, Erlangen 1999; K. Kertelge (Hg.) (1982): Mission im Neuen Testament, Freiburg u. a.; J. Nissen, New Testament and Mission. Historical and Hermeneutical Perspectives, 2. ed., 1999, Frankfurt/M. u. a.

417 Hld 5, 2; 5, 12; 6.9.

418 Th. Söding, ›Am größten ist die Liebe‹ (1 Kor 13,13). Eros und Agape im Alten und im Neuen Testament, in: G. M. Hoff (Hg.), Liebe. Provokationen. Salzburger Hochschulwochen 2008, Innsbruck/Wien 2008, 66–103.

419 Zu einer Trinitätstheologie der Liebe Gottes vgl.: J. Moltmann, Trinität und Reich Gottes, München 1980; W. Pannenberg, Systematische Theologie, Band 1, Gütersloh 1988. Zur neutestamentlichen Begründung: H.-J. Eckstein, So haben wir doch nur einen Gott. Die Anfänge trinitarischer Rede von Gott im Neuen Testament, in: ders., Kyrios Jesus. Perspektiven einer christologischen Theologie, Neukirchen-Vluyn 2009, 3–33; Th. Söding, Ein Gott – ein Herr – ein Geist. Die neutestamentliche Basis der Trinitätstheologie und ihre liturgische Bedeutung, in: B. Groen u. a. (Hg.), Liturgie und Trinität, Freiburg u. a. 2008, 12–57.

420 Vgl. Röm. 8, 35.37–39. Wichtig ist hier unter anderem die Rede vom *Zugang* zu Gott, die durch Christus eröffnet wird, vgl. etwa. Röm 5, 2; vgl. unter den Deuteropaulinen: Eph.

(1) Radikale Feindesliebe: Die im Neuen Testament bezeugte *radikale Feindesliebe Gottes* wird im Christusgeschehen erkennbar als Ausdruck der zuvorkommenden und bedingungslosen Liebe Gottes. Die Sendung des Sohnes Gottes in die Welt hält sich als radikale Feindesliebe bis zum Kreuzestod des Gottessohnes durch und wird bestätigt durch die Auferweckung des Sohnes durch den Vater in der Kraft des Heiligen Geistes.[421] Diese Sendung geht mit Pfingsten auf die christlichen Zeugen über, die in der Kraft des Geistes die Botschaft der Liebe Gottes in Christus in die Welt tragen. Damit ist die christliche Rede von der Liebe Gottes in einem *spezifischen geschichtlichen Geschehen begründet, das Gottes Wesen offenbart.*[422] Es geht also nicht um eine allgemeine Anthropologie der Liebe, denn die Sendungschristologie gründet in der Liebe Gottes, die nicht Ausdruck von Bedürftigkeit, sondern Ausdruck der göttlichen Fülle ist.

(2) Konkretes Glaubenszeugnis: Die konsenstheoretische Abstraktion »Wir glauben doch alle an denselben Gott« führt nicht weiter. Wenn Christinnen und Christen von dem einen Gott als dem Gott der Liebe sprechen, dann bedeutet die Zahl »Eins« zunächst nicht viel, denn es geht im christlichen Glauben nicht um das Thema Monotheismus, sondern es geht um das

---

2, 18; 3, 12. Derselbe Zusammenhang wird im Markusevangelium symbolisch durch das Zerreißen des Vorhangs im Tempel zum Ausdruck gebracht (vgl. Mk. 15, 38).

421 Vgl. etwa Gal. 2.20: »Denn was ich jetzt lebe im Fleisch, das lebe ich im Glauben an den Sohn Gottes, der mich geliebt hat und sich selbst für mich dahingegeben.« Daher heißt es auch an anderer Stelle: »Denn die Liebe Christi drängt uns...« (2. Kor. 5, 14).

422 M. WEINRICH, Glauben Juden, Christen und Muslime an denselben Gott? Systematisch-theologische Annäherungen an eine unzugängliche Frage, in: Evangelische Theologie (67) 2007, 246–263, 252f.: »Auch wenn die Christusoffenbarung als eine begrenzte geschichtliche Episode in Erscheinung getreten ist, gehört sie zum ewigen Wesen des einen Gottes, d.h. es kann im christlichen Sinne grundsätzlich keine Gottesaussagen geben, die sich nicht mit seiner Erscheinung in Jesus Christus in Einklang bringen lassen. Die Besonderheit der in Christus erkannten Beziehung Gottes zum Menschen impliziert auch eine Vertiefung des Verständnisses vom Sein Gottes. Wenn für den christlichen Glauben das Christusgeschehen [...] die entscheidende Veranlassung für sein Gottesbekenntnis ist, kommt es darauf an, das Gottesverständnis vor den ›heidnischen‹ Versuchungen der Menschenvergottung und der Vielgötterei zu schützen. Genau dies ist [...] auch die Errungenschaft der Trinitätslehre. In diesem Sinne steht sie im Zentrum des Selbstverständnisses des christlichen Glaubens. Sie ist erklärungskräftig genug, die Einzigkeit Gottes zu wahren, und zugleich zurückhaltend genug, das Geheimnis dieser Einzigkeit Gottes nicht begrifflich zu fixieren. Wenn insbesondere im Blick auf die Trinitätslehre immer wieder ihre doxologische Kontur betont wurde, dann werden wir auf die zu wahrende Balance zwischen dogmatisch universalisierender Unbescheidenheit und theoretisch definitorischer Bescheidenheit hingewiesen. Der Lobpreis der Exklusivität Gottes bleibt in Sichtweite zu dem zu wahrenden Bilderverbot.«

Thema »Die Geschichte, die wir von Gott erzählen«. Monotheismus ist ein abstrakter Kunstbegriff, der in der religionswissenschaftlichen Theoriebildung des 19. Jahrhunderts populär wurde.[423]

Es geht nicht um »denselben« Gott, sondern darum, dass Gott einer ist. Also nicht: »Wir glauben an denselben Gott«, sondern: »Wir glauben (jeder auf seine Weise), dass Gott einer ist.« Hier endet die Gemeinsamkeit, da es nach christlichem Verständnis um die Geschichte geht, die von diesem Gott zu erzählen ist. Diese Geschichte gilt es zu bezeugen. Hier aber eröffnen sich zugleich auch vielfältige Möglichkeiten des Hörens und der Zusammenarbeit, gerade weil Beziehungen nicht einlinig sind.

(3) Anerkennung und Zurückweisung: Für das Thema *Zeugnis und Dialog in der Begegnung mit Muslimen* bedeutet dies, dass aufgrund des spezifischen christlichen Gottesverständnisses bestimmte Formen von Anerkennung und Zurückweisung vorkommen.

Anerkennung bedeutet etwa das Auf-andere-Zugehen, das Aushalten von Frustrationen, den Grundsatz, auf Vergeltung zu verzichten sowie die Bereitschaft, sich verwundbar zu machen.

Spiegelbildlich bedeutet dies die Zurückweisung erstens von *Ausgrenzungen*, zweitens von religiös oder weltanschaulich begründeten *Vergeltungsaktionen* sowie drittens die Zurückweisung des *Anspruchs, Kritik an sich selbst verbieten zu dürfen* (man denke etwa an den Karikaturenstreit oder Fragen der Blasphemie-Gesetzgebung).[424] *Wichtig ist: Anerkennung wie Zurückweisung stehen quer zu den interreligiösen Beziehungsmustern* und betreffen daher sowohl die eigene Wir-Gruppe (Christen) als auch andere Individuen oder Wir-Gruppen (Muslime).

Liebe verändert – Dialog und Performanz

Durch die Feindesliebe Gottes werden Menschen verändert. So erkennt Paulus die Liebe Gottes im Kreuzesgeschehen[425], also gerade dort, wo kein nach

---

423 Das Kunstwort Monotheismus findet sich erstmals 1660 in einer Schrift des englischen Philosophen Henry More. Vgl. G. Ahn, Monotheismus und Polytheismus als religionswissenschaftliche Kategorien?, in: M. Oeming; K. Schmid (Hg.), Der eine Gott und die Götter. Polytheismus und Monotheismus im antiken Israel, Zürich 2003, 1–10, 2. Vgl. H. Wrogemann, «Macht und Liebe des einen Gottes – zum biblischen Gottesbild", in: ders., Theologie Interreligiöser Beziehungen, 344–361.

424 Vgl. J. O'Brien, The Instrumentalization of Islam. Political Manipulation of Islamic Theology in Pakistani History, Münster 2015.

425 Im Galaterbrief wird dies noch einmal anders gesagt: »(19) Ich bin aber durch das Gesetz dem Gesetz gestorben, auf dass ich Gott lebe; ich bin mit Christus gekreuzigt. (20) Ich

»normalen« Maßstäben vernünftiger Mensch das Heilshandeln eines Gottes erwarten würde.[426] Dieses Geschehen verändert seine Sicht erstens auf Gott, zweitens auf sich selbst und drittens auf die Welt. Im 1. Korintherbrief spricht Paulus daher von der Torheit des Kreuzes als Gottes Weisheit, die der menschlichen Weisheit gegenübersteht.[427] In Kreuz und Auferweckung Jesu kommt die radikale Feindesliebe des Gottes zum Ausdruck, der im Glauben *kontrafaktisch*, also gegen den Augenschein, als ein Gott der Liebe bekannt wird. Halten wir zum Thema Glaubenszeugnis und Dialog gegenüber Muslimen fest:

(1) Basis des Dialogs: Christlicher Dialog beinhaltet das Bezeugen und Rühmen dieses göttlichen Offenbarungshandelns in Jesus Christus. *Die Bestreitung dieses Offenbarungshandelns kann christlich nicht akzeptiert werden, da christliche Glaubensexistenz in diesem Geschehen begründet bleibt.* Denn das, was Christinnen und Christen *zu bezeugen haben, ist, dass sie eine grundsätzliche Veränderung ihres Weltbildes erfahren haben.*

(2) Weltdeutung und Wahrheiten: An dieser Stelle bietet es sich an, zwischen der christlichen Weltdeutung einerseits und den vielen Wahrheiten andererseits zu unterscheiden. *Der christliche Glaube bedeutet eine spezifische Sicht auf die Welt als Ganze.* Dies schließt jedoch nicht aus, Wahrheiten auch anderswo für möglich zu halten. Solche Wahrheiten liegen jedoch unterhalb der Ebene einer Weltdeutung.[428]

Es können *Weisheiten* in unterschiedlichen menschlichen Gemeinschaften anerkannt werden, so sie dem Leben dienen, es können *Werte* anerkannt werden, die in verschiedenen Kultur- und Religionsformationen geteilt werden, es kann die *Haltung* von Menschen anerkannt werden, in

---

lebe, doch nun nicht ich, sondern Christus lebt in mir. Denn was ich jetzt lebe im Fleisch, das lebe ich in dem Glauben an den Sohn Gottes, der mich geliebt hat und sich selbst für mich dahingegeben.« (Gal. 2, 19–20)

[426] Vgl. C. Strecker, Performanzforschung und Neues Testament, in: Interkulturelle Theologie. Zeitschrift für Missionswissenschaft (40) 2014, 357–376.

[427] *Thomas Söding* stellt im Blick auf 1. Kor. 1–4 fest: »Das Sich-Rühmen im Kyrios ist sachlich gleichbedeutend mit dem Glauben (1,21; 2,5). Wer sich glaubend und liebend (2,9) in Gott festmacht, lässt sich vom Geist Gottes bestimmen und erkennt deshalb gerade in der Torheit des Kreuzes die Weisheit und in der Ohnmacht des Gekreuzigten die Kraft Gottes (vgl. 2, 10–16).« Th. Söding, Kreuzestheologie und Rechtfertigungslehre, in: ders., Das Wort vom Kreuz. Studien zur paulinischen Theologie, Tübingen 1997, 153–182, hier: 167.

[428] Für eine missionstheologische Deutung vom Gedanken der Freiheit her vgl. Th. Sundermeier, Mission – Geschenk der Freiheit. Bausteine für eine Theologie der Mission, Frankfurt/M. 2005.

der Liebe und Gerechtigkeit erspürt wird, es können *Taten* von Menschen zur Anfrage an das Eigene werden, in denen ein Wirken des verborgenen Christus erahnt werden kann.

(3) Dialogisches Hören und Gebet: Damit ist ein Hören, eine Offenheit und eine Dialogik gegeben. Diese jedoch orientiert sich weiterhin an der Weltdeutung, die Christen durch den Glauben an Gottes Heils- und Offenbarungshandeln in Jesus Christus, seinem Leben, seinem Tod und seiner Auferweckung, ermöglicht wird.[429] Dem widersprechende Aussagen können als Anfragen gehört, sie können sogar zu Anfechtungen des Glaubens werden. *Es sind diese Anfragen jedoch im Gebet vor Gott zu bringen, der den eigenen Glauben nicht nur begründet hat, sondern durch die Kraft des Heiligen Geistes auch erhält.* Ein doxologisches Verständnis der eigenen Existenz, ein Verständnis also, das sich durch Gottes vorausgehendes Handeln begründet weiß und Gott dafür lobt und verherrlicht, kann nicht anders, als diese Anfragen im Gebet vor diesen Gott zu bringen.[430]

Liebe bedeutet Zärtlichkeit – Dialog und ein Ethos des Kontakts

Liebe erweckt in Menschen eine große *Freude*, die oft überströmt. Gleichzeitig bedarf Liebe auch eines *Raumes des Vertrauens*, denn ohne Vertrauen können sich Menschen nicht öffnen. Liebe und Vertrauen gehören zusammen. Die dialogische Frage ist: Wann kann ein Wort überhaupt gehört werden? Wann können lieb gewordene Sicherheiten losgelassen werden? Neben Freude und Vertrauen lebt Liebe auch von und in Geduld: Echte Liebe *wartet ab*, sie zwingt nicht. So stellt Paulus in 1. Kor. 13 heraus: »Die Liebe ist langmütig und freundlich, (...) sie verträgt alles, sie glaubet alles, sie hoffet alles, sie duldet alles.« (1. Kor. 13, 4.7) Christliche Sendung als Teilnahme an der Mission der göttlichen Liebe lebt demnach ein *Ethos des Kontakts*, das genau dieses widerspiegelt.

(1) Dialog und Zärtlichkeit: Hier geht es zärtlich zu: Liebe wirkt sich in Freude aus, sie sucht einen Raum des Vertrauens und sie wartet ab, so lange es dauert, bevor sie zu sprechen beginnt. Eine Missionstheologie der Liebe Gottes findet diese Liebe in dem Gott wieder, der sich in seinem Sohn, Jesus Christus, als Kind in der Krippe von Bethlehem finden lässt, einem Geschehen, das Freude weckt, das einen Raum des Vertrauens schafft

---

[429] Zum Anerkennungsbegriff: H. Wrogemann, Theologie Interreligiöser Beziehungen, 253ff.; 402ff.

[430] Vgl. H. Wrogemann, Den Glanz widerspiegeln, o. a., darin: »Doxologische Mission und eine Theologie der Gelassenheit«, ebd., 193ff.

und das zeitlich offen ist. Der Charakter dieser Liebe wird später im Leben und der Verkündigung des Jesus von Nazareth Gestalt gewinnen.

(2) Zeugnis und Leiblichkeit: Christliches Zeugnis in einer pluralistischen Gesellschaft wird dieser Liebe nachspüren und dialogisch ausgerichtet sein. Es bedarf daher eines neuen Dialogverständnisses, in dem diese *Dimensionen der Leiblichkeit* in Freude, Vertrauen und Geduld zur Geltung kommen.

Liebe sagt die Wahrheit – Rechtfertigung aus Glauben

Gottes radikale Feindesliebe ist nicht nur zuvorkommend und unbedingt, sie ist nicht nur ein veränderndes und zärtliches Geschehen, sondern mit ihr stellt sich auch die Frage nach der Wahrheit.[431] Das Geschehen von Kreuz und Auferweckung deckt die Wahrheit über das Sein des gottlosen Menschen auf, der sich Gottes Liebe nicht gefallen lassen will. Das Kreuz ist darum ein Heilszeichen, weil es einerseits die Sündenverfallenheit der Menschen aufdeckt und andererseits den universalen, und das heißt selbst den Tod überwindenden Heilswillen Gottes aufzeigt. Paulus spricht in diesem Zusammenhang von der Rechtfertigung der Gottlosen.[432] Das bedeutet für Zeugnis und Dialog im Gegenüber zu Muslimen:

---

[431] Söding fasst treffend zusammen: »Wenn Paulus das Evangelium als Wort vom Kreuz auslegt, versucht er, dem grausamen und schmachvollen Ende dessen ins Auge zu sehen, den ihm Gott als seinen Sohn offenbart hat (Gal 1, 15f; vgl. 1Kor 15,8). Der Kreuzestod Jesu steht beim Apostel für die alles menschliche Denken unendlich überschreitende Intensität der Liebe Gottes, die er den Menschen in der Dahingabe und der Liebe seines Sohnes erwiesen hat. Deshalb deckt das Kreuz in der paulinischen Evangeliumsverkündigung einerseits die Sündenbeladenheit des gegenwärtigen Äon auf (vg. 1Kor 2,8) und andererseits (mehr noch) sowohl die Universalität des Heilswillens Gottes wie auch die Notwendigkeit einer menschlichen Antwort, die sich von den Kategorien des alten Äon löst und sich vom Geist in die Weisheit Gottes einführen lässt, die aller menschlichen Weisheit als Torheit erscheint und dich doch in Wirklichkeit alle menschliche Weisheit als Torheit entlarvt.« Th. Söding, Kreuzestheologie und Rechtfertigungslehre, 180–181. »Es kann [...] kein Zweifel daran bestehen, dass die christologia crucis des Gal in der Fluchtlinie von 1 Kor 1–4 liegt, während umgekehrt die Theozentrik der Kreuzestheologie, wie sie in 1 Kor 1–4 pointiert expliziert wird, den Bezugsrahmen von Gal 2, 16–21 und 3, 10–14 bildet.« (ebd., 181)

[432] O. Hofius, ›Rechtfertigung der Gottlosen‹ als Thema biblischer Theologie (1987), in: ders., Paulusstudien, 2. Aufl., Tübingen 1994, 121–147. Vgl. W. H. Schmidt, ›Rechtfertigung der Gottlosen‹ in der Botschaft der Propheten, in: J. Jeremias; L. Perlitt (Hg.), Die Botschaft und die Boten (FS Hans Walter Wolff), Neukirchen-Vluyn 1981, 157–168.

(1) Dialogisches Nein-Sagen: In interreligiösen Beziehungen kann diese Wahrheit nur durch das Nein gegenüber solchen Deutungen von Wirklichkeit bezeugt werden, die das Heil von Menschen *letztlich* von deren eigenen Taten abhängig machen. Ob ein solches Nein interreligiöse Beziehungen belastet, ist nicht ausgemacht, denn es hängt vom Gestus ab. Bekanntlich macht der Ton die Musik. Ein überhebliches Nein mag verletzend sein, ein Nein im Gestus eines vorsichtigen »Ich kann es nicht anders bezeugen« wird indes viel leichter hinzunehmen sein. Immerhin geht es nach 2. Kor. 5 darum, Menschen darum zu *bitten*, sich mit Gott versöhnen zu lassen. (2. Kor. 5, 19-20)

(2) Dialogik, Selbst-Enthoben-Sein und Neu-Werden: Im Dialog kann in diesem Sinne ein Verändert-werden geschehen, das nicht willkürlich »gemacht« werden kann, denn die Annahme des Evangeliums wird nach dem Neuen Testament allein durch das Wirken des Heiligen Geistes ermöglicht.[433] Eine Veränderung wird für sich selbst und religiös andere erhofft und im Gebet erfleht.[434] Dies kann auch zu einem Religionswechsel führen. Nun sehen etliche Dialogtheorien Konversion im Sinne eines Religionswechsels als nicht erstrebenswert an, denn dies könne ja den gesellschaftlichen Frieden stören. Man bedenke indes, dass mit dem Hinweis auf gesellschaftlichen Frieden nur allzu leicht Einschränkungen der Religionsfreiheit begründet werden können, wie dies Anti-Konversionsgesetze in manchen Ländern zeigen. Christliche Kirchen sollten in ihren Verlautbarungen daher Vorsicht walten lassen[435] und neutestamentlich

---

433 Vgl. 1. Kor. 8, 3 »Wenn aber jemand Gott liebt, der ist von ihm erkannt.«; 1. Kor. 12, 3 »...niemand kann Jesus den Herrn nennen außer durch den heiligen Geist«; Gal. 4, 9 »Nachdem ihr aber Gott erkannt habt, vielmehr von Gott erkannt seid...« u. ö. – Vgl. Th. Söding, Erweis des Geistes und der Kraft. Der theologische Anspruch der paulinischen Evangeliumsverkündigung und die Anfänge der neutestamentlichen Kanon-Bildung, in: Cath(M) (47) 1993, 184–209, 191.

434 Die Rede von einer »Konversionsabsicht« passt zu dieser neutestamentlichen Sicht nicht, denn dies würde ja die Ansicht voraussetzen, jemanden zu bekehren liege im Bereich menschlicher Möglichkeiten.

435 In der Arbeitshilfe heißt es: »Eine strategische Islammission oder eine Begegnung mit Muslimen in Konversionsabsicht bedroht den innergesellschaftlichen Frieden und widerspricht dem Geist und Auftrag Christi und ist entschieden abzulehnen.« (Weggemeinschaft, 18) Eine solche Aussage ist ebenso missverständlich wie gefährlich.
Missverständlich: Es widerspricht dem Geist Christi keineswegs, zu wünschen und zu beten, dass Menschen dem lebendigen Christus begegnen und zum Glauben an ihn kommen. Die Frage ist: Was soll mit »Konversionsabsicht« gemeint sein?
Gefährlich: Was wird hier unter »strategisch« verstanden? Kirchliche Statements wie die-

darauf insistieren, dass es nach christlichem Verständnis allein Gott ist, der die Herzen der Menschen verändern kann.[436] Zudem gibt es seit einigen Jahren bereits eine ökumenische Erklärung zu einem *Code of Conduct on Conversion*, hinter die man nicht zurückfallen sollte.

Liebe rechnet mit Überraschungen – die Wirklichkeit des Heiligen Geistes

Das Wirken des Heiligen Geistes wird im Neuen Testament als *ermächtigend*, *ent-mächtigend* und überraschend beschrieben und verheißen. Das Geistwirken manifestiert sich ermächtigend in verschiedenen *Gaben*, die Menschen eignen oder gegeben werden, etwa Weisheit, Gastfreundschaft, die Gabe der Unterscheidung der Geister oder der Heilung. Gleichzeitig werden die *Wirkungen* des christlichen Zeugnisses – Menschen entmächtigend – dem Heiligen Geist anheimgegeben, der wirkt, wo er will. Weiter wirkt der Geist überraschend und oft dort, wo die Zeugen ihn nicht vermutet haben. *Wo Christen mit dem ermächtigenden, entmächtigenden und überraschenden Wirken des göttlichen Geistes rechnen, dort werden sie ihren Beitrag im Zeugnisgeschehen geistlich relativieren.* Dies hat Auswirkungen auf das christliche Glaubenszeugnis gegenüber Muslimen.

(1) Dialogik, Intentionalität und Konversion: Die Intention, sich von Gott in die Mission seiner Liebe hineinnehmen zu lassen, bedeutet auch, eine Veränderung bei sich und anderen Menschen zu erhoffen und zu erbitten. Dies schließt die Hoffnung ein, dass andere Menschen sich dem Gott öffnen mögen, den Christen als Gott der Liebe bekennen. So gesehen haftet dem Thema Bekehrung und Konversion nichts Negatives an.[437] Eine negative Konnotation erhält das Thema Konversion erst im Rahmen einer säkularen Machbarkeitsidee. Wer Konversion als machbar erachtet, muss sie negativ sehen. Christliche Theologie und Kirche sollte sich demgegenüber dafür einsetzen, ein neutestamentlich grundiertes Verständnis von Umkehr, Bekehrung, Konversion zu vermitteln.

---

ses lassen sich bestens instrumentalisieren, um christlichen Arbeitsformen gleich welcher Art die Berechtigung abzusprechen. Ist es strategisch, ein Waisenhaus oder eine Schule, ein medizinisches Zentrum oder eine AIDS-Kooperative mit interreligiöser Klientel zu betreiben? Nach Ansicht islamistischer und konservativ-islamischer Akteure auf jeden Fall. Die Arbeitshilfe spielt dem mit solchen Aussagen in die Hände.

[436] 1. Kor. 1, 31, vgl. 2. Kor. 10, 17.

[437] Für diese Thematik habe ich vorgeschlagen, von »konversiven Prozessen« zu sprechen. Vgl. H. Wrogemann, »Von Umkehr und neuer Lebensorientierung«, in: ders., Den Glanz widerspiegeln, 146ff.

(2) Dialog, Zeugnis und Kontingenz: Für christlich-islamische Beziehungen bedeutet das christliche Verständnis des Geistwirkens, dass immer wieder mit Überraschungen gerechnet werden kann, dass für schwierige Herausforderungen nach Menschen mit besonderen Begabungen zu fragen ist, dass mit der Unverfügbarkeit des Geistwirkens zu rechnen ist und schöpferische Impulse des Geistwirkens erbeten werden. Damit aber wird das christliche Verständnis über die Statik religionstheologischer Allgemeinaussagen herausgeführt in die Dynamik eines wirklichen Beziehungsgeschehens.

Liebe führt in Gemeinschaft - Gemeinde als Resonanzraum

Nach dem Neuen Testament ist nicht nur den Glaubenden der Heilige Geist gegeben, sondern auch der Gemeinde. Die Gemeinde nennt Paulus in 2. Kor. 3, 2–6 einen »Brief Christi [...], geschrieben nicht mit Tinte, sondern mit dem Geist des lebendigen Gottes«.[438] Was bedeutet das für Zeugnis und Dialog?

(1) Gemeinde als Resonanzraum des Geistes: Menschen können in menschlichen Gemeinschaften das Wirken des Geistes in Atmosphären spüren und leiblich erfahren, etwa in Achtsamkeit, Zugewandtheit, Uneigennützigkeit.

(2) Raumsprache und Dialog: Solche Atmosphären sprechen bereits, bevor noch ein Wort gefallen ist.[439] Es geht um eine Hermeneutik der Raumsprachen und der Sprachräume. Was bedeutet dies für Formen der Begegnung, was für die Hineinnahme von Menschen, die als Muslime Christen geworden sind?

Liebe geht aufs Ganze - der Nächste, die Welt und darüber hinaus

Die göttliche Liebe drängt über sich hinaus und geht auf's Ganze. Die christliche Sendung hat an diesem Geschehen teil. Das Thema Mission ist daher kein Nebenschauplatz der Theologie, sondern es ist im wahrsten Sinne grundlegend, weil im missionarischen Gott, der von Christen als der dreieinige Gott bezeugt wird, das Sein von Glaube und Kirche in der Welt und für die Welt ihre Grundlage, ihre Kraft und ihre Verheißung hat.

---

438 Vgl. M. Wolter, Paulus, darin: »Der Heilige Geist«, 152–181, 166.

439 Vgl. 1. Joh. 1, 4 »Und das schreiben wir, damit unsere Freude vollkommen sei.«

Schlussbemerkung

Die Ausführungen mögen gezeigt haben, dass sich Potentiale für ein christlich-dialogisches Glaubenszeugnis gegenüber Muslimen aus den zentralen Gehalten der christlichen Lehre herleiten lassen. Christlich-islamische Beziehungen werden im medizinischen Bereich (Krankenhäuser, Pflege), im Bereich der Bildung (Kindergärten, Schulen), der Sozialarbeit und Diakonie (Stadtteilarbeit usw.), der psychologischen Betreuung und Seelsorge sowie im zivilgesellschaftlichem Engagement an Breite gewinnen. In allen diesen Bereichen wird es zukünftig darum gehen, das christliche Profil erkennbar zu halten oder erkennbarer werden zu lassen. Dies aber bedeutet, von den zentralen Gehalten des christlichen Glaubens her zu denken und zu handeln und deren Potentiale für alle genannten Bereiche sowohl pädagogisch, diakonisch, seelsorgerlich wie auch liturgisch zu erfragen und kreativ einzubringen.

Nachweis der Erstveröffentlichung

Den Verlagen sei an dieser Stelle herzlich für die Rechte des Wiederabdrucks gedankt.

I. Muslimische Präsenzen und Perspektiven

1. *Wie begründet sich Toleranz? Reformislamische Entwürfe*
   - Toleranzkonzepte im modernen Islam. Zu Begründungsmustern religiöser Toleranz in reformislamischen Entwürfen, in: A. Bieler/H. Wrogemann (Hg.), Was heißt hier Toleranz? Interdisziplinäre Zugänge, Neukirchen-Vluyn 2014, 197–219.

2. *Eine islamische »Reformation«? - Religion, Zivilgesellschaft und Schrifthermeneutik*
   - Eine islamische »Reformation«? – Islamische Debatten um Religion und Zivilgesellschaft und die Frage der Schrifthermeneutik, in: M. Biehl/U. Dehn (Hg.), Reformationen. Momentaufnahmen aus einer globalen Bewegung, Hamburg 2015, 157–172.

3. *Angst, Alltag oder Attraktion? - Muslimische Präsenzen in Europa.*
   - Zwischen Angst, Alltag und Attraktion – Muslimische Präsenzen in Europa als Herausforderung für kirchliche Praxis, in: Ch. Moldenhauer/J. Monsees (Hg.), Die Zukunft der Kirche in Europa, Neukirchen-Vluyn 2016, 139–156.

II. Zwischen Koexistenz, Konkurrenz und Kooperation

4. *Missionarischer Islam? - Theorien und Praktiken islamischer Ausbreitung heute*
   - in Teilen unveröffentlichtes Manuskript.

5. *Konversion? - Bekehrungen zu Christentum oder Islam in Mitteleuropa*
   - Zur Situation – Konversionen zwischen Christentum und Islam in Mitteleuropa in der Gegenwart, in: Evangelische Theologie (70) 2010, 63–73.

6. *Religionswechsel und was dann? - ein Thema Interreligiöser Seelsorge*
   - Religionswechsel als Thema Interreligiöser Seelsorge, in: H. Weiss/ K. Federschmidt/K. Temme (Hg.), Handbuch Interreligiöse Seelsorge, Neukirchen-Vluyn 2010, 213–226.

III. Zur Frage des Verstehens und der Dialogik

7. *Dialogue impossible? - Beispiel christlich-islamischer Interaktion in Pakistan*
   - *Dialogue impossible?* – Beobachtungen zu Formen christlich-islamischer Interaktion im heutigen Pakistan, in: Zeitschrift für Missions- und Religionswissenschaft (97) 2013, 215–224.

8. *Andere Religionen verstehen? - Thema inter-religiöse/kulturelle Hermeneutik*
   - Christliche Ashrams in Indien, Moscheen im »christlichen« Abendland, Zen auf der ganzen Welt... – Wie können wir fremde Religionen und Kulturen verstehen? Einige Bemerkungen zum Thema interreligiöse und interkulturelle Hermeneutik, in: H. A. Müller (Hg.), Kultur, Religion und Glauben neu denken, Berlin 2014, 85–120.

9. *Was bedeutet Respekt? - Auf dem Wege zu einem Code of Conduct on Conversion*
   - Kein falsches Zeugnis geben – Ökumenischer Kodex gibt Empfehlungen für Mission, in: Naher Osten. Christen in der Minderheit. Jahrbuch Mission 2012, 82–90.

IV. Christliches Zeugnis im Kontext pluraler Gesellschaften

10. *Verborgener oder offenbarer Gott? - trinitarische Missionstheologie und religiöse Pluralität*
   - Von der Herrlichkeit und Verborgenheit Gottes – Zur Bedeutung der Trinitätslehre für eine Missionstheologie im Kontext religiöser Plura-

lität, in: W. Haubeck; W. Heinrichs (Hg.), Mission heute – Gestalt und Begründung (Theologische Impulse, Band 26), Witten: SCM Verlag 2014, 72–91.

11. *Evangelism? - die ÖRK-Missionserklärung Together Towards Life (Busan 2013)*
    – Evangelism und Code of Conduct in der Missionserklärung des ÖRK Together Towards Life (Busan 2013) – Hintergründe und Beobachtungen, in: M. Biehl/U. Dehn (Hg.), Mission, neu erklärt. Zur Missionserklärung ›Gemeinsam für das Leben‹ des ÖRK, Hamburg: Missionshilfe-Verlag 2014, 62–75.

12. *Den Glanz entdecken - missionstheologische Spurenelemente für die Kirche*
    – Den Glanz entdecken – missionstheologische Spurenelemente für die Kirche, in: C. Ebert/H.-H. Pompe (Hg.), Das Evangelium, die Unerreichten und die Region, Leipzig 2014, 15–39.

13. *Christliches Glaubenszeugnis gegenüber Muslimen?*
    – Mission, Dialog und die Frage der Anerkennung, Vortrag, gehalten am 21.06.16 an der Kirchlichen Hochschule Wuppertal/Bethel anlässlich der Tagung »Christliches Glaubenszeugnis gegenüber Muslimen?«.

Bildnachweise: G. Löwner (1–4), Internet (5), H. Wrogemann (6–7)

Personenregister